L'hôtellerie sa

Paul Mahalin

Alpha Editions

This edition published in 2024

ISBN : 9789361472855

Design and Setting By
Alpha Editions
www.alphaedis.com
Email - info@alphaedis.com

Contents

PREMIÈRE PARTIE

LES ASSASSINS

———

I

DEUX VOYAGEURS

Le voyageur qui, de nos jours, franchit d'un bond l'abîme de cinq cents kilomètres ouvert entre Paris et Strasbourg, s'imaginera-t-il jamais qu'il y ait eu une époque où l'on dépensait la même somme de temps—c'est-à-dire à peu près douze heures—à passer d'un département dans un autre.

Cela est ainsi, cependant. Au commencement de ce siècle, la patache qui faisait le service entre la capitale de l'ancien duché de Lorraine et l'antique cité des épines,—*Spina, Espinal, Epinal,*—partie de celle-là à l'aube crevant, n'arrivait guère dans celle-ci qu'à la nuit close, encore qu'une traite d'une quinzaine de lieues, peu ou prou bossuées de côtes, séparât à peine ces localités limitrophes.

Ah! dame, c'est qu'on était arrêté en chemin. Non point qu'il y eût des voleurs. Les provinces de l'Est s'étaient vues, Dieu merci! préservées jusqu'alors du fléau de ces bandes organisées,—*Ecorcheurs, Chauffeurs, Masques de Suie, Compagnons de Jéhu,*—qui, depuis l'aurore sanglante de la Révolution, désolaient à l'envi les bassins du Rhin, de l'Escaut, de la Loire et du Rhône. Et l'on ne rencontrait—heureusement—le long du cours de la Moselle, ni faux-saulniers, ni chouans, ni détrousseurs de diligences, ni pillards des fonds du Trésor...

En revanche, l'on y trouvait des aubergistes à foison! On déjeunait à Flavigny, au *Cheval-Blanc*; on dînait à Charmes, à la *Poste*; on goûtait à Nomexy, au *Lion-d'Or*. Après quoi, pourvu que l'on fît escale à Ygney, à Thaon et à Chavelot pour prendre le pousse-café, la bière et le chasse-bière, on était sûr de débarquer—minuit clochant—à Epinal, dans la salle de l'*Hôtel des Vosges*, où était servi le souper.

Le drame que nous entreprenons de raconter débute à cette époque de locomotion lente, mais supérieurement nourrie.

C'était vers le milieu de thermidor an XII, ou, pour se conformer au calendrier actuel, dans le courant du mois de juillet 1803.

L'*angelus* de midi sonnait à l'église de Charmes, chef-lieu de canton que traverse la route de Metz à Belfort, par Nancy, Epinal et Remiremont.

La patache dont nous avons parlé tout à l'heure, après avoir cahin-cahoté bruyamment sur les pavés pointus de l'unique rue de la petite ville, venait de faire halte place de la Mairie, à l'endroit où s'éleva, depuis, une fontaine d'assez bon style, dont les dauphins de bronze et les cascatelles intermittentes firent la joie et l'admiration de notre enfance. Une des faces de cette place était occupée par les «bâtiments, écuries et remises» de la poste aux chevaux. Celle-ci existe encore présentement au même lieu; mais elle ne compte plus que de rares clients, nargués par le sifflet de la locomotive, qui court à cent pas de là, échevelant sa crinière de fumée dans la campagne.

Au tintement des grelots, aux claquements du fouet, plusieurs palefreniers s'étaient élancés des écuries et s'empressaient autour de l'attelage qui fumait de sueur. L'un d'eux héla le conducteur:

—Hé! Coliche, combien de voyageurs aujourd'hui pour la table d'hôte?

—Deux, mon fieu. Tout juste la paire. Un dans la calèche et un dans le cabriolet.

Et Coliche ajouta en s'épongeant le front avec la manche de sa carmagnole:

—Qui veux-tu qui voyage par cette sacrée chaleur? On ferait cuire un œuf à la coque entre ma peau et ma chemise!

Puis, sautant du coffre qui lui servait de siège, le conducteur continua en s'adressant aux patients emprisonnés dans les flancs de son véhicule:

—On a une heure pour relayer. Si les citoyens voyageurs désirent souffler un brin et casser une croûte?

On lit, dans Balzac, que Turgot ayant remboursé à l'Etat le privilège, concédé par Louis XIV à une compagnie exclusive, de transporter les particuliers par tout le royaume, et ayant institué à Paris l'entreprise dite *les turgotines*, les vieux carrosses des sieurs de Vousges, Chanteclaire et veuve Lacombe refluèrent dans les provinces les plus éloignées de la capitale, où ils furent employés à fonder toute sorte de concurrences à l'innovation du ministre.

C'était sans doute une de ces voitures centenaires qui établissait les communications entre les points centraux de la Meurthe et des Vosges: haut perchée sur roues, basse de caisse, écrasée par la bâche sous laquelle on entassait les bagages, elle se divisait en deux compartiments exigus, baptisés *la calèche* et *le cabriolet*, et correspondant à la *rotonde* et au *coupé* de nos anciennes diligences, au fond desquels les victimes bipèdes souffraient toutes les tortures du défaut d'espace et du manque d'air. Cet air—illusoire et chimérique—les deux compartiments étaient censés le respirer par deux lucarnes dépourvues de toute vitre et de tout rideau. Mais, en réalité, ces ouvertures étroites ne laissaient pénétrer à l'intérieur de la lourde machine, l'hiver, que la pluie, la neige et le vent,—l'été, que la poussière, le soleil et les mouches. Pendant les mois en *aire* et en *ôse* de l'almanach républicain, on y gelait ainsi que dans une Sibérie; pendant les mois en *al* et en *or*, on y grillait ainsi que dans un Sahara.

Jugez si les «citoyens voyageurs» se firent prier pour se rendre à l'invitation du conducteur! Avec un empressement égal, ils émergèrent—celui-ci de la calèche et celui-là du cabriolet.

—Sacrodioux! s'écria le premier en touchant le sol, encore un tour de poêle, et j'étais frit comme un goujon! Pas moyen seulement de se retourner quand on est cuit, confit, rissolé d'un côté! On croirait que cette satanée boîte n'a été fabriquée que pour des fantassins!

Le second interpella Coliche.

—Mon ami, descendez ma valise, je vous prie. C'est ici que je dois m'arrêter.

En ce moment apparaissait au seuil du bâtiment qui confinait à l'écurie un personnage vêtu de blanc,—veste de basin et bonnet de coton,—selon l'usage des sacrificateurs de tous les âges et de tous les pays, lequel plumait une volaille grasse avec des gestes pleins d'ampleur et de majesté. En entendant l'ordre donné par le voyageur au conducteur, ce personnage interrompit son importante opération, et soulevant son couvre-chef:

—Le citoyen me ferait-il l'honneur de passer la nuit chez moi? demanda-t-il avec une civilité digne.

Puis, sans attendre une réponse:

—Je puis, poursuivit-il, mettre à la disposition du citoyen les appartements qu'occupait le ci-devant roi de Pologne, quand il daignait coucher en mon établissement; car tel que j'ai la satisfaction de vous présenter mes devoirs, je suis Antoine Renaudot, maître de cet hôtel et ex-officier attaché à la feue maison de Lorraine...

Maître Antoine Renaudot avait jadis tourné la broche à Lunéville, dans les cuisines du château, ce dont il excipait pour déclarer à tout venant qu'il «*sortait de la bouche*» de la cour, et pour affecter une tenue, des manières et un langage que, si nous ne redoutions de commettre un anachronisme, nous qualifierions volontiers de *prudhommiens*.

En l'écoutant, le voyageur avait souri légèrement.

—Grand merci de l'offre, fit-il, mais je ne saurais l'accepter. Outre que je me juge un trop mince hobereau pour succéder au bon Stanislas dans le *buen retiro* que vous me proposez, j'ai besoin de continuer ma route sans retard, et, pour ce faire, je compte profiter de la fraîcheur du soir...

—Je le regrette pour moi et pour le citoyen: il ne trouvera pas à dix lieues à la ronde de lits comparables aux miens.

—J'en suis convaincu, maître, et vous en félicite. Toutefois, en attendant qu'une autre occasion me permette de les apprécier, je vous serai obligé de me procurer des chevaux, une carriole et un guide pour me conduire où j'ai l'intention d'aller.

—Rien de plus aisé. A vos ordres. Le citoyen va sur Rambervillers, sur Neufchâteau ou sur Mirecourt?

—Sur Mirecourt d'abord, puis, plus loin.....

—Ah!

—Dans la direction de Vittel...

—Oh!

Le premier des monosyllabes lancés par Antoine Renaudot était une exclamation d'inquiétude soudaine. Le second prit entre ses lèvres le double accent de la stupéfaction et de l'effroi...

Il y eut une minute de silence, après laquelle le gâtesauce émérite de la cour de Lorraine reprit d'une voix altérée:

—*Meshuy!* j'ai mal entendu. Dans la direction de Vittel! Allons donc! Ça n'est pas possible!

—Mais si, parbleu! mon hôte, vous avez parfaitement compris: c'est dans les environs de Vittel que je vais. Pourquoi semblez-vous en douter, et d'où vient votre étonnement?

Pendant cet échange de répliques, l'ex-marmiton de Stanislas s'était remis machinalement à sa volaille. L'affirmation nette et précise de son interlocuteur le médusa si complètement, qu'il oublia de détacher du corps du volatile la pincée de plumes qu'il tenait entre le pouce et l'index...

En même temps, les palefreniers qui achevaient de débrider l'attelage de la patache cessèrent brusquement toute besogne pour examiner le voyageur avec une curiosité pleine de pitié, et pour se communiquer les réflexions suivantes:

—Encore un dont l'affaire est claire!

—Comme les autres, quoi!

—Ni vu, ni connu, j't'embrouille! Bernique! Confisqué! Plus personne!

Le conducteur Coliche appuya sentencieusement:

—Toujours l'histoire de ma grand'mère: les frères du petit Poucet qui cognent à la porte de l'Ogre.

Et deux servantes, dont la face rougeaude et le chignon embroussaillé sortaient d'une des fenêtres du rez-de-chaussée de l'auberge, modulèrent d'un ton plaintif:

—Pauvre jeune homme!

—C'est dommage!

Le «pauvre jeune homme» écoutait et regardait avec une surprise croissante:

—Ah çà! fit-il en s'adressant à Renaudot, vous allez m'expliquer, j'espère, ce que signifie le trouble de ces braves gens—et le vôtre?

L'hôtelier ouvrit la bouche pour répondre...

Mais l'intervention du premier voyageur lui coupa la parole.

Celui-ci, en voyant son compagnon engager l'entretien avec le maître de poste, s'était éloigné par discrétion et se promenait à l'écart en battant du pied, pour se détirer, des appels de prévôt de salle d'armes et en poussant du doigt, dans le vide, des bottes à un adversaire imaginaire. Puis l'entretien se prolongeant, il avait peu à peu donné des marques d'impatience et de mécontentement. Enfin, se rapprochant tout à coup:

—Ma foi, citoyens, libre à vous de jaboter jusqu'à demain, en plein midi, sur cette place, si vous n'avez pas peur des coups de soleil. Moi, je ne les crains pas, sacrodioux! Le soleil et votre serviteur nous sommes de vieilles connaissances d'Italie et d'Egypte: à Arcole, à Rivoli, aux Pyramides, à Héliopolis, il m'a tanné le cuir en éclairant nos victoires... Mais on avait parlé de vider une bouteille et de manger un morceau... Or, je ne vous cacherai pas que j'ai le gosier sec comme une pierre à fusil et l'estomac plus dégarni que les coffres de l'empereur d'Autriche...

Tout cela était débité d'une voix vibrante, un peu rude,—comme toute voix habituée à la brièveté d'intonation du commandement militaire,—mais empreint d'un tel accent de franchise et de belle humeur que, sans s'offusquer de l'interruption, le second voyageur salua courtoisement l'interrupteur et répondit:

—Vous avez raison, citoyen. Aussi bien, au milieu de ces mines ahuries et de ces propos énigmatiques, j'avais fini par oublier...

—Qu'il fait faim et soif, n'est-ce pas? Vous dormiez à Flavigny, ce matin, pendant que j'ai expédié une ration sous le pouce... Par ainsi, ne lanternons pas davantage... Puisque vous faites séjour ici, vous avez la pleine journée pour vous regarnir la giberne; mais moi qui n'ai qu'une heure avant de me réintégrer dans mon jus jusqu'à Epinal...

Le second voyageur se tourna vers l'hôtelier:

—Maître Renaudot, reprit-il, je vous demanderai plus tard l'éclaircissement de ce que je viens d'entendre. Pour le moment, nous avons hâte, le citoyen et moi, de nous assurer si, chez vous, la table est aussi bonne que le lit.

Rappelé par cette phrase au sentiment de la situation et du devoir, l'ancien «officier de bouche» du château de Lunéville poussa un gémissement:

—Miséricorde! depuis que nous sommes à causer, le rôti va être brûlé!

—Otez-le vite de la broche, alors! riposta le premier voyageur.

—Y songez-vous? Pour qu'il soit froid à l'instant de servir!...

—Vous le remettrez au feu...

Antoine Renaudot secoua la tête:

—Ce serait une hérésie contraire à toutes les règles de mon art...

—Bah!

—Et puis, quel précédent je me créerais à moi-même! Quel remords au fond de mon âme! Rougir à mes propres yeux!...

—Fermez-les: vous n'y verrez rien.

—Hé! citoyen, vous en parlez bien à votre aise!...

—Sacrodioux! il me semble que puisque c'est nous qui sommes appelés à le déguster, ce rôti...

—Il n'importe, prononça sèchement l'hôtelier. Votre estomac le digérerait que ma conscience, à moi, ne le digérerait pas.

—En ce cas, mon ami, faites comme vous voudrez, dit le second voyageur pour clore le débat. Nous abandonnons la chose à votre suprême sagesse.

—Il n'y a pas de sagesse au monde, fût-ce celle du tyran Salomon, repartit l'hôte, qui puisse rendre mangeable un poulet réchauffé.

Ce fut sur cet axiome,—appliqué, un siècle auparavant, au dîner tout entier par Boileau-Despréaux et mis en vers par ce *législateur du Parnasse*,—que nos deux compagnons de patache effectuèrent, à la suite de maître Antoine Renaudot, leur entrée, rien moins que solennelle, dans la salle à manger de la poste aux chevaux.

II

DRAGON DE LA RÉPUBLIQUE ET CHASSEUR DE BOURBON

Profitons du moment où nos convives, attablés *jusqu'au menton*,—comme on dit en Lorraine pour qualifier les gens assis à l'aise devant un repas copieux,—dégustent le potage aux nouilles que vient de leur servir, fumant dans la soupière en *terre de pipe* de Sarreguemines, une grosse fille, riche en couleurs et insuffisamment peignée; profitons, disons-nous, de ce moment pour présenter à nos lecteurs ces deux personnages, qui sont appelés à jouer un rôle des plus importants: celui-ci dans le prologue, celui-là dans la suite de notre récit.

L'un et l'autre paraissaient avoir le même âge et confiner à la trentaine; mais il était impossible de différer plus complètement de physionomie et de costume.

Celui qui était descendu le premier de la patache portait avec une triomphante crânerie la tenue de route des grenadiers à cheval de cette garde consulaire dont les charges héroïques avaient si puissamment contribué au succès de la journée de Marengo, et qui allait bientôt prendre le nom de *garde impériale*, en même temps que le principal magistrat de la République d'alors deviendrait souverain de la France de Charlemagne; qu'Octave deviendrait Auguste, et que le général Bonaparte deviendrait l'empereur Napoléon. Sur la manche de son habit brillait le galon de maréchal des logis, galon glorieusement terni par l'eau des pluies, la poussière des étapes et la fumée des batailles.

Ce soldat, avec sa haute stature,—droite comme la latte qui avait fourni de si formidables *coups de pointe* aux Autrichiens, et que, pour l'instant, il avait laissée à l'intérieur de la voiture, en compagnie de son bonnet à poil et de son porte-manteau,—avec son teint hâlé, ses épaules larges, sa poitrine bombée comme une cuirasse et son cou solidement attaché, personnifiait merveilleusement cette superbe cavalerie pour la désignation de laquelle les Allemands créèrent plus tard un mot qui signifie *masse de fer*.

Une singulière expression de bonté, répandue sur les traits, corrigeait, en l'adoucissant, ce que cette plastique d'athlète avait de menaçant et de terrible. Cette épaisse moustache noire recouvrait un sourire plein d'insouciance et de franchise. Ces yeux, qui étincelaient d'une hardiesse indomptable, se tempéraient d'un reflet de saine et cordiale gaîté. Poing robuste et main loyale. En outre, l'aspect de force n'excluait point l'idée d'intelligence. Il y avait de l'enfant dans ce colosse et du caniche dans ce lion.

Son vis-à-vis, blond, mince, pâle, délicat, distingué, les cheveux légèrement poudrés, les extrémités d'une ténuité aristocratique,—le visage aux lignes correctes et graves, au front sérieux et rêveur, au regard voilé de cette mélancolie quasi fatale des gens prédestinés à mourir d'une mort violente,—était vêtu de l'une de ces lévites à petit collet que le duc d'Orléans avait mises à la mode à son retour d'Angleterre, et qui furent, sous le Directoire et le Consulat, comme une transaction entre le débraillé affecté par les jacobins et les élégances outrées des *Muscadins*, des *Incroyables* et de la *Jeunesse dorée* du club de la rue de Clichy. Son gilet à raies fleuretées s'ouvrait sur le jabot plissé d'une chemise de batiste. Son pantalon collant de casimir gris-perle s'arrêtait par un flot de rubans sur un bas de soie côtelé, que coupait l'échancrure en cœur d'une botte à la Souwaroff. Somme toute, sa toilette et son air étaient ceux d'un de ces émigrés rendus au sol natal par la loi du 6 floréal an X. Cette loi amnistiait les ci-devant nobles passés à l'étranger, à l'exception de ceux qui avaient exercé un commandement dans l'armée de Condé.

Quand notre sous-officier eut achevé sa deuxième assiettée de potage, il entonna d'un trait le *coup du médecin*. Ensuite, s'essuyant la moustache et faisant allusion au verre qu'il venait de vider:

—Encore un qui aura du temps à attendre pour passer caporal par rang d'ancienneté, sacrodioux!

—Vous dites? demanda son compagnon.

—Je dis *sacrodioux*! un juron du Midi que j'ai emprunté à Murat.

—Vous avez connu Murat?

—Nous avons été camarades de lit, il y a quelque chose comme douze ans... Non pas que je sois Gascon, par exemple! Ah! mais non! Je suis Lorrain, tout ce qu'il y a de plus Lorrain,—Lorrain comme ce jambonneau, dont je vais, si vous le voulez bien, vous envoyer une tranche... Enfant et volontaire des Vosges...

—Moi aussi, je suis né en Lorraine et dans les Vosges...

—Alors, à votre santé, mon *pays*!

—A votre santé, mon cher compatriote!

Après avoir bu, le voyageur blond examina, pendant une minute, le sous-officier avec attention. Puis il murmura:

—C'est étrange!

—Quoi donc?

—Votre figure ne m'est pas inconnue, et il me semble que ce n'est pas la première fois que votre voix frappe mon oreille...

L'autre le dévisagea à son tour.

—Ma foi, vous pourriez avoir raison, fit-il. De mon côté, je penche à croire que j'ai déjà eu l'avantage...—Est-ce que vous n'avez pas servi dans les armées de la Nation?

—Je regrette de n'avoir jamais eu cet honneur.

—C'est que, dans ce cas, voyez-vous, nous aurions pu nous rencontrer sur le Rhin, l'Adige ou le Nil: en Italie et en Egypte, avec le général Bonaparte; en Alsace et en Allemagne, avec Hoche et Pichegru, quand j'étais au 5e dragons...

—Vous étiez avec Hoche et Pichegru,—en Alsace,—au 5e dragons?...

—C'est là que j'ai attrapé mon premier *atout* et gagné mes *sardines* de brigadier...

—N'avez-vous pas pris part à l'affaire de Dawendorff?

—A l'affaire de Dawendorff?... J'ai failli y laisser ma peau!... Figurez-vous que nous venions de charger en fourrageurs et d'enlever deux canons aux Prussiens qui avaient battu en retraite dans le village, lorsqu'ayant mis pied à terre, au coin d'un bois, pour resserrer la sangle de ma selle, je suis subitement entouré par une demi-douzaine de grands diables à moustaches rousses...

—Des uhlans du régiment de Silésie...

—Justement. Ils me crient; «*Ergib dich! Ergib dich!*» en allemand: «*Rends-toi!*» Me rendre! Allons donc! Plutôt la mort! J'essaye de répondre à coups de sabre. Mais une balle tirée à bout portant me traverse l'épaule. Impossible de jouer du bras,—et voilà mes brigands qui s'apprêtent à me larder avec leurs lances... Par bonheur, survient un ennemi...

—Un ennemi?

—Minute! La langue me fourche. Je veux dire: un noble, un ci-devant, un royaliste... Car nous avions en face de nous le petit corps du prince de Condé: de rudes lapins, tout de même, et qui nous donnaient plus de fil à retordre, à deux ou trois mille qu'ils étaient, que tous les mangeurs de choucroute de l'armée austro-prussienne!

—N'était-ce pas un lieutenant aux chasseurs de Bourbon?

—Vous avez deviné... En le voyant arriver, je me croyais perdu, vu que nous ne faisions pas de quartier aux émigrés pris dans le combat... Pour sûr, il allait ordonner aux *têtes carrées* de m'achever...

—Ah!

—Eh bien, voilà où je me trompais du tout au tout...

—Vraiment?

—Le brave garçon, au contraire, enjoint aux Allemands de me laisser tranquille, et comme ils refusent d'obéir, il se précipite sur eux et exécute—de l'épée—un moulinet qui les oblige à décamper en un clin d'œil. Puis, il descend de son cheval et m'aide à remonter sur le mien, en me disant d'une voix douce comme celle d'une femme:

«—Nous ne faisons la guerre qu'aux idées de la République. Rejoignez vos compagnons, monsieur, et puisse notre sang, qui se mêle aujourd'hui dans une lutte fratricide, se confondre plus tard sous le même drapeau pour la gloire de la patrie!»

Une fois le pied dans l'étrier, le... reste fut bientôt en selle. Je baragouinais un tas de choses pour remercier mon sauveur. Mais lui, me saluant et m'indiquant ma route:

«On sonne le ralliement là-bas. Allez vite vous faire panser. Je vais en faire autant de mon côté, heureux que les blessures dont nous souffrons tous deux nous viennent de la main de l'étranger.»

De fait, nous saignions en duo que c'en était une bénédiction: moi, de ma balle dans l'épaule; lui, d'un coup de lance qu'il avait reçu de l'un de ces uhlans enragés en s'escrimant pour me dégager...

—Oui, au sommet du front, au-dessus de la tempe droite...

Le sous-officier tressauta d'étonnement.

—D'où diable savez-vous cela? demanda-t-il.

Son interlocuteur avança la tête:

—Voici la cicatrice, fit-il.

Le maréchal des logis se dressa sur sa chaise:

—Vous! C'était vous! s'exclama-t-il. Ah! sacrodioux! comme on se retrouve!...

Il suffoquait de surprise. Ses yeux étaient humides d'émotion. Toutes les joies de la reconnaissance resplendissaient sur son mâle visage...

Soudain, il se leva avec impétuosité et courut, les bras ouverts vers l'ancien lieutenant aux chasseurs de Bourbon:

—Sacrodioux! citoyen ci-devant, voulez-vous que je vous embrasse?

—Du meilleur de mon cœur, mon camarade.

Les deux hommes échangèrent une étreinte chaleureuse. Ensuite, carillonnant du couteau sur son verre, le sous-officier appela:

—Holà! la fille, l'aubergiste, la baraque, tout le tremblement!...

Les deux servantes accoururent au tintamarre.

Le militaire commanda:

—Attention, les poulettes! Ouvrons les ouïes à la consigne... Apportez-nous, incontinent, une couple de fioles de derrière les fagots: Thiaucourt ou Pagny, au choix. On ne regarde pas au prix. Seulement, si le vin n'est pas du plus chenu, je flanque le patron en bouteille à sa place... Est-ce compris?... Alors, à gauche, par quatre, Margoton et Jeanneton! Escadron, en avant! Au trot!...

Puis, s'adressant à son vis-à-vis:

—Je veux que nous trinquions ensemble avec la vieille liqueur des vignes de Lorraine.

Le digne soldat débordait d'une allégresse qui faisait trembler la maison.

Cependant sa physionomie se rembrunit tout à coup. Il se prit à examiner le «citoyen ci-devant» avec une soupçonneuse inquiétude.

—Ah çà! j'y songe, dit-il, vous avez émigré?...

—Eh bien? questionna l'autre.

—Eh bien, j'espère que vous n'êtes pas rentré en France avec de mauvaises intentions?

—De mauvaises intentions?

—Dame! il y a comme cela, pour l'instant à Paris, une bande de Vendéens, de Chouans, de partisans de l'ancien régime qui manigancent contre la République et le Premier Consul toute espèce de complots, de traquenards, de machines infernales...

—Rassurez-vous, répondit le gentilhomme d'un ton grave. En profitant du bénéfice de la loi qui m'a rendu au sol natal, j'ai accepté sans arrière-pensée les faits accomplis et l'ordre de choses existant. J'ai pu combattre à ciel ouvert pour une cause qui était celle de la noblesse; je ne conspirerai pas dans l'ombre contre la paix intérieure de mon pays. Ces messieurs de la Vendée ont leur opinion; j'ai la mienne. L'épée de la royauté s'est brisée dans nos mains: je n'en ramasserai point les morceaux pour les façonner en poignards.

Il ajouta avec un fin sourire:

—Croyez-moi, d'ailleurs, ce ne sont pas les Chouans qui menacent le plus l'existence de la République; ce ne sont pas les partisans de l'ancien régime, comme vous dites, qui menacent le plus l'existence du Premier Consul. Celui-ci a tout lieu de redouter autant Ceracchi et Arèna que Saint-Régent et Cadoudal. Quant à la République, si elle doit finir dans un avenir prochain, ce ne sera point au profit du prince exilé à Hartwell.

—Comment, interrogea le maréchal des logis, vous penseriez que le général Bonaparte?...

—Je pense que le général Bonaparte est un grand capitaine et un grand politique. Plus que personne, j'admire ses talents militaires et leurs éclatants résultats,—et si, comme, je n'en doute pas, il sait rendre la France aussi calme, aussi prospère au dedans qu'il a su la faire respectée et honorée au dehors, je me sens tout prêt à l'aimer.

Le sous-officier asséna sur la table, en témoignage de satisfaction, un coup de poing qui fit danser la vaisselle.

—A la bonne heure! s'exclama-t-il. On ne vous en demande pas davantage! Vous voilà désormais caserné dans mon cœur entre le héros d'Arcole, des Pyramides, de Marengo et ma petite sœur Denise!

Denise!

L'émigré tressaillit violemment.

—Vous avez une sœur qui se nomme Denise? s'informa-t-il d'une voix qui s'efforçait de maîtriser son émotion.

—Un joli nom, pas vrai?... Eh bien, je gage que la mignonne est devenue encore plus jolie que son nom, depuis douze ans que je n'ai pas aperçu le bout de son gentil museau!...

La servante rentrait, apportant deux fioles poudreuses:

—Ma mie, lui intima notre militaire, vous donnerez de ma part une bouteille *du même* à Coliche, le conducteur. Qu'il nous laisse jaser en paix. Aussi bien, je suis son unique voyageur, et nous avons du temps devant nous pour arriver à Epinal...

Il poursuivit en débouchant un flacon:

—C'était déjà un fameux brin de fille que ma Denise, la brunette, quand je quittai les Vosges pour le 5e dragons. Aujourd'hui, elle tire sur vingt-cinq ans. C'est une femme. Faudra songer à la marier.

Le soin qu'il mettait à débarrasser la fiole de son enveloppe de toiles d'araignée et de sa coiffe de cire rouge l'avait empêché de remarquer le trouble qui s'était emparé de son compagnon lorsque celui-ci lui avait entendu prononcer ce nom: *Denise,*—trouble, du reste, que l'émigré était parvenu à dominer après un effort d'un instant.

Notons ici une particularité qui avait dû échapper à nos convives, mais qu'il importe de faire connaître à nos lecteurs.

La salle à manger de l'hôtel de la Poste était située au rez-de-chaussée et donnait sur la place de Charmes par une large fenêtre, que l'on avait laissée ouverte à cause de la chaleur, et dont, pour empêcher le soleil de pénétrer à l'intérieur, on s'était contenté de fermer les persiennes à claire-voie. Sous cette fenêtre, il y avait un banc de pierre, sur lequel les voisins de maître Antoine Renaudot venaient faire la causette le soir.

Personne ne passait à cette heure sur la place, dont le pavé luisait comme un métal fourbi: les paysans étaient aux champs, les ouvriers à leur besogne et les bourgeois à leur digestion.

A peu près à l'instant où les deux voyageurs s'étaient mis à table, un mendiant portant bâton et besace avait débouché d'une ruelle qui communiquait à la campagne. Ce mendiant, dont le bas du visage se perdait dans une barbe grisonnante et touffue, tandis que le haut disparaissait sous un chapeau de paille grossière dont les bords tenaient à la calotte par des reprises, était, en dépit de la saison, emmitouflé d'une vieille limousine de laine, par les trous de laquelle on apercevait une culotte et une blouse qui n'avaient de valeur que pour la cuve d'une papeterie.

Ce mendiant avait traversé la place d'un pas lourd et traînant, comme un homme harassé de fatigue. Il était venu s'asseoir sur le banc. Sa tête, après avoir dodeliné à droite et à gauche, avait fini par se renverser en arrière et par s'appuyer à la persienne de la fenêtre, tandis que son chapeau,—ramené en avant et jusque sur sa barbe,—l'abritait du soleil, des mouches et de tout regard indiscret. Puis, il avait paru s'assoupir, comme vaincu par la température étouffante et bercé par le bourdonnement des voix des deux causeurs attablés.

III

INTER POCULA ET DAPES

Nonobstant les appréciations de maître Antoine Renaudot, le rôti s'était trouvé cuit à point: il n'en restait guère que la carcasse, entre un buisson d'écrevisses furieusement mis à sac et un plat de truites saumonnées,—les truites roses de la Moselle,—auquel l'appétit des convives avait fait une large brèche. Maintenant les fraises *de bois*, les merises de la vallée de Fougerolles et les *brimbelles* nationales,—petites baies âcres, noires et parfumées, qui poussent dans une bruyère assez semblable au buis, sous les sapins,— couvraient la nappe, servies sur des feuilles de vigne, pêle-mêle avec les fruits confits, les gâteaux secs et les fromages piquants qui révélaient le calcul intéressé du soi-disant cordon bleu de Stanislas,—calcul dont deux bouteilles vides et une troisième à moitié pleine dénotaient la savante exactitude. En effet, il était évident que quiconque toucherait à ce complément du repas devrait, quelque sobre qu'il fût, se livrer à une ample consommation de liquide.

Le dessert est l'instant des expansions, des épanchements, des confidences.

Le sous-officier ne s'en montrait point chiche.

C'était un *enfant de giberne*: le fils d'un trompette et d'une cantinière de Chamboran. Sa mère était morte sous le drapeau en lui donnant une petite sœur. Son père, blessé à Rosbach près du maréchal de Soubise, avait dépouillé l'uniforme pour entrer au service de son ancien major, riche gentilhomme du bailliage de Mirecourt, en Vosges. Chez les serviteurs de ce temps-là, obéissance signifiait dévouement, et non servilité. Aux gages du marquis, son maître, l'ex-houzard avait conservé intacte sa dignité d'homme et de soldat. C'est ainsi qu'il n'avait point voulu que son *fieu* portât d'autre livrée que la livrée du roi, qui était alors celle de la France.

Elevé militairement dès le berceau, le gars s'était enrôlé en 1790 dans Conti-Cavalerie, dont le dépôt tenait garnison à Pont-à-Mousson. Puis, ce régiment de Conti étant devenu 5e dragons, et ayant échangé sa cornette blanche fleurdelisée contre le guidon tricolore, notre volontaire avait suivi les nouvelles couleurs de la Nation partout où il y avait des horions à «se repasser» et des *lauriers à cueillir*...

—Du diable, disait-il, si, pendant une douzaine d'années que j'ai traîné mes bottes du Zuyderzée jusqu'au Tibre et des plaines grasses de la Lombardie aux champs sablonneux de Ghiseh, du diable si j'ai seulement pensé à demander une permission de huit jours pour aller embrasser le vieil homme et la sœurette! Avec nos généraux, voyez-vous, pas moyen de s'amuser aux bagatelles de la famille. Tous les six mois, la République nous laissait cinq minutes pour souffler: nous profitions des cinq minutes pour dormir,—et nous soufflions en marchant.

—Pourtant, vous avez reçu des nouvelles du pays? questionna l'émigré avec une inquiétude dont nos lecteurs auront plus tard l'explication.

—Bon! trois lettres, ni plus ni moins: la première à Mayence, la deuxième à Milan et la troisième à Héliopolis. Et quelles lettres! Toujours la rocambole: «*Ayant pour but de t'informer que nous sommes en bonne santé, nous désirons que la présente te trouve de même.*» Pour ce qui était d'y répondre, il ne fallait pas y songer. Non pas que je sois brouillé avec l'écriture, sacrodioux! On manie, Dieu merci, la plume comme l'espadon. Mais on avait, ma foi, d'autres chats à fouetter, depuis les kaiserlicks de Mélas, d'Alvinzi et de l'archiduc Charles, jusqu'aux Mamelouks de Mourad-Bey!

A la formation de la garde consulaire, le sous-officier était entré d'emblée dans cette troupe d'élite. Sa belle conduite à Marengo lui avait valu un sabre d'honneur.

Oui, mais un pli cacheté de noir l'attendait au quartier du Luxembourg, à son retour de la campagne: le vieux trompette de Chamboran venait de passer de vie à trépas. Et Denise restait désormais seule et désolée à la maison...

Le parti du brave garçon fut pris en un instant:

Savary s'occupait à réorganiser l'ancienne maréchaussée dans les départements. Notre grenadier à cheval sollicita la faveur de servir dans ce corps. Sa requête ayant été mise sous les yeux du Premier Consul avec les pièces à l'appui:

—Je connais cet excellent sujet, avait déclaré Bonaparte. Il est actif, intrépide, intelligent. Avec cela, une poigne de fer et un cœur d'or. C'est un gaillard comme il en faut pour ramener et maintenir l'ordre à l'intérieur du pays. Pour stimuler son zèle, il serait convenable de lui accorder de l'avancement. Vous verrez, citoyen ministre de la guerre, à lui faire échanger ses galons contre une épaulette et à l'envoyer dans les Vosges, où, familier avec la nature des localités et le caractère des individus, il est appelé à rendre de réels services.

Le maréchal-des-logis avait donc été nommé lieutenant dans la *gendarmerie nationale* à la résidence de Mirecourt. Pour le moment, il rejoignait son poste et avait quitté à Nancy la diligence de Paris à Strasbourg, afin de se rendre à Epinal par la patache.

«—Vous y recevrez les instructions de vos supérieurs, lui avait dit Savary en lui remettant son brevet, et vous vous y entendrez avec les magistrats au sujet de certaines disparitions mystérieuses dont on n'a pas encore découvert les auteurs. Le Premier Consul se montre fort irrité de cet état de choses. Soyez vigilant, adroit, perspicace, énergique. Parvenez à faire la lumière dans cette étrange bouteille à l'encre. Vos épaulettes de capitaine sont au bout de votre succès.»

Le néo-lieutenant conclut:

—Une fois installé dans ma nouvelle position, je fais venir ma sœur près de moi. Elle sera l'allégresse et la maîtresse de mon ménage de garçon. Ensuite, j'espère bien trouver un honnête homme qui l'épouse. D'abord, j'adore les enfants, et je ne serai content que quand j'aurai une nichée de nièces et de neveux pour me tirer la moustache et me grimper aux jambes...

Il ajouta après une pause:

—Entre nous, il paraît que ma Denise a le droit de faire un peu la difficile. Eduquée comme une demoiselle par la feue dame du château, elle a déjà, à ce qu'on assure, rabroué plus d'un prétendant... Mais quoi! moi aussi, j'aurais pu continuer à poursuivre un quine à la loterie du canon...

Puis philosophiquement:

—Bah! tout le monde n'a pas la chance—et le mérite—de Murat, de Junot, de Lefèvre et d'Augereau. D'ailleurs, je ne suis ni ambitieux, ni orgueilleux, ni envieux, et je me répète, dans mon bon sens, que déjouer les complots des fripons, traquer les voleurs et les assassins, écraser le criminel sur son crime, c'est toujours défendre la patrie et contribuer, sinon à sa gloire, du moins à sa sécurité et à son bonheur.

Après cette péroraison, le narrateur se versa un verre de ce vin de Thiaucourt,—clairet, léger, de couleur *pelure d'oignon*,—qui ne souffre pas le transport et dont la chaleur et le bouquet veulent être humés sur place.

Son vis-à-vis l'avait écouté dans un silence qui recouvrait une anxiété secrète.

—Mon cher compatriote, reprit-il avec hésitation, vous n'avez oublié qu'un point dans tout ceci...

—Lequel?

—C'est de m'apprendre votre nom, si, toutefois, il n'y a pas, de ma part, indiscrétion à vous le demander...

L'autre éclata de rire:

—Mon nom?... Tiens, c'est vrai, suis-je bête?... Je ne vous ai pas dit mon nom...

Il souleva son bonnet de police:

—Mon digne père,—que Dieu ait son âme!—s'appelait Marc-Michel Hattier. En son vivant, il portait la casaque verte, le baudrier et la plaque de garde-chasse au domaine des Armoises, dans le district de Mirecourt, un peu au-dessus de Vittel. Moi, je m'appelle Philippe Hattier, pour vous obliger, citoyen, si jamais j'en étais capable.

L'émigré passa sa main sur son front, où perlait une légère sueur. Ensuite, avec l'air, le ton, le geste d'un homme qui prend une résolution suprême:

—Confiance pour confiance, fit-il brièvement. J'avais deviné votre nom. Voici le mien, en échange: je suis Charles-Louis-Gaston, fils et héritier du défunt marquis des Armoises...

Vous auriez juré qu'en prononçant cette phrase le marquis Charles-Louis-Gaston des Armoises allait au-devant d'un danger...

Vous auriez juré qu'il s'attendait à déterminer, chez celui à qui il s'adressait, l'explosion d'un courroux soudain et terrible...

Il n'en fut rien:

La physionomie de son interlocuteur ne dénonça guère qu'une stupéfaction intense,—mais dépourvue de toute apparence d'hostilité.

—Comment! s'exclama Philippe Hattier, vous seriez le fils du ci-devant marquis! L'héritier de ce brave seigneur! Ce petit Charles-Louis-Gaston qu'on faisait élever à Paris tandis que je grandissais à l'ombre du château!...

L'émigré appuya:

—Et qui n'ai habité ce château que pendant six mois,—il y a dix ans,— sous la Terreur,—alors que je me cachai dans les Vosges, avant de passer en Allemagne...

Ces mots renfermaient-ils un sens particulier? On l'aurait supposé à la façon dont ils étaient accentués. En parlant, le gentilhomme observait son compagnon du coin de l'œil et cherchait—évidemment—à saisir, à leur reflet sur le visage, quelles idées pouvaient germer dans le cerveau du militaire, quels sentiments devaient agiter son cœur.

—Il demeure calme, pensait-il, que signifie...? Denise aurait-elle gardé notre secret?... Son frère ignorerait-il mon séjour aux Armoises et ce qui en est résulté?

De fait, les traits de Philippe Hattier dénotaient seulement une sorte d'extase. L'honnête soldat restait là, les bras ballants, la prunelle fixe, la bouche béante. On l'entendait murmurer:

—Ah çà! voyons! est-ce que je rêve? Ma cervelle bat la chamade. On dirait qu'un boulet de trente-si m'a tapé sur la coloquinte...

Il se frotta les paupières à pleines mains et étudia, déchiffra, analysa la figure de l'émigré, qui l'épiait avec une tranquillité feinte.

—Oui, poursuivit-il à part lui, voilà le front hautain, hardi de notre ancien seigneur. Voilà le regard doux et bon de la châtelaine. Le rejeton rappelle le vieil arbre. J'aurais dû le reconnaître plus tôt...

Il se découvrit avec respect. Une larme sillonnait le hâle de sa joue:

—Je vous salue, monsieur le marquis des Armoises, dit-il d'une voix lente et grave. Le Ciel vous bénisse et vous aide! Pour moi, je le remercie du fond de l'âme de m'avoir fait retrouver dans le même individu mon généreux adversaire de Dawendorff et le fils des bienfaiteurs de ma famille...

Il ajouta avec une rondeur brusque et gaie:

—Comme ça, sacrodioux! je ne serai pas obligé de me couper en deux pour me dévouer,—cœur et sang,—à mon sauveur et à mon maître...

Il n'y avait pas à s'y méprendre: la joie de cette simple et franche nature était sans mélange comme sans réserve.

Un soupir de soulagement souleva la poitrine de l'émigré, et cette action de grâces s'étouffa sur ses lèvres:

—Dieu soit loué! Il ne sait rien! J'arriverai à temps!...

. . . .

Dans la cuisine, maître Renaudot et Coliche achevaient de vider la fine bouteille qu'ils devaient à la générosité de Philippe Hattier. Les maritornes jacassaient. L'une d'elles, qui, en tournant autour des deux convives, avait ramassé çà et là les bribes de la conversation, confiait ce secret à sa compagne:

—Le *maigriot* est un marquis. Pourtant c'est lui qui mange le moins. C'est cocasse tout de même, la Micheline: un seigneur, ça devrait avoir plus d'appétit que le pauvre monde, puisque ça possède davantage les moyens de le satisfaire.

La Micheline haussa les épaules, pinça le bec et répondit:

—Une grenouille écorchée, ce marquis! Le militaire, à la bonne heure! Un paroissien qui est bâti comme les tours Saint-Nicolas,—tout pierres de taille et bois de charpente,—et susceptible de flanquer de fameuses raclées à une femme!

L'aubergiste, de son côté, déclarait au conducteur:

—J'avais flairé le personnage de qualité... On a du nez, Dieu merci... Vous comprenez: quand on a coudoyé—sous des lambris princiers—la fine fleur de la noblesse...

Coliche opina du bonnet. Ensuite il lampa la dernière goutte de son verre, et claquant de la langue:

—Pour du chenu, c'est du chenu. Un vrai gilet de velours sur l'estomac. N'empêche que voici l'instant de démarrer. J'm'en vas quérir mes poulets d'Inde...

Dans l'écurie, autour des «poulets d'Inde» que l'on venait de bouchonner, on s'occupait pareillement de l'émigré et de son compagnon.

—C'est un pays ensorcelé, affirmait l'un des palefreniers. Pas un voyageur n'en revient. Censément comme si le diable trouait le terrain d'un coup de griffe et vous les happait par la jambe pour les tirer dans sa marmite...

Un second appuya:

—L'enfer bout là-dessous, mes enfants, comme sous Bains, Bourbonne et Plombières. Ces sources d'eau salée, est-ce que c'est catholique? On prétend qu'elles guérissent un tas de maladies; moi, m'est avis que leur méchant goût d'amertume résulte des chrétiens qui se sont laissés choir dedans et qui s'y sont fondus jusqu'aux boutons de guêtres...

Le gars faisait allusion aux sources d'eaux minérales de Contrexéville et de Vittel, qui attirent aujourd'hui dans ces deux localités, voisines l'une de l'autre, toute une affluence de buveurs.

Celui qui avait parlé le premier reprit:

—Le muscadin de ce matin paraît *calé*. Sa valise pèse lourd. Gageons qu'elle contient autre chose qu'une paire de chemises de rechange...

—En ce cas, fit un troisième, sa peau vaut moins cher que la nôtre. Le diable est un malin fini. Il ne s'attaque qu'aux gens riches...

—Oui, mais il y a des pistolets dans les poches du manteau bouclé sur la valise...

Ces phrases se croisèrent:

—Le marchand de bœufs de Haguenau, qui a passé par ici en floréal, en avait, lui aussi, des pistolets...

—Et toute la justice d'Epinal n'a jamais pu savoir ce qu'il était devenu...

—D'ailleurs, le patron a prévenu le muscadin...

—S'il s'entête, tant pis pour lui!...

—Après tout, ça le regarde.

. . . .

Sur le banc, au bas de la fenêtre de la salle à manger, le mendiant dormait toujours.

A table, on en était au coup de l'étrier.

Le gentilhomme semblait maintenant tout rasséréné et tout à l'aise.

—Mon camarade, disait-il, j'espère vous revoir aux Armoises, où je vous précéderai demain. Nos pères s'estimaient et s'aimaient. Voulez-vous que nous fassions de même?

—Si je le veux! s'exclama Philippe Hattier avec l'expansion de la reconnaissance; mais sacrodioux! rien ne saurait me faire plus d'honneur et de plaisir. Désormais, monsieur le marquis, c'est entre nous à la vie, à la mort...

Depuis qu'il savait parler au fils de son ancien maître, le militaire avait cessé d'employer la formule républicaine de *citoyen*.

L'émigré reprit:

—C'est convenu, je compte sur vous et je vous attends au château.

—Et vous ne m'y attendrez pas longtemps, je vous en signe mon billet. Pas de danger que je m'emberlificote dans les feux de file à Epinal. L'histoire de recevoir la consigne de mes chefs et de présenter mes salamalecs aux gros bonnets du tribunal,—et je pique des deux embrasser ma Denise... A propos, vous savez, elle habite toujours la maisonnette du vieux,—la petite maison du garde,—sur la lisière du parc, au bas de la côte... Ah! mais, surtout, ne la prévenez pas de mon retour, hein, la chère fille!... Je serai si heureux de son étonnement et de sa joie, quand elle me verra descendre de cheval, au seuil du modeste logis, avec mon nouvel uniforme et mes épaulettes de lieutenant!...

Le marquis avait tiré de son gousset une montre de famille enrichie de diamants.

—Il est près de deux heures, fit-il. Je partirai à quatre; à huit, je serai à Mirecourt, et, à onze, à Vittel, où je coucherai.

Son interlocuteur s'informa:

—Vous ne pousserez donc pas d'une traite jusqu'aux Armoises? De Vittel, c'est l'affaire de trois coups d'éperon...

Gaston secoua la tête avec mélancolie.

—Vous oubliez, dit-il, qu'il n'y a personne aux Armoises pour me faire accueil, et que le château lui-même ne m'appartient plus...

—Comment?

—N'a-t-il pas été vendu à titre de bien national?...

—Alors, il faut le racheter! s'écria Philippe chaleureusement, et si mon boursicot de soldat...

Le gentilhomme l'interrompit pour demander:

—Eh bien! et la dot de Denise?

—Bah! Denise prendra patience... Je ferai des économies sur mes appointements d'officier... Et puis elle est assez gentille, assez sage et assez instruite pour qu'on l'épouse pour ses beaux yeux...

Une vive émotion se peignit sur la figure de l'émigré:

—Qui ne serait fier, prononça-t-il, de donner son nom à la sœur d'un brave garçon tel que vous?... Mais point n'est besoin de sacrifices: je rapporte de quoi racheter le château.

—Vraiment?

Un léger bruit se fit entendre du côté de la fenêtre. C'était le dormeur, qui, sans rouvrir les paupières, venait de changer de position.

Son œil et son oreille gauches étaient maintenant collés à la persienne.

Le marquis poursuivit, sans prendre garde à ce qui se passait au dehors:

—J'ai écrit d'Allemagne aux acquéreurs des Armoises. Ils consentent à me réintégrer en possession de l'héritage paternel, moyennant une somme de cinquante mille livres une fois payée...

Il frappa sur la poche de sa lévite:

—Cinquante mille livres que j'ai ici en portefeuille...

—Cinquante mille livres?... En assignats?...

—Oh! que non pas en excellents billets de caisse—au porteur—de *l'Exchange-Office* de Londres.

Philippe fit le salut militaire:

—Mes compliments, citoyen Crésus.

Il ajouta, après une pause:

—Mais pardon, tout à l'heure, en parlant des Armoises, n'avez-vous pas dit *l'héritage?*

—Eh bien?

—Est-ce que, comme moi, par hasard, vous seriez devenu orphelin?

—Mon père et ma mère sont morts sur la terre d'exil, répondit Gaston tristement, et je rentre en France, désormais seul de mon nom et de ma famille.

Le soldat eut un geste de respectueuse commisération:

—Excusez-moi, murmura-t-il, d'avoir réveillé cette douleur. Vos parents étaient de dignes gens. S'il y a un paradis là-haut, j'imagine que le bon Dieu leur y aura donné un billet de logement.

A l'extérieur bruissaient les sonnailles du collier des chevaux. On attelait. L'aubergiste entra et annonça:

—On va partir. Le conducteur réclame le citoyen militaire...

Philippe Hattier se leva:

—Une dernière santé à notre bonne rencontre!

Le gentilhomme toucha de son verre le verre du soldat.

—A bientôt, n'est-ce pas? fit-il.

Ensuite, s'adressant à l'hôtelier:

—Combien vous devons-nous, gros major des casseroles?

—Une demi-pistole pour chacun, citoyen.

—Ceci me regarde, dit l'émigré, qui jeta un double louis sur la table.

Le troupier voulut regimber:

—Ah! mais non! Pas de ça, Lisette! Chacun son écot, sacrodioux!

—Ne suis-je pas le maître? interrogea Gaston en souriant.

—C'est vrai. J'obtempère. Ce sera mon tour de régaler la prochaine fois.

Coliche cria du dehors:

—En voiture, citoyen voyageur, en voiture!

—On y va! fit Philippe en sortant. C'est égal, si je m'attendais!... Pour une journée à surprises!... De plus en plus fort, comme chez Nicolet!...

Au son de la pièce d'or sur la table, le mendiant avait tressailli. Ce mouvement le fit remarquer des garçons d'écurie occupés autour de la patache. L'un de ceux-ci s'écria:

—Qui est-ce qui s'est permis de déposer ce paquet de guenilles à notre porte? Allons! houp! décampons, et plus vite que ça, espèce de nid à vermine! Va *roupiller* dans le ruisseau! Tu salirais le tas d'ordures!...

Le dormeur ainsi apostrophé et secoué ne répondit que par un grognement sourd. Son corps, sous la poussée, s'affala de son long sur le banc. Des ronflements continus sortaient de dessous son chapeau de paille. Le palefrenier fit mine de le houspiller. L'émigré,—qui avait ouvert la persienne afin de voir son compagnon monter en voiture,—l'arrêta en intimant:

—Pardieu! laissez reposer ce pauvre hère tranquille! Je veux qu'à son réveil il puisse croire au proverbe: *Le bien vient en dormant...*

Sa main versa une poignée de monnaie sur la limousine du mendiant. Ce dernier n'avait pas bougé. Il continuait à ronfler avec une persistance énergique.

Cependant Philippe Hattier avait repris sa place dans le véhicule. Il échangea par la portière un signe avec le gentilhomme. Puis le conducteur enveloppa ses «poulets d'Inde» dans un vigoureux coup de fouet en lançant un *Hue!* éclatant. L'attelage fit feu des fers sur le pavé. La pesante machine s'ébranla. Elle traversa la place, s'engagea dans ce qu'on appelle le faubourg d'Epinal, tourna le coin de ce faubourg qui se relie à la campagne, et disparut dans les tourbillons de poussière que ses roues soulevaient derrière elle.

IV

CONTRÉE MAUDITE

Lorsque le roulement de la patache se fut évanoui au lointain, Gaston des Armoises revint s'asseoir près de la table qu'Antoine Renaudot était en train de desservir.

Quelque chose comme une ombre flottait sur les traits du jeune gentilhomme.

—C'est singulier! murmurait-il, il me semble que c'est la dernière fois que je me trouve en contact avec cette vaillante et généreuse nature. Il me semble que ce compagnon d'un instant emporte, en s'éloignant, la moitié de moi-même... Un malheur plane sur nos têtes... Laquelle menace-t-il? Je ne sais; mais, tout à l'heure, quand j'ai voulu répondre au geste que le frère de Denise m'adressait du seuil au départ, pourquoi est-ce ce seul mot: Adieu! qui est venu de mon cœur à mes lèvres?... Qui de nous deux est condamné à mourir sans revoir l'autre?

Il passa sa main sur son front comme pour chasser de son cerveau ce pressentiment funèbre. Ensuite se tournant vers l'hôtelier:

—Ça, causons, s'il vous plaît, mon maître.

Le Vatel vosgien s'approcha avec une révérence cérémonieuse et demanda, non sans un soupçon d'inquiétude:

—Est-ce que Votre Seigneurie aurait quelque lacune, quelque hérésie, quelque lapsus à reprendre dans l'ordonnance ou le menu de l'impromptu culinaire que j'ai mis tous mes soins à élaborer à son intention?

—Non pas, sur ma foi, mon cher hôte. Ce véritable festin de Gamache m'a paru en tous points orthodoxe et parfait...—Mais, d'abord, qui vous a appris?...

—Que c'est avec M. le marquis des Armoises que j'ai l'insigne faveur de converser en ce moment?... Eh! mon Dieu, ma pénétration naturelle aiguisée par la fréquentation des cours... Et puis, les pécores qui vous servaient ont des oreilles pour tout entendre et une langue pour répéter tout ce qu'elles ont entendu...

—C'est bien. Laissons cela. Il s'agit des moyens que vous allez me fournir de continuer mon voyage...

—Les moyens?...

—Sans doute: n'êtes-vous pas maître de poste?

Antoine Renaudot se rengorgea:

—Breveté et patenté par tous les différents gouvernements sous lesquels nous avons l'avantage de vivre depuis tantôt un quart de siècle.

—En ce cas, vous devez avoir des chevaux et des voitures à la disposition de ceux des voyageurs qui satisfont aux prescriptions de la loi. Voici un passeport en règle, et j'offre de payer ce qu'il faudra...

La physionomie de l'aubergiste s'était rembrunie peu à peu. Elle exprimait maintenant une angoisse réelle. De grosses gouttes de sueur sillonnaient sa face devenue couleur de tomate, et ses doigts, qu'agitait un tremblement saccadé, tortillaient fièvreusement son bonnet de coton:

—Certes, balbutia-t-il, dans une autre occasion, mon écurie, mes équipages, tout ici serait aux ordres de Votre Seigneurie... Mais dans les circonstances présentes, je ne me pardonnerais jamais d'avoir aidé à la perte de mon prochain... Si M. le marquis consentait seulement à modifier son itinéraire...

—Modifier mon itinéraire?...

—Je veux dire: s'il se décidait à changer de direction...

L'émigré regarda fixement son interlocuteur:

—Etes-vous devenu fou, mon cher? questionna-t-il, et puis-je me rendre ailleurs que là où mes affaires m'appellent?

—A Vittel?

—A Vittel.

—Ce soir?

—Ce soir.

Antoine Renaudot joignit les mains, et renvoyant son apostrophe au gentilhomme:

—Vittel!... Ce soir!... C'est de la démence!... Ah çà! vous ne savez donc pas ce qui se passe?...

—Ce qui se passe? Je le saurai quand il vous aura plu de me l'apprendre...

L'hôtelier se livra à une pantomime dont le désordre trahissait une sorte de vertige:

—Est-il possible? s'exclama-t-il. Quand les gazettes s'en occupent depuis un temps immémorial! Quand on s'en entretient dans tout le département, dans toute la province, dans toute la France! Quand il en a été question jusqu'à Paris, dans les bureaux du citoyen ministre de la police.—jusqu'aux Tuileries, dans le cabinet du premier consul Bonaparte!...

—D'accord, repartit l'émigré, dont l'impatience et l'humeur allaient croissant. Mais je n'arrive pas de Paris; je n'arrive pas des Tuileries; j'arrive d'Allemagne par la malle de Strasbourg qui m'a déposé à Nancy...

Il poursuivit en battant la table des doigts et en martelant le plancher sous le talon de sa botte:

—Pour Dieu, assez de réticences et de charades. Allons, voyons, expliquez-vous sans ambages et sans rébus. Sinon, je finirai par croire que la fumée de vos fourneaux a fait s'évaporer en vous ce qui vous restait de cervelle...

Maître Antoine Renaudot demeura un instant abasourdi sur le mot. Puis, leva les bras au ciel comme pour le prendre à témoin de cette foudroyante insinuation. Puis encore, il se résolut à parler...

Il parla fort longuement même...

Nous ferons grâce de sa faconde à nos lecteurs, et substituant notre prose à la sienne, nous en extrairons brièvement ce qui les intéresse d'une façon directe pour l'intelligence de ce récit.

Dix-huit ans avant que s'ouvre le drame dont le prologue s'achève sous vos yeux, des disparitions mystérieuses avaient commencé à mettre en émoi ce morceau de l'ancien duché de Lorraine que l'on pourrait découper en équerre dans le département actuel des Vosges, et dont les pointes seraient figurées par les trois petites villes de Neufchâteau, de Mirecourt et de Bains. Le gros bourg de Vittel forme le point central de cette équerre, qui ne mesure guère plus d'une douzaine de lieues.

La première de ces disparitions remontait à 1790. De cette époque à 1795, le chiffre s'en était rapidement élevé jusqu'à *onze*,—à la grande stupéfaction et à la plus grande épouvante des populations d'alentour. Les prévotés et les bailliages environnants s'étaient émus et remués; la *lieutenance criminelle* de Nancy avait ordonné *d'informer*; les magistrats et la maréchaussée avaient rivalisé de zèle pour retrouver quelque trace des victimes ou quelque piste des coupables. Soins perdus, vains efforts, ardeur inutile: aucune lumière ne s'était faite sur la nature de ceux-ci, ni sur le sort de celles-là.

La révolution était survenue. L'attention publique—violemment détournée des faits, des passions, des intérêts locaux—s'était reportée tout entière sur les événements politiques qui se précipitaient à Paris comme des coups de tonnerre dans un ciel que l'orage embrase d'éclairs. Et les Vosges, dont le patriotisme, plus prompt que celui du reste de la France, fournissait à la République naissante le contingent d'hommes et d'argent dont elle avait besoin pour repousser l'invasion; les Vosges, disons nous, avaient presque oublié les étranges accidents dont une parcelle de leur territoire avait été le théâtre, quand une nouvelle série de ces mêmes accidents était venue de rechef jeter la stupeur et l'effroi dans ces localités paisibles, honnêtes, primitives, que leur éloignement de la capitale avait su préserver des excès de la Terreur. Non seulement les disparitions avaient brusquement recommencé, mais elles s'étaient multipliées dans des proportions formidables,—sans cesser pour cela de se circonscrire dans l'espace restreint que nous avons indiqué.

Ceux qui en étaient les auteurs exploitaient—évidemment—avec une audace et une habileté sans pareilles le désarroi qui régnait dans le pays à une époque où tout avait croulé du vieil édifice administratif et judiciaire, et où rien n'était encore reconstruit de nouveau. Les anciennes «justices» provinciales et seigneuriales ayant sombré avec la ci-devant royauté, il n'y avait plus alors ombre de tribunaux que pour condamner les suspects, et tous les citoyens vraiment dignes de ce nom s'étant élancés aux frontières, aucune force publique n'existait plus à l'intérieur.

La garde nationale était restée seule chargée de tout ce qui constitue la police dite *municipale* ou *active*, dans ses multiples attributions.

Le Directoire entreprit de réorganiser la police à Paris et la force armée dans les départements.

Mais, dans la capitale, cette police se borna à protéger la personne des Directeurs et à surveiller les conspirateurs de toute sorte qui pullulaient alors sous les sobriquets et les déguisements les plus variés;—et, en province, l'action de la force armée fut entièrement absorbée par les grandes associations de malfaiteurs,—*Chauffeurs, Faux-Saulniers, Compagnons de Jéhu, Masques de Suie,*—qui faisaient la guerre à l'État non moins qu'aux particuliers.

Pendant ce temps, les disparitions continuaient dans les Vosges. Malheur à qui se hasardait dans le *malo sitio*, dont nous avons spécifié l'étendue et les limites! Quiconque touchait du pied ce sol maudit était à jamais perdu pour le monde. Une chausse-trappe s'ouvrait sous ses pas, au fond de laquelle il s'abîmait sans laisser un indice qui pût faire soupçonner ce qu'il était devenu à sa famille, à ses amis, à la justice. L'alarme rayonnait à vingt lieues à la ronde.

Les gens que leurs affaires obligeaient à traverser ce *canton ensorcelé*,—comme nous avons entendu dire,—ou à se rendre dans une des localités qui en dépendaient, ne s'y aventuraient qu'en troupe, armés jusqu'aux dents, et,—ajoute un récit contemporain,—après avoir eu soin de faire leur testament.

Dans ce canton, dans ces localités même, c'était un épeurement fou. Etait-on sûr les uns des autres? On allait travailler aux champs, le fusil sur l'épaule. On se barricadait, le soir, avec un luxe inouï de précautions. On s'invitait, parents, voisins, non point à dîner,—on ne mangeait plus,—mais à coucher... pour ne pas dormir. On n'éteignait plus les lumières et l'on attendait le jour, le pistolet au poing, dans les plus affreux cauchemars.

De la plaine, cette panique,—incroyable dans un pays de force et d'intrépidité proverbiales,—avait gagné la montagne. Les marcaires, les fromagers, les bûcherons, les charbonniers des *chaumes*, qui, depuis un temps immémorial, laissaient, la nuit, leur porte ouverte, remplacèrent leurs loquets de bois par des verrous, tandis qu'à Nancy, le capitaliste X...,—ne voyant plus partout que meurtriers et spectres,—mourait de frayeur en divaguant.

. . . .

Le dix-huit brumaire eut lieu. Après avoir remplacé Barras au Luxembourg, Bonaparte remplaça le roi aux Tuileries. Ce fut à lui que François de Neufchâteau,—ancien lieutenant-général du bailliage de Mirecourt et subdélégué de l'intendant de Lorraine en 1785,—s'adressa pour faire cesser un mal à la naissance duquel il avait assisté, et aux progrès duquel, malgré sa haute valeur et son activité, il n'avait pu porter remède, alors qu'il avait été ministre de l'intérieur, en 1797, et directeur, après Carnot, en 1798.

La tranquillité de la France était non moins chère que sa gloire au héros de Rivoli, des Pyramides et de Marengo. Bonaparte fit appeler Fouché et Savary, et leur enjoignit de s'inquiéter de ce qui se passait dans les Vosges.

Qu'il fût officiellement ou non à la tête de la police, Fouché donnait à cette importante administration,—restaurée par Dubois,—une impulsion qui vibre encore et dont il ne serait pas difficile aujourd'hui de constater les traces.

Savary, alors chargé du portefeuille de la guerre, s'occupait de la création d'une gendarmerie *nationale*. Fouché était un œil de lynx; Savary était un bras de fer. Qui, mieux que ces deux hommes, était capable d'éclaircir «le mystère des disparitions» et d'en mettre les auteurs à la raison?

Cependant, la perspicacité de l'un et l'énergie de l'autre parurent, dès l'abord, échouer à la tâche. En vain, aiguillonnés par de pressantes instructions, les parquets, d'institution récente, d'Epinal, de Neufchâteau et de Mirecourt se livrèrent-ils aux plus minutieuses investigations en tous endroits et sur toutes personnes qui offraient une prise aux soupçons...

En vain, dans toute l'étendue du département et des départements limitrophes, des visites domiciliaires réitérées, des perquisitions opérées avec un soin particulier eurent-elles lieu chez tous les individus suspects, mal famés ou d'allures douteuses; en vain les antécédents de ceux-ci furent-ils scrupuleusement épluchés; en vain leurs faits et gestes devinrent-ils l'objet de la plus étroite surveillance...

En vain, dans le périmètre de la contrée incriminée, l'autorité ne laissa-t-elle pas un bois, une vigne, un bouquet d'arbres, un buisson, une broussaille, une touffe d'herbe sans les avoir explorés, scrutés, fouillés! Pas un cours d'eau, un puits, un fossé, une citerne sans les avoir sondés! Pas une pierre des chemins sans l'avoir déplacée! Pas une motte de terre sans l'avoir retournée!...

Ce travail d'inquisition n'aboutit qu'à une déconvenue...

Et la vaste oubliette, ouverte on ne savait où par des mains inconnues, sut conserver également et son secret et ses cadavres!

—Pourtant, conclut Antoine Renaudot, il faut bien qu'ils se trouvent ici ou là, ces corps!... Que diable! on n'escamote pas comme cela une centaine de malheureux, pendant près d'une vingtaine d'années, sans qu'il en reste quelque chose!... Eh bien, non; les robes noires y ont perdu leur latin et les chapeaux bordés en jettent leur langue aux chiens: on n'a pas seulement découvert un os de pilon ou de carcasse!...

Gaston des Armoises l'avait écouté avec une attention silencieuse et soutenue. Lorsque le narrateur eut terminé, l'émigré, le coude sur la nappe et le menton dans la paume de la main, mit plusieurs minutes à réfléchir. On l'entendit murmurer:

—J'ai promis. On m'attend. Je tiendrai ma promesse.

Ensuite, élevant la voix:

—Maître, demanda-t-il, avez-vous un bidet quelconque à me vendre?

—Un bidet?

—Avec le harnachement. Une bête capable de fournir l'étape sans broncher. N'est-ce pas de huit à dix lieues qu'il y a de Charmes à Vittel?

—Comment! s'écria Renaudot, après tous les renseignements que j'ai eu l'honneur de lui donner, monsieur le marquis persisterait dans sa funeste résolution?

—Mon hôte, répondit le gentilhomme avec calme, je crois qu'il y a du vrai dans ce que vous venez de me conter,—en le dégageant, toutefois, des exagérations et des fantasmagories de la peur; mais j'ai engagé ma parole, et je mourrais pour épargner à une personne qui m'est chère la douleur de douter de moi... D'ailleurs, je suis jeune et adroit; je ne manque ni de courage, ni de prudence; j'ai des armes. Vous m'avez prévenu. Cela suffit...

Puis, avec un accent, un geste et un regard qui ne souffraient point de réplique:

—Je m'en rapporte volontiers à votre conscience pour le choix et le prix du cheval. Qu'il soit sellé *dans une heure*. Vous veillerez, je vous prie, à ce qu'on n'oublie pas de boucler avec soin ma valise sur la croupe et de placer mes pistolets dans les fontes.

Antoine Renaudot, dominé, gagna la porte à reculons. Comme il allait en franchir le seuil:

—Veuillez, poursuivit l'émigré, m'envoyer ce qu'il faut pour écrire, et revenez m'avertir quand tout sera prêt pour mon départ.

. . . .

En entendant la recommandation soulignée par le voyageur à l'hôtelier, de lui amener sa monture *dans une heure*, le dormeur du banc—sous la fenêtre— s'était brusquement mis sur son séant.

Il s'était détiré les bras avec paresse, et un bâillement formidable était sorti des profondeurs de son chapeau, en même temps qu'un rapide regard qui faisait le tour de la place.

Celle-ci demeurait déserte. Juillet sévissait avec rage. A peine un filet d'ombre, mince comme une ligne tracée à l'encre de Chine, ourlait-il la base des maisons. Garçons d'écurie et filles d'auberge, tout le monde faisait la sieste à l'hôtel de la *Poste*.

Le mendiant reprit d'un pas traînard le chemin par où il était venu. Particularité bizarre: il négligea de ramasser la poignée de pièces de monnaie dont M. des Armoises avait arrosé sa limousine, lesquelles pièces lorsqu'il se leva, roulèrent avec bruit sur le pavé...

Et quand, par une ruelle étroite qui serpentait entre des murailles de jardins, il eut débouché dans la campagne, ses allures se modifièrent sans transition: sa taille se redressa, son pas se raffermit, et ce fut en quatre enjambées qu'il gagna un bouquet de bois qui formait un cône de verdure au milieu des champs de blé.

Le ciel, chauffé à blanc, avait un éclat implacable; la terre brûlait; les blés flambaient; les moissonneurs, courbés sur la besogne, disparaissaient au milieu des épis, muets, la chemise mouillée et la nuque rôtie.

Arrivé près du bouquet de bois, le mendiant s'arrêta. Il regarda en avant, il écouta en arrière. Rien ne vivait à l'horizon dans la chaleur et le soleil.

Notre homme se coula—avec précaution—sous le couvert.

Il y avait là, au fond du taillis, dans un enchevêtrement de branches et de broussailles qui l'enveloppaient, une voiture attelée d'un cheval. La voiture était une légère carriole d'osier à deux roues, avec capote et tablier de cuir. Le cheval—un petit bidet à longs crins, vigoureux et plein de feu—piaffait du sabot avec impatience, tout en rongeant les jeunes pousses qui se trouvaient à sa portée. Le mendiant le caressa de la main:

—Tout beau, Cabri! tout beau, mon fils! Nous allons jouer du jarret. Le temps de faire un bout de toilette!...

Comme s'il comprenait, Cabri remua la tête de haut en bas, sans hennir.

Son maître pensa *mezza voce*:

—Comme c'est éduqué! Pas de danger qu'il donne l'éveil aux imbéciles qui travaillent aux environs. Nous sommes ici depuis le matin, sans parler, pas vrai, ma biquette?

Il tira de dessous ses haillons une fort belle grosse montre en or.

—Nous avons trois quarts d'heure d'avance, murmura-t-il. Heureusement, je connais les rosses de maître Antoine Renaudot. Si la gendarmerie en montait de pareilles pour donner la chasse aux brigands qui chagrinent la République, ce ne serait pas les brigands qui seraient attrapés.

Il se glissa sous la capote du véhicule...

Dix minutes se passèrent.

Puis, Cabri, enlevé par un commandement à voix basse et par une secousse des rênes, fit son trou dans le taillis, et la carriole se trouva hors du fourré...

Quelques instants plus tard, elle filait—comme une flèche—sur la route de Mirecourt...

Un homme était assis dedans, qui avait l'air d'un paysan cossu, et qui sifflotait la fanfare à la mode: *La victoire est à nous*, en faisant claquer joyeusement son fouet.

Comme quatre heures sonnaient à l'église de Charmes, maître Antoine Renaudot entra dans la salle à manger où il avait laissé, en train d'écrire, le marquis Gaston des Armoises.

—*Votre Seigneurie est sellée*, annonça-t-il avec une gravité teintée de mélancolie.

L'émigré posa la plume et dit:

—J'ai fini. Faites-moi donner des ciseaux, une bougie et de la cire.

—Tout de suite.

Ces objets apportés, Gaston se servit des ciseaux pour façonner une large enveloppe dans une feuille de papier.

Il plaça dans cette enveloppe un pli assez volumineux, scella le tout d'un cachet sur lequel il apposa le chaton d'une bague à ses armes, traça rapidement quelques mots en guise d'adresse, et, tendant à l'hôtelier cette manière de paquet:

—Ceci, fit-il, est un dépôt que je confie à votre honnêteté. Si, d'ici à huit jours, vous ne m'avez pas revu, si vous n'avez reçu aucune nouvelle de moi, vous remettrez vous-même,—*vous-même*, n'est-ce pas?—ces papiers entre les mains de celui dont j'ai écrit le nom sur l'enveloppe.—Me le promettez-vous?—Je compte sur cette promesse comme sur un engagement pris devant Dieu.

L'aubergiste ne put répondre que par un geste affirmatif. L'émotion lui coupait la parole. Il s'inclina et prit le pli d'une main tremblante.

L'adresse de celui-ci portait:

«*Au citoyen*

»*Philippe Hattier, lieutenant de gendarmerie, à la résidence de Mirecourt.*»

V

REVUE RÉTROSPECTIVE

Il était neuf heures environ.

La nuit tombait rapidement.

Gaston des Armoises avait dépassé Mirecourt. Il courait maintenant entre Remoncourt et Haréville, au galop d'un assez vigoureux bidet de poste.

Le chemin qu'il brûlait sous les fers de la bête ne différait pas essentiellement, en l'an de grâce 1803, de la route départementale actuelle. C'est une ligne à peu près droite qui s'allonge dans un vallon au fond duquel coule obscurément je ne sais quel modeste affluent du Madon. Le Madon, affluent lui-même de la Moselle, est un paisible filet d'eau qui a l'honneur de caresser la partie basse de Mirecourt,—sous-préfecture déjà célèbre au commencement de ce siècle par ses fabriques de broderies et de violons, également de pacotille.

De chaque côté de cette route s'étagent des vignes dont les produits ont un degré de parenté avec les crus renommés de Suresnes et d'Argenteuil.

Ces vignes,—s'élevant graduellement en plis légers qui forment comme les parois du vallon,—rejoignent de grands bois de chênes et de hêtres, au tronc sombre et moussu, entre lesquels blanchissent les pousses sveltes de quelques bouleaux. Çà et là, un quartier de roc montre sa tête chauve au milieu des feuilles, et la cime d'un sapin troue d'une note aiguë et sévère ce dôme de verdure aux tons clairs. On est encore dans les grasses gaîtés de la plaine; mais l'on pressent les sauvages et mélancoliques majestés de la montagne.

En juillet, le crépuscule du soir est, d'ordinaire, l'instant où la nature respire. Il n'en était pas ainsi en ce jour. Le coucher du soleil n'avait en rien rafraîchi ni allégé l'air embrasé et lourd. Le temps s'était brouillé. Aucune étoile ne s'allumait dans le ciel, devenu subitement couleur d'encre. De courtes rafales d'un vent tiède courbaient les échalas des vignes et agitaient les branches des arbres. L'eau tranquille de la petite rivière noircissait par places. Tout annonçait l'orage proche.

Le marquis éperonnait furieusement son cheval. Non point qu'il redoutât de se trouver enveloppé dans la mêlée de la pluie, des éclairs et de la foudre. Mais il lui tardait d'arriver. Un vague souci chevauchait en croupe derrière lui. Ce souci, qui se traduisait par une sorte de hâte fiévreuse, provenait-il des appréhensions qui avaient étreint le cœur et troublé le cerveau du jeune homme, au moment où celui-ci avait pris congé de son compagnon Philippe

Hattier? Résultait-il des *racontars*—médiocrement rassurants—de maître Antoine Renaudot? C'est ce que Gaston eût été fort empêché de préciser. Toujours est-il qu'il souffrait...

Il devinait, en outre, qu'un malaise identique pesait sur le pays qu'il était en train de traverser...

Pas un seul voyageur,—piéton ou voiturier,—ne l'avait croisé sur la route. Encore que l'*Angelus* vînt à peine de tinter au clocher des paroisses qui se perdaient dans la poussière soulevée par la rapidité de sa course, pas un bouquet jaseur de commères, pas une bande grouillante d'enfants, pas un groupe de travailleurs heureux de se reposer de la journée finie, ne se montraient au seuil des maisons. Pas une lumière ne brillait à travers les fentes des volets clos *au crochet et à la barre*. Tout était morne, obscur, muet. Chaque village avait l'aspect d'un cimetière.

Si, par aventure, une porte entr'ouverte avec précaution se remuait sur le passage du gentilhomme, celui-ci pouvait voir luire, dans l'ombre de l'entre-bâillement, le canon d'une carabine, les dents aiguisées d'une fourche ou les prunelles flamboyantes d'un dogue de garde détaché de sa niche. Puis, l'huis se refermait brusquement; on entendait un formidable attirail de serrurerie jouer dans les pênes, les gâches et les cadenas,—et faute de pouvoir hurler à une lune absente, les chiens poursuivaient d'aboiements rageurs ou plaintifs le cheval et le cavalier.

Ce dernier se pressait vraiment comme un courrier chargé d'un message de l'Etat.

Tandis qu'il dévorait l'espace, tout son passé se déroulait en tableaux nets et prompts dans son imagination surexcitée par l'ivresse de la précipitation.

Ne dit-on pas que le condamné à mort voit jusqu'aux moindres détails de son existence tout entière se refléter dans la minute suprême qu'il met à gravir les degrés de l'échafaud?

Gaston se rappelait les années calmes et joyeuses de son enfance et de sa première jeunesse, dans le petit hôtel du Marais qui servait de pied-à-terre aux seigneurs des Armoises, lorsque ceux-ci venaient à Paris faire leur cour au souverain. Il se rappelait ses parents,—deux figures comme on en admire sur le vélin de ces pastels dont le temps enfume le verre et écaille ou brunit l'or du cadre: son père, un vieillard d'austère et martiale physionomie, dont les cheveux, nattés *à la houzarde*, tombaient en tresses blanches sur la pelisse brune, chamarrée de brandebourgs d'argent et étoilée des ordres du roi; sa mère, une fille d'Alsace au sang riche et aux yeux bleus, au sein puissant; gonflant à faire craquer le satin de ses atours; au front un peu carré qu'entourait à merveille l'opulente abondance d'une chevelure poudrée.

Il se rappelait sa double éducation d'homme et de gentilhomme: le digne abbé, son précepteur, dont les patientes leçons l'avaient initié au monde des sciences et des lettres, et le prévôt d'Académie qui lui avait enseigné tout ce qu'un cavalier accompli ne peut se passer de savoir,—tirer l'épée, courir les bagues et faire la révérence aux dames.

Il se rappelait ses débuts sous les lambris étincelants de Versailles et dans les bucoliques galantes de Trianon: Louis XVI, bourgeois couronné à l'œil placide, paterne et doux; le petit Dauphin, avec ses boucles blondes, son large cordon de moire bleue et son Saint-Esprit de diamants,—et l'altière beauté de Marie-Antoinette parmi les gazes et les linons de son déguisement de bergère.

Hélas! l'ouragan révolutionnaire avait soufflé sur tous ces vivants chers et augustes et en avait fait des fantômes!...

Eh bien, c'était pourtant sur l'un des épisodes de cette époque tourmentée que s'arrêtait le plus volontiers la pensée de notre voyageur.

Lorsque le séjour de Paris était devenu dangereux pour les personnes attachées au parti de la cour, le vieux M. des Armoises,—qui avait repris un commandement sous M. de Bouillé,—avait enjoint à sa femme et à son fils de se retirer dans ses propriétés de Lorraine et d'y attendre les événements. Ces événements, dans l'esprit du marquis, ne pouvaient manquer d'avoir promptement une solution favorable à la monarchie. L'Europe et la noblesse coalisées auraient à bref délai raison de la nouvelle jacquerie. La marquise et Gaston étaient donc arrivés au château des Armoises,—que le jeune homme ne connaissait que de nom,—et ils y étaient demeurés près d'un an, sinon cachés, du moins à l'écart et à l'abri de l'action sanglante de la Terreur.

Ajoutons que nulle part cette action ne se montra moins cruelle. C'est ainsi que, dans les Vosges, elle ne compta *qu'une seule victime*: un hobereau,—parent du fameux Coster Saint-Victor,—guillotiné à Mirecourt pour fait de correspondance avec le duc de Brunswick et le prince de Cobourg.

M. des Armoises avait, du reste, confié sa femme et son fils à l'attachement inaltérable de son ancien soldat Marc-Michel Hattier, père de notre Philippe.

Au physique, Marc-Michel Hattier était un homme d'apparence robuste et de visage durement accentué. Au moral, c'était une de ces honnêtes natures qui savent conserver au fond d'un cœur vaillant le souvenir des services rendus.

Son dévouement ne faillit pas à la famille de son maître, à cette époque si fertile en passions déchaînées, en noires ingratitudes et en lâches trahisons. Pour mieux protéger la marquise et Gaston, l'ex-trompette de Chamboran affecta les dehors d'un civisme farouche et se fit nommer président du club des Jacobins de Vittel, gros bourg dont dépendent les Armoises. Le jour où il revint d'une séance de ce club, coiffé du bonnet rouge et ceinturé des couleurs nationales,—insignes de ses fonctions:

—Pardonnez-moi cette mascarade, dit-il à madame des Armoises. Elle était nécessaire à votre sûreté. L'écharpe tricolore cachera sur ma poitrine la plaque de garde-chasse aux armes de mon seigneur; mais tant qu'un souffle de vie battra sous cette plaque, pas un de ces braillards de Paris ou de ce canton ne touchera à un cheveu de ma chère maîtresse et de mon jeune maître, à une pierre de leur château, à un arbre de leurs forêts, à une gerbe de leurs moissons.

La marquise lui tendit la main avec émotion:

—Hattier, lui déclara-t-elle gravement, vous étiez digne d'être des nôtres.

—Ah! madame, répondit le vieux houzard en mettant le genou en terre pour baiser cette main, vous me récompensez comme si j'avais fait autre chose que mon devoir.

La garde-chasse avait une fille dont la naissance avait coûté la vie à la brave et accorte vivandière de son régiment.

Conçue et portée à travers les fatigues de la guerre, Denise s'était sans doute ressentie de ces circonstances.

Grande, mince, frêle et brune, elle possédait une force nerveuse incroyable, une organisation supérieure, une imagination d'une ardeur peu commune, que dérobaient à l'appréciation du vulgaire son apparence maladive et ses instincts de timidité sauvage.

L'expression générale de sa physionomie était un mélange de sensibilité exquise et de résolution exaltée. Sa joue pâle s'encadrait de grosses grappes de cheveux, fins, longs, abondants, qui couronnaient d'un diadème d'un noir bleuâtre un front coupé comme celui de la Junon antique. Ce front pensait. C'était le front d'une femme, si la taille de Denise était celle d'une fillette et son sourire celui d'un enfant. La nuance de ses yeux, tour à tour pleins d'ombre et de soleil, eût embarrassé un peintre.

Le même heurt de contrastes se retrouvait dans les habitudes et dans le caractère de la sœur de Philippe Hattier. Son père lui laissait une liberté complète, dont elle usait tout naturellement, sans savoir qu'il pût en être autrement. Quand elle ne passait pas des journées entières penchée sur son *tambour* de dentelière,—la faiblesse de sa complexion lui avait fait choisir cette profession où les doigts seuls travaillent,—on la voyait bondir, joyeuse et vive comme un faon, à travers les taillis du bois, ou errer, rêveuse et mélancolique, par les sentiers de la prairie.

Séduite par sa gentillesse et cédant à ce besoin impérieux qu'éprouvent les mères séparées de leurs enfants de s'occuper des enfants des autres,—vous vous rappelez que Gaston était élevé à Paris,—madame des Armoises, pendant ses séjours successifs au château, s'était amusée à donner elle-même à Denise un peu de l'éducation qu'on réservait alors pour les filles de qualité. La fillette n'était donc plus une paysanne.

Mais ce n'était pas, grâce au ciel, une *paysanne demoiselle,*—une *paysanne pervertie,* encore moins.

Jamais elle n'avait fait la révérence aux gentillâtres du pays pour se faire prendre le menton et se faire appeler *mignonne,* ainsi que cela se pratique, depuis l'antiquité la plus reculée, sur les planches de nos théâtres. Jamais elle n'avait dansé *sur la fougère* ni *sous la coudrette.* Jamais elle n'avait encouragé Tircis, ni sollicité Mondor.

Nous jugerions presque qu'elle ignorait qu'elle était belle.

Pourtant, sa mise avait une rustique coquetterie qui la sacrait reine de la mode à quatre lieues à la ronde,—et, quand elle mettait sa coiffe de dentelle, à longues barbes flottantes, pour aller à la grand'messe de Vittel, tous les garçons de la paroisse n'avaient pas assez d'yeux pour l'admirer.

Un matin, son père lui amena un étranger d'élégante tournure.

—Fillette, prononça solennellement Michel Hattier, voici notre jeune maître, le fils de nos bienfaiteurs, M. le chevalier des Armoises. Il faut le respecter et l'aimer comme je le respecte et comme je l'aime.

Denise détacha son regard de son ouvrage et le leva curieusement sur Gaston. Son cœur battit bien fort sous la fine toile de sa guimpe; un rouge brûlant remplaça la pâleur de sa joue; par la fenêtre ouverte le ciel lui sembla plus clair, les arbres plus verts, la campagne plus riante.

Le gentilhomme retourna fréquemment à la maison du garde, d'où celui-ci,—toujours sur le qui-vive,—était absent le plus souvent.

Gaston avait vingt ans. A Versailles et à Paris,—où les dames se montraient aussi compatissantes que jolies,—on l'avait surnommé l'*Insensible,* à cause de son indifférence à l'endroit des œillades incendiaires des dames qui composaient l'escadron volant de la reine et en face des agaceries significatives des nymphes sans préjugés qui formaient le bataillon léger de l'Opéra. En vérité, je vous le dis, ce n'était pas plus un héros de Duclos ou de Louvet, courant de la brune à la blonde et moissonnant les bonnes fortunes, que Denise n'était une ingénue de M. Marmontel, raisonnant sur Dieu, la nature et le reste.

Ils s'aimèrent.

Madame des Armoises et Michel Hattier étaient occupés d'autre chose.

Les nouvelles de la capitale arrivaient, à chaque courrier, plus sombres et plus inquiétantes,—et les braconniers, les maraudeurs du pays commençaient à traiter les biens seigneuriaux en propriétés nationales.

Gaston et Denise se voyaient tous les jours. C'étaient des heures enchantées.

Puis, soudain, une lettre du vieux marquis tomba, comme un coup de foudre, au château. M. des Armoises s'était installé à Coblentz. Il mandait sa femme et son fils près de lui et leur indiquait les moyens de le rejoindre. Une lieutenance attendait Gaston dans le petit corps d'émigrés que M. de Condé venait de recruter. Il fallait partir sur-le-champ.

—Je reviendrai, promit dans les caresses et les sanglots de l'adieu le jeune gentilhomme à sa maîtresse éplorée,—je reviendrai, et notre enfant aura un père...

Denise secoua la tête en signe de doute. Et quand Gaston se fut arraché de ses bras, ses genoux fléchirent; elle s'affaissa sur elle-même en levant vers le ciel ses yeux noyés de larmes, et elle songea à mourir...

Mourir!...

Elle n'en avait pas le droit. N'allait-elle pas devenir mère?

. . . .

A l'armée royale, le lieutenant des Armoises s'était bravement battu, mais bien plutôt par devoir que par conviction. Esprit juste, clairvoyant, calme, mathématique, il ne se faisait aucun scrupule de reconnaître *in petto* que, dans le grand duel politique et social de la Monarchie et du Peuple, la Force, non plus que le Droit, ne se trouvait pas tout à fait du côté pour lequel il avait mis flamberge au vent. Obligé d'admettre pour légitimes, dans sa logique et sa bonne foi, une partie des revendications de la Révolution, il ne s'était pas fait un seul instant illusion sur le triomphe, au moins momentané, de celle-ci, et sur les changements importants que ce résultat entraînerait dans le fond et la forme de l'Etat. Résultats et changements, le jeune gentilhomme accepta tout sans révolte et sans rancune; car, dépourvu d'ambition, *progressiste* (s'il nous est permis d'antidater cette expression) et sincèrement *patriote* dans le sens élevé du mot, il était prêt à sacrifier à la pacification et au bonheur de son pays sa fortune, ses affections, voire même ses principes.

Il n'en fut pas ainsi du vieux marquis: la ruine de son parti et de ses espérances le tua. Il mourut à Londres, où il s'était réfugié devant les victoires des héroïques va-nu-pieds de la République. La marquise le suivit de près au cimetière. Leur fils leur ferma les yeux. Ce pieux office accompli, Gaston, orphelin, isolé, sans parents autres que des amis d'émigration dont il ne partageait ni les goûts ni les idées, Gaston fut pris du spleen, ce nuage noir formé des brumes de la Tamise et chargé des larmes d'Young et de ses lugubres imitateurs...

Il songea à revenir en France...

Une attraction invincible le rappelait, du reste, de l'autre côté du détroit. Le gentilhomme aimait toujours Denise. Et il se souvenait d'avoir fait une promesse...

Certes, du vivant de son père, notre émigré n'eût jamais osé concevoir la pensée de réparer une de ces fautes que les gens de sa caste considéraient comme la plus légère peccadille, du moment qu'elle avait «*une vilaine*» pour victime. Mais il restait seul sur la terre et maître absolu de ses actions. Puis, loyal avant tout, scrupuleux à l'excès, esclave de la foi jurée et doué de cette rare qualité de substituer dans la règle de sa conduite sa conscience à l'opinion, il s'était fermement décidé à vivre désormais aussi obscur qu'heureux, sur un coin du sol natal, entre sa femme et son enfant.

Cet enfant,—dont la naissance avait pu être dérobée à Michel Hattier,—devait toucher maintenant à sa dixième année...

Gaston brûlait de l'embrasser.

Depuis son départ, le gentilhomme n'avait jamais cessé de correspondre avec la fille du garde-chasse.

Par elle il avait appris,—presque en même temps—le décès de l'ex-trompette de Chamboran et la vente du fief des Armoises à titre de bien national. Michel Hattier, le fidèle serviteur, avait succombé sous le coup d'une apoplexie quasi foudroyante. Quant au château et à ses dépendances, la loi les avait adjugés, pour une poignée d'assignats, à un aubergiste de Vittel, appelé Jean-Baptiste Arnould. Ce dernier n'ayant survécu que sept ans à cette acquisition, sa veuve et ses enfants—deux filles et trois fils—manifestèrent l'intention de rétrocéder les Armoises à qui leur offrirait un bénéfice raisonnable.

Rien n'était plus commun alors. La *Bande noire*, qui plus tard racheta, pour les dépecer, les domaines et les donjons vendus nationalement, n'avait pas encore commencé ses opérations destructives,—et les acquéreurs de fraîche date de ces propriétés—de luxe plutôt que de rapport—avaient fini par s'en montrer singulièrement embarrassés. Quoi de surprenant qu'ils songeassent à échanger contre des espèces sonnantes des conquêtes révolutionnaires qu'un revirement de circonstances pouvait les obliger de restituer *gratis* à l'Etat ou à leurs possesseurs légitimes?

Gaston des Armoises était riche,—feu son père ayant eu, avant de franchir le Rhin, la précaution de réaliser les biens considérables, situés en Alsace, qu'il tenait du chef de la marquise.

Informé par Denise, notre émigré s'aboucha avec la succession Arnould. Nous connaissons le résultat de ces négociations. L'aubergiste défunt avait eu les Armoises pour un paquet de chiffons de papier: il fut convenu—par lettres—que ses héritiers les rendraient au fils de l'ancien propriétaire contre cinquante mille livres en valeurs ayant cours sur une banque étrangère,—les finances de la République n'inspirant qu'une médiocre confiance.

Nous avons dit que la loi du 6 floréal an X amnistiait les nobles demeurés en dehors du territoire français en ne frappant d'exception que ceux qui avaient exercé un commandement dans l'armée de Condé. Pour que le marquis profitât du bénéfice de cette loi, il lui fallut donc établir que son grade dans cette armée avait été essentiellement subalterne. Ces formalités prirent du temps. Ce ne fut guère que dans le courant de thermidor an XII que le gentilhomme, dûment autorisé, put rentrer en France par l'Allemagne.

De Strasbourg, il avait écrit à sa chère Denise, afin de lui annoncer son arrivée pour le lendemain. Vous l'avez vu s'arrêter quelques heures à l'hôtel de la *Poste*, à Charmes; vous avez assisté à sa rencontre avec Philippe Hattier, et vous comprenez,—maintenant,—son trouble et ses appréhensions en face d'un frère qui avait le droit de lui demander un compte sévère, si, par hasard, la jeune fille avait fait à ce brave soldat l'aveu de sa chute et de sa honte.

Nous le retrouvons sur la route de Vittel.

Le spectre du passé, que nous venons d'évoquer, tournoyait devant ses yeux aveuglés par les ténèbres. Notre cavalier pressait sa course, comme s'il eût voulu fuir sa propre crainte. Malgré lui, parfois, il tendait l'oreille dans le silence qui l'entourait,—et, alors, les battements de son cœur faisaient comme un grand bruit qui semblait l'épouvanter.

Il était brave pourtant. Ses compagnons de guerre auraient rendu ce témoignage que jamais plus vaillante main n'avait tenu l'épée. Mais que peut une lame,—si finement trempée, si solidement emmanchée qu'elle soit,—contre certains pressentiments?

De brusques rafales rasaient la terre; de larges gouttes de pluie commençaient à tomber; le tonnerre grondait en se rapprochant.

Gaston allait toujours.

Chose étrange: à mesure qu'il avançait, sa mélancolie redoublait...

Le chemin gravissait un mamelon. Un éclair déchira la nuit. Dans sa lumière bleuâtre et éphémère, un troupeau de bâtisses moutonna,—au bas de la côte,—accroupi autour d'un clocher...

C'était Vittel!...

Involontairement, le marquis pesa sur les rênes. Le cheval s'arrêta. Le gentilhomme se découvrit pour passer sa main sur son front, d'où ruisselait la sueur. Un nom, prononcé *ex imo corde*, glissa entre ses lèvres:—*Denise...*

—Si près d'elle! murmura-t-il.

Un instant, l'idée lui vint de traverser le village à fond de train, de pousser droit aux Armoises et d'aller frapper au volet d'un pavillon bien connu. Mais une sorte de raffinement sentimental l'arrêta. Il pensa:

—Il est tard. Tout est clos chez elle. Elle s'est endormie en songeant à moi. Elle sait que j'arriverai demain. L'attente est encore une joie. Laissons-lui savourer cette joie jusqu'au matin.

N'avait-il pas, lui, d'ailleurs, une affaire d'importance à traiter à Vittel?

Ne lui fallait-il pas faire halte au *Coq-en-Pâte*,—l'auberge des héritiers Arnould,—pour en finir avec ces possesseurs actuels du domaine qu'il était convenu de racheter? N'était-il pas urgent enfin qu'il se débarrassât entre leurs mains,—en échange d'un contrat de vente qu'ils devaient avoir préparé,—d'une somme qui pouvait attirer le danger sur celui qui en était porteur, dans un pays aussi mal famé?

Le résultat de ces réflexions fut que M. des Armoises s'engagea, au pas de sa monture, dans les rues obscures du bourg.

L'orage était alors dans toute sa violence: il pleuvait à torrents, les éclairs se succédaient presque sans interruption, et la foudre tonnait à coups furieux, précipités, continus.

Le gentilhomme fut assez longtemps avant de réussir à s'orienter dans cette averse.

A la fin,—après avoir franchi un pont, tourné un coude et dépassé une petite place,—il se trouva en face d'une assez vaste construction, dont le principal corps de logis s'exhaussait sur un perron de quelques marches.

Ce bâtiment était une hôtellerie. On entendait l'enseigne invisible qui se balançait au vent en grinçant sur ses gonds dans le fracas de la tempête. Une lueur se montrait derrière les rideaux fermés du rez-de-chaussée.

Gaston ne courait aucun risque de se tromper: il savait que le *Coq-en-Pâte* formait la seule auberge de la localité.

Notre cavalier mit donc pied à terre. Il attacha son cheval à un barreau de la rampe de fer du perron et monta prestement les degrés de celui-ci...

VI

AU COQ-EN-PATE

C'était toujours la même nuit, et loin de faire marcher le temps, nous sommes obligés de rétrograder de deux ou trois heures environ, pour introduire le lecteur dans cette auberge du *Coq-en Pâte* dont le nom est déjà tombé plus d'une fois sous notre plume et dont nous n'avons pas encore franchi le seuil.

Si les lois de la physionomie sont exactes chez les individus,—en ce sens que celle-ci dévoile le plus souvent à l'examen d'un esprit supérieur non seulement le caractère de ces individus, mais aussi la fatalité qui préside à leur existence,—ces lois sont applicables, jusqu'à un certain point, aux choses et, surtout, aux endroits. Oui, il y a des lieux comme des figures prophétiques,— *loca scelerata*, disaient les anciens,—des lieux *scélérats*, dont l'aspect inspire une terreur involontaire, inexplicable, à l'égal du masque d'un Cartouche, d'un Lacenaire ou d'un Troppmann.

Oui, il se rencontre des endroits que des signes mystérieux vouent aux actions coupables, sinistres, monstrueuses, comme ces malfaiteurs que les lignes de leur crâne ou de leur visage désignent invinciblement pour le bagne ou pour l'échafaud.

Ce sceau n'est visible qu'à la loupe de l'observation. Il frappe bien davantage l'imagination que le regard. Mais il existe réellement,—et, si la société se procurait une reproduction fidèle et minutieuse du théâtre des grands forfaits,—que celui-ci s'appelle le bouge de la rue des Hebdomadiers, à Rodez, ou le salon de l'hôtel Praslin, aux Champs-Elysées,—la science d'un Gall ou d'un Lavater découvrirait sûrement en lui des marques non équivoques de sa sanglante prédestination.

Ces marques étaient empreintes à l'état d'hiéroglyphes, si je puis m'exprimer ainsi, dans toutes les parties de la maison Arnould,—en dépit de l'enseigne engageante sur la plaque de tôle de laquelle un Raphaël,—en bâtiments—du cru avait peinturluré un superbe *Grault* (coq *gallus*, en patois vosgien) dressant les dentelures cramoisies de sa crête au-dessus d'une sorte de bastion de croûte ferme et rutilante.

Un œil investigateur et soupçonneux les eût devinées,—vagues, intangibles et latentes,—dans la cuisine où nous entrons.

Le nez d'un limier eût flairé des *passées* de fauves et de carnassiers sur ce carreau de briques soigneusement récuré à la *pilasse* (poudre de grès) et si clair qu'on se fût fait la barbe dedans comme dans un miroir. La perspicacité, aiguisée en intuition, eût pressenti je ne sais quoi d'anormal et de menaçant dans cet intérieur régulier, net et brillant de propreté: la *mé* (huche à pétrir le pain) chargée de *miches*, en face de la crédence supportant les plats, les assiettes, les soupières de faïence à bouquets, à ramages, à devises, à emblèmes,—la cheminée monumentale, au manteau en forme d'auvent, vis-à-vis de la porte ouvrant sur le perron,—et, tout autour, sur la muraille qu'il tapissait de l'éclat des cuivres jaunes comme l'or et de l'étain luisant comme l'argent, un véritable arsenal culinaire: lèchefrites, écumoires, daubières et saucières!...

Mais il s'en fallait de beaucoup que les gens qui entouraient, qui fréquentaient le *Coq-en-Pâte*, fussent doués de seconde vue. L'excellente réputation des propriétaires de l'auberge éloignait de celle-ci toute supposition malsonnante.

Jean-Baptiste Arnould, qui l'avait achalandée, et sa moitié, Agnès Chassard, avaient *bûché dur*, comme on dit, pour amasser ce qu'ils possédaient. Sa veuve et ses enfants agissaient de même pour conserver, pour augmenter. S'ils étaient riches,—et ils devaient l'être, eu égard à leur esprit d'ordre, d'économie et à leur âpreté au gain et à la besogne,—ils avaient su dissimuler leur aisance avec assez de sagesse pour n'éveiller ni l'attention, ni la jalousie de leurs voisins.

Leur façon d'être et de vivre ne sortait point des limites de leur condition. Par tradition, la mère affectait de se plaindre,—car c'est surtout au village que le proverbe est retourné et qu'il vaut mieux exciter la pitié que l'envie,—et ne cessait, à tout propos, de mettre en avant ses cinq enfants, la perte de *son homme* et les *arias* causés par cet événement et par cette nombreuse famille.

Elle tenait cette règle de conduite du défunt. Ce dernier, il est vrai, avait trouvé le moyen d'acheter les Armoises. Mais on savait que les Armoises avaient été données pour un morceau de pain. Le bruit courait, d'ailleurs, que c'était avec les propres fonds du vieux marquis que cette acquisition avait été faite en sous-main par l'hôtelier, lequel, en cette circonstance, n'avait été que le prête-nom et le fidéi commissaire de l'émigré, en vue d'une restitution immédiate, à l'expiration de la crise.

Avons-nous besoin d'ajouter que c'était Jean-Baptiste lui-même qui avait répandu cette rumeur, qu'il avait eu le soin d'accréditer en laissant dans le *statu quo* le domaine et le château, sans y rien toucher ni changer,—ce qui avait fini par faire prendre le rusé compère et ses héritiers pour les plus dignes et les plus méritants qui fussent au monde?

Les Arnould n'étaient ni vaniteux, ni ambitieux, ni processifs. Jamais ils n'avaient fait tort d'un rouge liard à qui que ce fût, ni emprunté un petit écu à personne. On se demandait bien par quel miracle,—autre qu'en *graissant la patte* aux agents du recrutement,—les trois gars avaient pu échapper à la réquisition dans un moment où tous les Français en état de porter le mousquet avaient dû rejoindre les armées de la République; mais on se le demandait à voix basse, car François, Joseph et Sébastien avaient la poigne solide et prompte. On les craignait,—et eût on remarqué en eux, chez eux, autour d'eux, quelque chose de louche ou de suspect, on se fût bien gardé d'en souffler un seul mot.

Les annales des tribunaux n'offrent que trop d'exemples de ce mutisme particulier aux campagnards. Le campagnard est casanier, égoïste et craintif. La justice, avec son appareil et le trouble qu'elle apporte, d'ordinaire, dans les habitudes de quiconque a affaire à elle, lui cause une peur insurmontable. Qu'un crime ou un délit se produisent près de lui, il aimera mieux fermer les yeux et se boucher les oreilles que d'avertir les magistrats ou de prêter aide à leur action.

Ce désir de ne pas «se compromettre» l'absorbe tout entier, lorsqu'il se complique d'un sentiment de frayeur individuelle. N'avons-nous pas assisté fort souvent à des scènes de cour d'assises où des paysans, appelés à figurer comme témoins et redoutant la vengeance de l'accusé, de ses parents ou de ses proches, refusaient obstinément de répondre aux questions qui leur étaient adressées, alors même qu'il s'agissait de leurs intérêts les plus chers ou qu'on les menaçait des rigueurs de la loi?

. . . .

Ces explications—nécessaires—données, revenons à la cuisine de l'auberge du *Coq-en-Pâte*.

Dans la journée, la lumière y pénétrait à flots par deux larges fenêtres et se réfléchissait joyeusement dans les panneaux polis des vieux bahuts de chêne. Mais, au moment où nous y pénétrons, la vaste pièce était à peine éclairée par une lampe placée sur une table, au milieu, et par deux bûches de hêtre qui charbonnaient dans l'âtre.

Toute la famille Arnould s'y trouvait réunie,—à l'exception de Joseph, le fils aîné.

Sous la toiture de la cheminée et si près du feu que la pointe de ses *galoches* de lisière roussissait à la braise, Agnès Chassard était assise sur une escabelle à trois pieds.

La veuve avait près de soixante ans.

Une chevelure abondante et d'un blanc de neige sortait de dessous ses coiffes de crêpe et se séparait en deux masses égales sur son front sillonné par une multitude de rides profondes. Ses yeux étaient noirs, vifs, durs et tranchants. Son nez se recourbait en bec de faucon, et sa bouche, affaissée dans les mille plis que creuse la vieillesse, gardait une inconcevable expression d'énergie. On devinait sa haute taille à la longueur de son torse, et quoiqu'elle eût vécu courbée sur toute espèce de besognes, son port restait droit et fier.

Au dire des anciens du village, l'hôtelière avait été, jadis, d'une beauté si mâle et si robuste, que galants et richards s'en étaient venus à l'envi papillonner derrière ses cotillons.

Mais richards et galants avaient perdu leurs peines.

Fille de misérables journaliers, obligés, pour subsister, de glaner et de *halleboter* (grappiller après la vendange) dans le champ ou la vigne d'autrui,—mariée pauvre à un homme pauvre, après une enfance, une jeunesse abreuvées de toutes les souffrances, de toutes les humiliations qu'engendre l'indigence, la Chassard, à ce qu'il paraît, avait considéré l'honnêteté conjugale dans ce qu'elle a de plus scrupuleux, de plus absolu et de plus complet, comme un moyen certain d'obtenir ce qui lui manquait: l'argent, avec la considération et le bien-être qui en dérivent. Peut-être aussi cette honnêteté lui avait-elle servi à cacher autre chose?

Toujours est-il que la patronne du *Coq-en-Pâte* n'avait jamais *été soupçonnée du moindre* coup d'aiguille dans le contrat.

Vêtue d'un casaquin et d'une jupe *d'épluche* de couleur foncée,—car elle n'avait pas quitté le deuil depuis la perte de son conjoint,—elle tricotait silencieusement. Ses traits avaient une expression soucieuse et sévère. La réverbération de la braise marquait dessus—brutalement—les contrastes d'ombre et de lumière.

La fille aînée, Marianne, cousait près de la table, sur un coin de laquelle ses deux frères jouaient aux cartes.

Grande, taillée en pleine chair et ressemblant à sa mère, Marianne rappelait, dans leur ensemble de qualités et de défauts, ces androgynes aux bras charnus, aux jambes musculeuses, aux reins cambrés, au poitrail ample et volumineusement garni, que les sculpteurs prennent si volontiers pour modèles de leurs statues de la Liberté, et que souvent la République,—contemporaine de notre récit,—convia à personnifier cette déesse «aux puissantes mamelles» sur les tréteaux et sur les chars de ses fêtes nationales. Avec son chignon roux, tordu à grosses poignées sur sa nuque brunie par le soleil, et son profil masculin à la gravité de lignes interrompue par le renflement d'une lèvre moqueuse et sensuelle, elle possédait la séduction de la vigueur surabondante. Le sang est riche en Lorraine, et l'on n'y dédaigne point cette sorte de virago. L'outil à gagner les écus doit, sous peine de casser, avoir un manche solide: Marianne Arnould était solidement emmanchée.

Ses yeux, d'un jaune clair, pénétrants et hardis, avaient, depuis longtemps, incendié les coureurs de dot des environs. Plus d'une fois, ceux-ci, le soir, étaient venus lui donner l'aubade sous les croisées,—histoire de demander l'entrée de la maison. Plus d'une fois, la nuit, ils avaient planté devant la porte de l'auberge ce *mai*,—enguirlandé de rubans,—qui indique qu'il y a là une fille à marier, et qui invite cette fille à faire son choix librement. Notre Bradamante rustique avait une façon à elle de rembarrer les prétendants:

—Quand un garçon me conviendra, je n'irai pas par trente-six chemins pour le lui dire... En attendant, rengaînez-moi vos musiques et vos compliments... Quant à ce qui est de votre *mai*, gare que je ne le déracine pour vous le casser sur les épaules!...

Marianne avait parfait sa vingt-deuxième année.

Sa sœur Florence touchait à peine à sa seizième. Elle se tenait debout contre l'une des fenêtres, le visage appuyé aux carreaux, et semblait écouter l'orage qui commençait au dehors. D'épaisses boucles blondes s'échappaient de dessous sa cornette et descendaient presque jusqu'à la ceinture de sa cote de *rayage* bleu, dans les plis de laquelle se perdait son corps frêle et délicat.

J'ai dit que les fils cadets,—Sébastien et François,—faisaient un piquet sous la lampe. Deux gars du genre du lieutenant Philippe Hattier et du marquis Gaston des Armoises. Jumeaux, on les eût pris l'un pour l'autre, tant ils avaient la même carrure, les mêmes manières et la même voix.

Leur figure ronde, plate et hâlée, avec son nez camus, son front bombé et sa bouche à pipe, s'encadrait dans une paire de favoris *en côtelettes*, qui rejoignait le menton, et dans une forêt de cheveux, coupés ras sur le devant, longs sur les joues et pendant derrière la tête à la mode du temps.

Habillés d'une façon exactement pareille,—veste, culotte et guêtres de chasse en coutil, sans gilet ni cravate à cause de la chaleur,—chaussés de souliers de cuir de couleur naturelle, la chemise rattachée au col par une épingle d'or figurant le cerceau, et les oreilles garnies de boucles de même métal et de même forme,—comme en portaient alors les muscadins de village,—ils n'effraient, au premier abord, rien de ce qui sort un homme de la foule. Toutefois, s'ils ne louchaient point, leurs yeux *n'étaient pas tout à fait ensemble*, pour emprunter un de ses termes à la peinture. Ce défaut, quoique léger, donnait à leur regard une expression *qui n'était pas trop catholique*. Etant acquis que le regard est le miroir de la conscience, celle de Sébastien et de François Arnould ne devait être droite et tranquille que tout juste.

Par intervalles, Agnès Chassard s'interrompait de son tricot pour jeter le coup d'œil de la ménagère,—et aussi une pincée de sel ou de poivre, un brin de thym, un clou de girofle, une feuille de laurier,—dans une couple de marmites qui ronronnaient sur la braise, à ses pieds, en exhalant une appétissante odeur de fricot; et quand elle se penchait à l'intérieur de la cheminée, une demi-douzaine de quartiers de lard balançaient au-dessus de sa tête, des deux côtés de la crémaillère, leur couenne recouverte de suie.

Marianne reprisait du linge en fredonnant un vieux *noël*.

Sébastien et François s'absorbaient dans leur cent de piquet, en se servant, pour annoncer leur jeu, du jargon usité à l'époque:

—Trente-neuf au point.

—C'est bon.

—Tierce au *philosophe*.

—Ça ne vaut rien; j'ai une quatrième au *réquisitionnaire*.

La révolution avait en effet détrôné les *rois*,—même aux cartes,—et remplacé Alexandre, César, David et Charlemagne par quatre *philosophes*: Voltaire, Rousseau, La Fontaine et Molière. Elle avait également substitué aux *valets* des *réquisitionnaires républicains*.

Bref, figurez-vous un tableau de Chardin: *La veillée de famille après le repas du soir*.

Rien de plus calme de ton,—de plus anodin, de plus rassurant et de plus patriarcal.

A droite et à gauche de la cheminée, il y avait une porte—de physionomie et de calibre différents. Au-dessus des battants vitrés de celle de droite, on lisait cette inscription:

SALLE DES CITOYENS VOYAGEURS

Celle de gauche,—étroite, basse et cintrée, donnait accès dans un corridor qui aboutissait à une cour. Cette cour,—dans laquelle nous aurons l'occasion de revenir en suivant le fil de ce récit,—formait un carré long, bordé sur une face par le bâtiment d'habitation et sur les trois autres par les écuries, les remises et le mur à hauteur d'appui d'un jardin assez vaste et assez ombragé, qui confinait lui-même à un verger et à un bouquet de bois appartenant pareillement aux héritiers Arnould. Jardin, verger et bois côtoyaient le chemin qui contournait le village au nord et rejoignait la route de Neufchâteau, en coupant à travers champs,—un peu au-dessus de l'endroit où se trouve aujourd'hui le modeste Casino de l'exploitation de *la Source*. Cette route—il convient dénoter ce détail—fait la fourche avec celle de Mirecourt aux abords de Contrexéville...

Cependant, la veillée continuait: Sébastien venait d'attaquer de la *vertu* de trèfle, que son partenaire avait prise avec la *loi* de cette couleur,—les *as* étant devenus des *lois* comme les *dames* des *vertus*,—et Marianne entamait le couplet:

Où s'en vont ces gais bergers

Ensemble côte à côte?...

Soudain des pas précipités retentirent dans le corridor...

La veuve se souleva sur son escabelle; Marianne lâcha son aiguille et cessa sa chanson, les joueurs laissèrent là leurs cartes,—et la fillette qui s'appuyait à la croisée se retourna, démasquant une figure charmante, sur laquelle il y avait la pureté d'un ange mêlée à de précoces tristesses.

Tous les yeux se fixèrent sur la petite porte.

Celle-ci s'ouvrit brusquement.

Il n'y eut qu'une voix:

—C'est Joseph!

L'aîné de la famille Arnould entra dans la cuisine:

—Bonsoir, tout le monde, fit-il. J'ai *rapiqué* par la traverse et par les derrières du village afin de devancer l'orage. Il va faire un charivari à ne pas flanquer un gabelou dehors. Nous sommes rentrés par la cour,—le cheval, la voiture et moi.

Puis s'adressant à François et à Sébastien:

—Faudrait se dépêcher de dételer. On bouchonnera Cabri avec soin et on lui donnera sa ration en double. La brave bête ne l'a pas volée... Pour ce qui est de la carriole, on lui fera un bout de toilette. En l'apercevant demain, à sa place, sous la remise, personne ne doit se douter que la gourmande a avalé ses vingt lieues dans la journée. Vous comprenez?

—Pardi!

—Alors, ne lantiponnons pas. Notre besogne n'est point finie. Nous avons autre chose à faire avant de mettre notre bonnet de nuit sur l'oreiller.

Les jumeaux sortirent aussitôt par la porte du corridor. Joseph se tourna vers les deux sœurs:

—Quant à vous, les jeunesses, vous allez monter me préparer la plus belle chambre de la maison!... Frottez, essuyez, époussetez à tour de bras! Des draps blancs dans le lit, des fleurs dans les vases, des bougies dans les chandeliers, comme s'il s'agissait de recevoir le citoyen maire de Mirecourt ou le premier consul Bonaparte!...

—Est-ce que nous aurons un voyageur, ce soir? questionna vivement Marianne.

—Peut-être oui, peut-être non. J'en ignore. Qui vivra verra... En attendant, apporte-moi de quoi me nettoyer le canon de fusil: croûte et goutte, histoire de patienter jusqu'au moment de souper...

La grande fille s'empressa de placer sur la table une miche de pain de seigle, une bouteille et un verre. L'aîné des Arnould tira son eustache et se tailla à même un fort chanteau. Ensuite interpellant Florence:

—Allons, petiote, verse-moi! M'est avis que j'ai la pépie. Quand, depuis le matin, on n'a eu, pour se rafraîchir, que des giboulées de poussière...

Mais la fillette ne bougea pas. Elle demeurait au milieu de la pièce, raide, immobile et comme pétrifiée par un effroi subit. Une sorte d'horreur foudroyante avait bouleversé ses traits. Sa joue était pâle; il y avait de l'égarement dans son regard; ses lèvres frémissantes murmuraient *à part elle*:

—Un voyageur!... Encore un!... Oh! mon Dieu!...

Joseph, frappé de ce changement instantané, s'écria d'un ton doucereux:

—Qu'est-ce qu'il te prend donc, ma mignonne?...

—A moi?

—Parbleu! je n'ai pas la berlue: te voilà blanche comme un linge; ton corps grelotte la fièvre, et tes yeux battent la campagne... On dirait que tu vas passer... Ah çà! est-ce que tu deviens malade?...

—Malade?... Non, mon frère... Seulement...

—Seulement...? Explique-toi!... Tu m'ébaubis, que diable!...

—J'ai peur, balbutia la fillette.

Le paysan la considéra avec stupéfaction:

—Peur de quoi? Avec nous? Es-tu folle, la Benjamine?

La Benjamine—comme on l'appelait, par amitié, dans la famille—rendit cette plainte:

—Je souffre!...

—Où cela?...

—Je ne sais pas... Partout... J'ai ici un poids qui me charge, et là, un étau qui me serre...

Elle désignait son front et sa poitrine...

Joseph interrogea Marianne de l'œil pour lui demander ce que signifiait ce phénomène. La grande fille haussa les épaules:

—Bah! des *giries*! s'exclama-t-elle. Mademoiselle a ses nerfs!... Des nerfs!... Comme si nous avions le moyen de faire les grimaces des bourgeoises de la ville!...

Elle continua en allumant un bout de chandelle à la lampe:

—Tu ferais mieux, la câline, de t'en venir avec moi rapproprier le numéro 1...

Florence secoua la tête comme pour chasser loin d'elle les terreurs qui l'assaillaient:

—Oui, ma sœur, oui, j'y vais, prononça-t-elle d'une voix qui tâchait de se raffermir.

—A la bonne heure! reprit Joseph. Faut pas s'écouter, sacrebleu! Travail dompte maladie... Va aider Marianne, mon enfant, d'autant plus que l'ouvrage presse... Quand vous aurez fini, nous mangerons un morceau; la maman va mettre la table...

La Benjamine fit un signe négatif...

—Le cœur ne t'en dit pas? questionna le paysan. Tu as tort. Mieux vaut recourir à la miche qu'au médecin... Enfin, *sufficit*! A ton aise... Tu iras te reposer, si c'est dans tes idées...

Il ajouta entre ses dents:

—Ça fera joliment notre affaire!...

La grande fille avait tiré d'un bahut une paire de draps dont la fraîcheur embaumait le thym et la lavande; elle la jeta sur son bras robuste, et, décochant à son frère une œillade bizarre:

—C'est tout ce que nous avons de plus cossu, de plus moelleux et de plus fin. Si celui qui s'étendra dedans ne dort pas tout son soûl jusqu'au jugement dernier!...

Puis, apostrophant sa cadette:

—Eh bien, y sommes-nous, citoyenne *Laisse-tout-faire-aux-autres*?

L'enfant fit un effort. Le désordre de sa physionomie s'effaça à demi sous la tension d'une volonté énergique. Elle posa ses deux mains sur son cœur défaillant et suivit d'un pas d'automate Marianne, qui s'en allait chantant le seizième ou le dix-septième couplet de son *noël*:

Courons tous à la crèche

Entendre un beau sermon.

C'est le Sauveur qui prêche

Pour notre guérison...

Joseph s'était remis à boire et à manger.

—C'est l'âge, pensait-il tout haut entre une bouchée et une rasade. La coquinette se forme. Quand ces petites filles deviennent femmes, elles ont, comme cela, des malaises que le mariage seul peut soigner.

Agnès Chassard avait assisté à cette scène sans se départir un instant de son attitude absorbée et silencieuse; mais ses oreilles attentives n'avaient pas perdu une syllabe du dialogue échangé,—et, de ses paupières baissées sur son tricot, elle avait fait jaillir à propos plus d'un éclair sournois qui avait saisi jusqu'aux moindres mouvements des personnages.

Lorsque les deux sœurs eurent disparu par la *Salle des Voyageurs*, elle quitta son escabeau, s'approcha de son fils, et, répondant à la réflexion de celui-ci:

—Tu te trompes, Arnould, dit-elle. Ce n'est pas l'âge. Il y a autre chose.

En Lorraine, l'aîné de la famille est toujours qualifié du nom patronymique.

Arnould, qui allait vider son verre, s'arrêta de surprise.

—Qu'est-ce qu'il y a, alors, maman? Vous parlez comme une charade du *Messager boiteux de Strasbourg*. Si je vous comprends, je veux bien que cette lampée de *pichenet* me serve de poison ou de tisane.

—Tu comprendras plus tard, répliqua la veuve d'un ton bref. Pour le quart d'heure, il ne s'agit pas de la Benjamine. Je me dévorais le sang,—dans mon coin,—à t'attendre...

Elle lui mit sur l'épaule ses doigts secs et noueux, et, le fixant entre les sourcils:

—Et notre homme? interrogea-t-elle.

—Notre homme est arrivé, repartit Joseph tranquillement.

—Tu l'as vu?

—Je l'ai vu.

—Ah!

Ce monosyllabe sortit de la bouche d'Agnès Chassard, rauque comme le rugissement du fauve qui abat sa griffe sur une proie.

Son interlocuteur continua sans perdre un coup de dent:

—La correspondance de Nancy l'a descendu à Charmes, ce matin. Un joli garçon, tout de même, avec des airs de demoiselle, et, nonobstant, un je ne sais quoi qui indique qu'il n'est pas manchot. Il a déjeuné à la *Poste*, en société...

—En société?

—Oui, une société dont j'estime qu'il sera bon de recauser... Pour le moment, allons au plus pressé: j'étais sur le banc de pierre,—au bas de la fenêtre de la salle à manger; je faisais semblant de dormir: de cet endroit-là, on entend tout—et on voit le reste...

—Personne ne t'a reconnu au moins? demanda la veuve vivement.

—Avec ma fausse barbe, mes haillons de mendiant et mon chapeau en éteignoir sur ma figure machurée? Allons donc! pas si malins les gens de Charmes!... J'avais caché Cabri et la carriole dans un petit bois, en dehors de la ville... Par exemple, si le gibier tombe dans nos panneaux, ce ne sera certes pas la faute à notre collègue Renaudot...

—Comment?

—La vieille brute s'est-elle assez battu les flancs pour retenir son voyageur? Lui en a-t-elle assez conté de toutes les couleurs? Des histoires, des rengaînes, des bourdes! *N'allez pas, n'allez pas, dans la Forêt-Noire!* comme roucoule la femme du juge de paix sur son clavecin... Heureusement, le ci-devant a un grain d'amour dans l'aileron,—et, comme il ne dure point d'embrasser sa chère et tendre...

Agnès Chassard n'écoutait plus. Elle interrompit le paysan d'un geste impérieux:

—Et l'argent? s'informa-t-elle, en se penchant comme si elle voulait lire d'avance dans la pensée de son interlocuteur, la réponse que celui-ci allait lui faire.

—L'argent est arrivé aussi. Le galant l'a sur lui. Dans un portefeuille placé dans la poche gauche de son habit.

—Les cinquante mille livres!

—Les cinquante mille livres.

La haute taille de l'hôtelière se redressa. Une flamme d'avidité sauvage éclaira les rides qui se croisaient, comme un réseau, sur son masque. Ses narines se gonflèrent, et ce fut d'une voix tremblante que cette nouvelle question siffla entre ses lèvres:

—En assignats?

—Vous plaisantez. Pas de mauvaise farce. Comme la chose a été convenue: en billets de caisse au porteur.

La veuve eut une grimace de mécontentement.

—N'ayez crainte, ni défiance, poursuivit Joseph en riant. Les billets valent mieux que de l'or. La Banque d'Angleterre est sûre. Si toutes les chambres de la baraque étaient tapissées de chiffons estampillés de sa pataraphe, je ne céderais pas le *Coq-en-Pâte* pour le palais des trois consuls de la république, à Paris.

Agnès Chassard secoua sa tête à cheveux blancs.

—N'empêche, grogna-t-elle, qu'en écus de six francs, ça irait jusqu'au bout du village!...

—Oui, oui, je vous comprends, maman, continua le paysan avec une bonhomie narquoise. Pour ce qui est de vous, vous préféreriez les écus de six livres. On est plus longtemps à les compter, pas vrai? Moi, je préfère le papier-monnaie. Une supposition qu'il faudrait décamper, c'est pas embarrassant pour jouer des *guibolles*. Et puis, c'est plus commode à faire circuler...

La veuve poussa un grand soupir:

—L'argent qui circule s'use, déclara-t-elle sentencieusement.

—D'accord; mais celui qui ne circule pas ne fait pas de petits.

Ayant riposté par cet axiome à l'aphorisme maternel, l'aîné des Arnould se versa ce qui restait de la bouteille. Il y eut un instant de silence. Ensuite la vieille murmura:

—Ce sera notre dernière affaire.

Joseph la menaça amicalement du doigt:

—Tenez, la mère, je vous connais comme si je vous avais fabriquée, quoique ce soit précisément le contraire... Lorsque vous aurez ajouté une marmite pleine de *quibus* aux neuf ou dix que vous avez déjà enfouies, je ne sais où, dans la cave, vous voudrez aller jusqu'à la douzaine; et, après la douzaine, jusqu'au quarteron,—ainsi de suite, *usque ad vitam æternam*, comme dit M. le curé dans ses sermons.

—Ne parlons pas de ça! prononça brusquement l'hôtelière. Vous serez bien heureux de trouver après moi le fruit de mes économies...

—Bah! vous vivrez cent ans! Bâtie à chaux et à sable! Censément comme par les Romains!...

Agnès Chassard rompit les chiens:

—Quand l'homme viendra-t-il? demanda-t-elle.

—Ce soir.

—Ce soir?

Joseph consulta sa montre:

—J'ai à peine une heure d'avance sur lui, et voilà pas mal de minutes que nous jabotons tous les deux...

La veuve insista.

—Tu es certain qu'il passera la nuit ici?

Le paysan fit rubis sur l'ongle:

—Comme je suis certain qu'il n'y a plus une seule goutte de liquide dans ma chopine.

—Il n'ira pas jusqu'aux Armoises?

—Je l'ai entendu décider qu'il ne rendrait visite à sa belle que demain. D'ailleurs, l'orage le rabattra chez nous. Songez que son méchant bidet de poste a présentement plus que son comptant de fatigue. Du diable s'il ne crève pas avant d'aller plus loin!... Or, comme le cher seigneur ne connaît âme qui vive dans la localité, qu'il a besoin au *Coq-en-Pâte*, et que le *Coq-en-Pâte* est la meilleure auberge de Vittel, par l'excellente raison qu'il n'y en a pas d'autre...

Un éclair illumina la cuisine. La vieille se signa dévotement, et, remarquant que son fils négligeait de l'imiter:

—Païen, grommela-t-elle, tu as donc envie que le tonnerre tombe sur la maison de ton père!

Puis, étendant le bras, elle ajouta:

—Ecoute!...

—Quoi?

—On a marché dehors...

—Maman, les oreilles vous cornent: c'est le *tambour des Suisses* (la foudre) qui bat son roulement, et l'averse qui cogne aux vitres...

La veuve courba son front sur le visage de son fils aîné:

—Et moi, reprit-elle à voix basse, je te dis qu'on monte le perron.

Arnould haussa les épaules:

—Hé! répliqua-t-il, les fers de son cheval auraient sonné sur le pavé de la rue... A moins qu'il n'ait pris la précaution de les emmailloter d'une couverture, comme j'ai fait des pieds de Cabri et des roues de la carriole, pour ne pas éveiller l'attention des voisins... Mais ce n'est guère supposable...— Quand on parle du loup comme ça, on croit l'entendre...

—Je ne crois jamais entendre que ce que j'entends, dit Agnès Chassard. Il y a quelqu'un à la porte. On cherche le marteau pour frapper...

Elle n'avait pas achevé, qu'un coup vigoureux ébranlait l'huis...

En même temps, un organe vibrant appelait:

—Holà! la maison! bonnes gens! l'aubergiste!...

La mère et le fils se regardèrent tout pantois. Joseph murmura:

—Ce n'est pas son timbre!...

Le timbre continua:

—Ouvrez-nous vite, saperlotte! Il pleut des hallebardes! Vous n'êtes pas couchés. J'aperçois de la clarté...

Le paysan se leva et prit la lampe sur la table...

—Où vas-tu? interrogea la veuve...

—Je vais voir qui est là, pardieu!... Si celui qui nous attendons survenait en ce moment!... Il faut se débarrasser des témoins importuns...

Il marcha vers la porte, en tira les verrous et en tourna la clef dans la serrure. Le pène joua. Les battants massifs s'entr'ouvrirent...

Derrière,—sur le perron, ruisselant de l'ondée furieuse,—il y avait un homme qui portait un enfant...

VII

DEUX PERSONNES QU'ON N'ATTENDAIT PAS

L'homme était de large encolure. Il avait l'extérieur et le costume de ces colporteurs qui parcourent les campagnes en débitant aux ménagères toutes sortes de menues marchandises: fil de Paris, aiguilles anglaises, ciseaux, couteaux, petits miroirs, toiles de Gérardmer et mouchoirs de Chollet, contenues dans une balle attachée sur leur dos. Son visage plein et coloré respirait la franchise et l'honnêteté.

L'enfant semblait s'être assoupi de lassitude entre ses bras. Cet enfant,— un garçonnet d'apparence frêle et de traits délicats,—approchait d'une dizaine d'années. L'homme comptait la cinquantaine.

D'un coup d'épaule irrésistible, il poussa le battant de la porte que Joseph Arnould s'efforçait vainement de retenir entr'ouverte, et il entra,—comme une trombe,—dans la cuisine, où il déposa son fardeau sur une chaise. Ensuite, se secouant dans ses vêtements mouillés et faisant allusion aux éclairs, à la pluie et au tonnerre qui redoublaient au dehors:

—Pardon, excuse, la compagnie, si je pénètre ici comme un déluge; mais le Père éternel ne se contente pas de tousser en allumant sa pipe; il crache que c'en est une malédiction!...

Certaines notes—traînantes ou chantantes—de sa voix trahissaient son origine franc-comtoise. Il poursuivit, en ôtant son chapeau *à la militaire*, dont la corne dégorgea presque autant d'eau qu'une gargouille de cathédrale un jour d'orage:

—Ma foi de Dieu, s'il ne ferait pas plus sec prendre un bain au fin fond de la Saône que de baguenauder sur le pavé de la République, par ce chien de temps bon tout au plus pour les canards, les barbillons et les grenouilles!...

Puis, jetant un regard de sollicitude sur son petit compagnon:

—Ce que j'en dis, ce n'est pas pour moi, ajouta-t-il. Dans le métier, on est bronzé aux intempéries des saisons. C'est pour ce pauvre cher innocent, qui est capable d'en attraper une maladie.

Pendant qu'il discourait, François et Sébastien, Florence et Marianne Arnould étaient revenus de leur besogne,—celles-ci par la *Salle des Voyageurs*, ceux-là par le couloir qui menait à la cour,—et examinaient avec surprise les nouveaux arrivants. Agnès Chassard avait repris son escabelle au coin du feu. Le froncement de ses sourcils dénotait une irritation sourde. Un vif désappointement se lisait pareillement sur les traits de l'aîné de la famille. Il fit un pas vers le colporteur et s'écria d'un ton rogue:

—L'ami, vous ne vous gênez guère!... S'introduire chez des particuliers comme sous la halle ou sur le jeu de quilles!... Qu'est-ce qu'il y a pour votre service?...

—Ce qu'il y a pour mon service?...

—Oui. Parlez vite. Nous sommes pressés...

L'autre ne se démonta point.

—Bon, répliqua-t-il tranquillement, si c'est comme ça que vous recevez les pratiques...

—Les pratiques?...

—Est-ce que je ne suis pas à l'auberge?

—Après?

—Ce n'est pas la première fois que je traverse le pays. Est-ce que je n'ai pas déchiffré dans le barbouillage de votre enseigne: *Au Coq-en-Pâte, Arnould loge à pied et à cheval?*...

—Eh bien?...

—Eh bien, logez-moi, saperlotte! Je n'ai pas de cheval, c'est vrai; mais, en revanche, j'ai un mioche...

La belle humeur avec laquelle son interlocuteur soutenait le choc exaspéra le paysan:

—L'homme, cherchez ailleurs, reprit-il brusquement. Toutes nos chambres sont occupées et le garde-manger est vide...

—Qu'à cela ne tienne! Je ne suis pas difficile. Une place dans le grenier à foin, avec un chiffon de pain et une bouteille pour moi,—et une tasse de lait pour le petiot...

Joseph frappa du pied:

—Je vous dis que nous ne pouvons ni vous nourrir, ni vous coucher.

—Là, là! Ne nous fâchons pas, patron. On n'a point l'intention de se perpétuer chez vous, malgré vous. Mais, voyons, aurez-vous le cœur de refuser un gîte et un morceau à un chrétien qui a doublé l'étape aujourd'hui, sur ses jambes, et à un malheureux enfant que j'ai promis de ramener à sa mère, et qui est susceptible de trépasser de peur, de froid et de fatigue, si vous nous obligez à continuer notre route par cette tempête...

Puis, interrompant sa supplique par un accès d'hilarité:

—Ah çà! mais suis-je bête? Peut-être vous imaginez-vous que je n'ai ni papiers, ni ressources. Dame! il y a,—à ce qu'on prétend,—tant de malfaiteurs et de vagabonds dans la contrée!...

Il ouvrit un étui de fer blanc, qu'il portait pendu à son cou,—étui semblable à celui dans lequel les soldats renferment leur congé:

—Primo, d'abord, voici mon passe-port, visé, timbré, légalisé pas plus tard que ce matin, par le citoyen administrateur du district de Neufchâteau,—d'où il ressort que le nommé Anthime Jovard, ici présent, marchand ambulant, né et domicilié à Morteau (Doubs), âgé de cinquante-trois ans et patenté dans sa commune, a le droit de circuler librement sur tous les points du territoire,—avec le signalement dudit, pour lui servir au vis-à-vis des autorités respectives...

Ensuite, déboutonnant sa houppelande et frappant sur une large ceinture de cuir qui lui serrait le ventre:

—On a beau voyager par la voiture de Saint-Crépin et ne pas être requinqué comme un propriétaire, on a de quoi payer le vivre et le logement.

Il déboucla sa ceinture et la jeta sur la table.

Cette façon de sacoche rendit, en heurtant le bois, une vibration métallique.

Anthime Jovard ajouta joyeusement:

—On n'a pas toutes ses aises, mais on gagne sa vie... Je suis parti de la maison, voilà, quatre mois approchant, ma balle pleine de bimbeloterie: j'y reviens, aujourd'hui, le baluchon vidé, mais le boursicot rempli... Hé! hé! compère, savez-vous que je ne donnerais point ce qu'il y a là-dedans pour une pièce de dix-huit cents livres?

Joseph Arnould ébaucha un geste d'impatience et de menace:

—Mais encore!... commença-t-il.

Il n'acheva point. Un signe impérieux d'Agnès Chassard l'appela près de celle-ci. Un colloque animé s'engagea—à voix basse—entre la mère et le fils.

Le colporteur s'était retourné du côté du garçonnet, qui s'agitait—tout en sommeillant—sur sa chaise:

—Sois tranquille, mon chérubin, lui disait-il avec tendresse, tout à l'heure tu reposeras entre deux draps bien chauds,—dans un bon lit de plumes, bassiné avec du sucre,—et je te ferai prendre une rôtie au vin qui te mettra sur l'estomac un fameux gilet de flanelle!...

Florence et Marianne s'étaient avancées jusque tout auprès du «chérubin» et le considéraient, celle-ci avec curiosité, celle-là avec intérêt:

—Sainte Vierge! s'écria la fillette, est-il mignon, propre et gentil! Cette peau blanche! ces cheveux d'or! ces petits pieds et ces petites mains! On croirait voir le Jésus de cire du Bethléem de la Noël!...

On nomme *Bethléem*, en Lorraine, la représentation par des poupées de la naissance du Sauveur.

—C'est un enfant *de la ville*, opina la grande fille. Ça n'a pas de couleurs pour deux liards et c'est maigre comme un carême.

Sous l'auvent de la cheminée, la veuve marmottait à l'oreille de son aîné:

—Dix-huit cents francs!... En numéraire!... Une somme trouvée!...

Joseph hocha le front.

—Une misère auprès du magot que nous empocherons cette nuit!...

L'hôtelière insista.

—Ce sont les petits ruisseaux qui font les grosses rivières...

Son interlocuteur se gratta l'oreille:

—Oui, grommela-t-il, mais on a vu des gens se noyer dans les petits ruisseaux...

Il ajouta après réflexion:

—Et puis l'autre qui va venir... Si les dix-huit cents livres allaient nous faire manquer les cinquante mille francs... Maman, maman, soyons prudents...

La vieille repartit sèchement:

—Ce qu'il y a plus prudent, vois-tu, *fieu*, c'est l'audace.

Florence s'était agenouillée devant l'enfant:

—Comme il dort! murmurait-elle, et comme il a l'air harassé!

—Vous arrivez de Neufchâteau? demandait Marianne au colporteur.

—Oui, citoyenne. Sur la semelle de nos souliers. J'avais bien de l'argent pour louer une voiture; mais personne n'a consenti à nous conduire, à cause de tous ces méchants bruits de voyageurs envoyés *ad patres* par une association de coquins invisibles...

En ce moment, l'aîné des Arnould reprenait:

—La mère, souvenez-vous du proverbe: *Qui trop embrasse mal étreint...*

Agnès Chassard eut un mouvement significatif.

—A proverbe proverbe et demi, répliqua-t-elle: *Quand il y en a pour un, il y en a pour deux.* N'es-tu plus un homme, Joseph?

Marianne continuait à questionner le colporteur:

—Est-ce que l'enfant vous appartient, citoyen?

—Non, citoyenne. C'est un métayer de mes amis—de la banlieue de Chaumont—qui m'a prié de m'en charger et de le conduire dans sa famille...

Anthime Jovard était jovial et loquace. Il poursuivit complaisamment:

—Le gars est censément un fruit clandestin de l'amour... Sa maman l'avait confié, dès la naissance, à mon fermier pour cacher un péché de jeunesse... Aujourd'hui, elle le redemande, et sachant qu'en retournant chez moi je devais passer près de l'endroit qu'elle habite...

Les trois frères causaient—mystérieusement—dans un coin.

—Il y aura double besogne, faisait François en rechignant.

—Oui, mais il y aura double profit, ripostait Sébastien vivement.

—D'ailleurs, déclara Joseph, c'est la volonté de la mère.

Il quitta ses cadets et vint au colporteur,—la main tendue et la mine souriante:

—Mon camarade, entama-t-il avec rondeur, il ne faudrait pas m'en vouloir de la réception désobligeante... C'est vous qui l'avez dit: nous vivons dans un temps où tant de scélérats se dérobent à la justice, qu'on se défie de tout un chacun et qu'on montre les dents aux gens qu'on ne connaît pas... Mais une fois que l'on sait à qui on a affaire...

Anthime Jovard secoua cordialement la main qu'on lui offrait:

—Vous êtes tout excusé, patron, répondit-il. Il ne s'agit que de s'entendre. C'est moi qui aurais dû commencer par vous exhiber mes paperasses...

Joseph continua:

—On va vous donner une chambre et vous y servir à souper...

—A la bonne heure! Voilà qui est parler! s'écria le colporteur avec une satisfaction bruyante. De fait, je ne serais pas fâché de toucher quatre mots à un plat de fricassée et huit à un vin sans baptême...

—Marianne, commanda le paysan, va quérir à la cave une bouteille de première qualité...

Il appuya:

—*De première qualité*, tu as compris?

Anthime Jovard opina:

—De première qualité. C'est cela. On ne *renaude* pas sur ce qui est bon, dès l'instant qu'on y met le prix,—ayant le nez aussi près de la bouche qu'un chanoine.

Joseph s'adressa à Florence:

—Toi, coquinette, conduis le citoyen au numéro 6,—tu sais, au fond du corridor...

La fillette était demeurée à genoux devant le garçonnet. Elle tournait le dos à son frère. Sans quoi, celui-ci aurait surpris à nouveau sur les traits de la Benjamine la même expression de douleur et de stupeur qu'il y avait remarquée une demi-heure auparavant.

Le paysan éleva la voix:

—Eh bien, minette, est-ce que tu dors? Notre hôte attend. Il doit lui tarder de se coucher...

Agnès Chassard intervint:

—Laisse-la moi. Elle m'aidera avec sa sœur à préparer le souper. François conduira le voyageur, tandis que Sébastien descendra à la cave.

Anthime Jovard reprit sa ceinture sur la table et se la reboucla aux reins. Ensuite, enlevant de la chaise l'enfant, toujours enseveli dans un profond sommeil:

—Allons faire dodo, trésor! Tu n'auras pas besoin qu'on te berce, hein? Ni moi non plus, pareillement, lorsque j'aurai chiqué les vivres.

—Faudra-t-il vous éveiller demain matin? s'informa François en allumant une lumière.

—Pas la peine de vous déranger; j'ai l'habitude de me lever sitôt que l'aube tape aux carreaux.

—Alors, quand voudrez, citoyen?

—Marchez devant, je vous emboîte.

Avant de sortir derrière son guide, le digne colporteur se retourna:

—Bonsoir, la compagnie, fit-il affectueusement. A demain. On tuera le ver en réglant son compte.

—Ton compte sera réglé plus tôt que tu penses, murmura l'aîné des Arnould à l'oreille d'Agnès Chassard.

VIII

LA PERSONNE QUE L'ON ATTENDAIT

Revenons à Gaston des Armoises.

Comme celui-ci gravissait les marches du perron du *Coq-en-Pâte*, il y avait à peine dix minutes que le colporteur Anthime Jovard venait d'en quitter la cuisine pour prendre possession de sa chambre.

Le gentilhomme se sentait rasséréné et ragaillardi.

L'auberge, c'était, en effet, un bon feu pour sécher ses habits trempés de pluie; c'était aussi la chaleur d'un vin généreux pour se réconforter le cœur, et quelque chose,—ne fût-ce qu'une modeste omelette,—pour apaiser l'aiguillon renaissant de l'appétit; c'était, enfin, le port au milieu de l'orage, le but au bout de la course, le retour à la réalité et au présent après les imaginations enfantées par la nuit et la fantasmagorie des souvenirs du passé.

Le marquis frappa.

—Qui est là? demanda de l'intérieur une voix de femme.

—Un voyageur pressé de se mettre à couvert.

La porte tourna sur ses gonds, et Gaston se trouva en présence de Marianne.

—N'est-ce pas ici, s'informa-t-il, l'hôtellerie du *Coq-en-Pâte*?

—Si fait bien, citoyen, répondit la grande fille de sa voix la plus douce et avec son sourire le plus engageant et sa révérence la plus gracieuse. Donnez-vous la peine d'entrer.

L'émigré entra.

Il n'y avait plus dans la cuisine qu'Agnès Chassard et les deux sœurs. Les trois frères avaient disparu. La veuve tricotait près de l'âtre, où maintenant quelques charbons seuls brûlaient. Florence était assise dans l'angle de la cheminée. Dès le seuil, notre gentilhomme crut voir les grands yeux bleus de la fillette s'attacher sur lui avec une expression de tristesse et d'intérêt étranges. Mais que lui importait? La physionomie de l'endroit lui paraissait débonnaire,—et Marianne s'empressait d'une façon si accorte pour le débarrasser de son chapeau et de son manteau!...

La vieille s'était levée:

—Il est si tard, dit-elle, que nous allions nous coucher... Une mauvaise nuit, n'est-il pas vrai?... Le citoyen vient de loin?...

—J'arrive de Charmes, ma chère dame...

—A pied?... Trinité sainte!... Une fière trotte!...

—Non pas, heureusement; ma monture est restée dehors, où je vous serais obligé de ne pas la laisser...

—Ma fille aînée va la conduire à l'écurie... Prenez un siège, citoyen... Florence, une brassée de sarments sur le feu; ne vois-tu pas que le voyageur grelotte?...

—Mademoiselle, fit Gaston à Marianne qui sortait, je vous recommande ma valise et mes armes...

Ensuite, s'adressant à l'hôtelière:

—C'est vous qui êtes la maîtresse de céans et la citoyenne veuve Arnould?...

—Pour vous servir, mon cavalier: Agnès Chassard, veuve de Jean-Baptiste Arnould,—mon pauvre mari, décédé voici déjà pas mal de temps,—et mère de ces deux jeunesses, sans compter trois garçons majeurs qui m'ont coûté à éduquer aussi gros qu'eux d'argent sonnant et trébuchant...

—Moi, poursuivit le gentilhomme, je suis le marquis des Armoises...

La vieille joignit les mains:

—Le marquis des Armoises!... Le marquis Gaston!... Celui qui a passé une saison au château, pendant que les sans-culottes faisaient la chasse aux nobles pour les guillotiner! Jésus-Maria! est-il possible?

Elle s'avança brusquement vers l'émigré et le dévisagea avec une attention attendrie:

—Oui, c'est bien lui. Je le reconnais. Il ressemble au défunt seigneur et à la regrettée madame...

Des larmes mouillaient sa voix rude, et l'émotion transfigurait ses traits revêches.

—Béni soit le ciel, reprit-elle, qui m'a permis de voir,—avant d'aller rejoindre l'époux que je pleure encore,—le fils de nos anciens maîtres revenir sous le toit de ses pères!—Marianne, Florence, entendez-vous?—C'est le jeune marquis des Armoises!...—Çà, qu'on éclaire la salle et qu'on rallume le feu! Il s'agit de traiter d'une manière convenable l'hôte que le bon Dieu nous envoie...

—Ma brave femme, fit Gaston, votre accueil me touche plus que je ne saurais dire. Pourtant, votre étonnement a lieu de me surprendre. N'attendiez-vous pas ma visite?...

—Oh! que si, monsieur le marquis, et il y a belle lurette que votre chambre est prête,—la chambre n° 1—la plus présentable de la maison... Seulement, vous comprenez, on ne vous attendait point à cette heure et par ce déluge...— Marianne, j'espère que le cheval de M. le marquis a tout ce qu'il lui faut. Descends à la cave maintenant. La Benjamine m'aidera à préparer la table...— Un peu de patience, monseigneur, et nous vous restaurerons du mieux que nous pourrons... Ah! c'est un jour heureux pour nous que celui-ci! Recevoir dans notre humble logis celui que nous n'avons jamais cessé de considérer comme le légitime propriétaire des Armoises!...

Les paysans sont des comédiens supérieurs. L'acteur le plus expert en l'art de se *grimer* et de simuler par le ton, le masque, l'attitude et la mimique, les différentes passions du héros qu'il est chargé d'interpréter, ne leur irait pas à la cheville. Et ce talent n'est point, chez eux, le résultat du soin, de l'étude, de l'application: c'est un don de naissance...

Sur les planches, Agnès Chassard eût abusé tout un public de critiques,— tant les témoignages de respectueuse affection et les effusions de joie dont elle accablait celui qu'elle appelait obséquieusement *monsigneur*, semblaient sincères et réels!...

Le sarment pétillait joyeusement...

Notre cavalier avait pris une chaise et regardait fumer la semelle de ses bottes...

L'hôtesse allait et venait,—ordonnant et gesticulant:

—Allons, vite, Florence! La nappe, le couvert, les assiettes dans la salle!... Monsieur le marquis fera un bien modeste souper: des œufs, un poulet froid, du jambon et une salade...

Pendant qu'elle discourait de la sorte, l'émigré cherchait quelqu'un de l'œil:

—Ah ça! demanda-t-il à la fin, je n'aperçois pas vos fils, la mère. Est-ce qu'ils seraient absents? Mes lettres avaient dû les prévenir pourtant...

—Si les gars avaient pu penser que Votre Seigneurie arriverait ce soir, ils ne seraient pas partis, ce matin, à la ville,—histoire d'acheter un tas de choses dont on manquait à la maison pour héberger un visiteur de votre nom et de votre rang... Oh! mais ils reviendront cette nuit, j'imagine: un peu tard, par exemple, parce que, voyez-vous, les marchés, le billard, un petit coup par ci, par là, avec Pierre et avec Paul... Les hommes, c'est si bavard et si *musard*!... Ils ont le passe-partout pour rentrer,—et, demain, dès le patron-minette, vous les verrez à votre chevet, prêts à saluer leur jeune maître et à lui protester, comme je le fais pour eux, de leur attachement et de leur obéissance...

—Je tiens, appuya Gaston, à terminer de suite l'affaire qui me ramène,—ayant hâte de me réinstaller aux Armoises...

—Monsieur le marquis les retrouvera dans l'état qu'il les a laissées. Pas un meuble n'a été bougé dans les appartements du château; pas un arbre, pas un caillou dérangés dans toute l'étendue du domaine. Mon défunt ne l'eût point souffert. Ni moi ni les enfants non plus... Nous ne nous considérions que comme dépositaires et nous avions dans nos idées qu'un jour luirait où l'héritier rachèterait les biens de ses pères,—ces biens que nous n'avions acquis que pour les préserver d'être dépecés par morceaux et de s'en aller à droite, à gauche... Pour ce qui est du reste, on a ponctuellement suivi les instructions contenues dans la correspondance de monseigneur: le contrat de vente est dressé; il n'y a plus qu'à le signer,—après la somme versée, s'entend.

Le gentilhomme sourit de ce dernier trait si naïvement *nature*:

—Soyez tranquille, fit-il. La somme sera versée. J'apporte les cinquante mille livres.

La veuve se détourna brusquement pour cacher la flamme subite que cette phrase alluma sur sa joue bise et sous sa paupière qui battit, éblouie par le rayonnement du chiffre...

En ce moment, Marianne s'approcha...

La grande fille tenait un plateau qui supportait un verre fraîchement rincé et une bouteille poudreuse...

Elle salua gaillardement et dit sans embarras:

—Si monsieur le marquis désire se rafraîchir?...

Gaston ouvrait la bouche pour répondre: *Ce n'est pas de refus*, lorsque son regard tomba par hasard sur Florence. Après s'en être allée,—suivant l'injonction de sa mère,—tout disposer pour le repas du gentilhomme dans la *Salle des Voyageurs*, l'enfant était venue se rasseoir dans son coin. Maintenant, elle s'était levée à demi, et sa figure charmante semblait sortir de l'ombre. Ses grands yeux brillaient et parlaient. Son doigt étendu montrait la bouteille—plus impérieux qu'un cri—et commandait: *Ne buvez pas!*

M. des Armoises s'étonna en lui-même, mais il conserva tout son calme.

—Merci, la belle fille, fit-il. Ce n'est pas dans mes habitudes.

Les traits pâles de la Benjamine s'éclairèrent d'un sourire.

Agnès Chassard s'était retournée. D'abord, elle avait froncé le sourcil. Elle se remit ensuite et reprit:

—Monseigneur n'en goûtera que mieux notre cave en mangeant.

Le gentilhomme glissa une œillade du côté de la fillette. Celle-ci remua rapidement la tête. Ce signe renouvelait—en la soulignant—la recommandation précédente...

Gaston, de plus en plus surpris, obéit instinctivement à cet ordre muet...

—Ma bonne dame, déclara-t-il, je ne saurais, pour le moment, faire honneur à votre cuisine.

—Comment?...

—J'ai déjeuné à Charmes d'une telle façon, que l'appétit me fait absolument défaut. Mais je ne demande pas mieux que de me rattraper demain; que diable! nous sommes gens de revue...

Le front de la veuve se rembrunit:

—Eh quoi! questionna-t-elle, monsieur le marquis ne prendra même pas une tasse de bouillon? Un consommé comme je défie les premiers hôtels de Paris d'en servir à leurs pratiques!...

L'émigré consulta Florence à la dérobée. Le regard, le geste de l'enfant répétaient: *Non! non! non!* plus énergiquement que jamais. Gaston garda sa figure ouverte et sa contenance tranquille, mais ce fut d'un ton net et décidé qu'il répliqua:

—N'insistez pas. Je n'ai besoin de rien. Il me tarde plus de me mettre au lit qu'à table.

La veuve se mordit les lèvres et murmura:

—Si c'est la volonté de Votre Seigneurie, on lui indiquera sa chambre.

M. des Armoises se leva:

—Tout de suite, s'il vous plaît: je tombe de sommeil.

Le gentilhomme ne mentait qu'à demi: il était à moitié fourbu,—et la fatigue qu'accusaient le clignotement involontaire de ses paupières et la vacillante lourdeur de sa démarche, l'emportait encore, chez lui, sur l'appétit qu'il dissimulait, afin d'obtempérer à la recommandation silencieuse de la fillette.

La constatation de cet état apparent d'affaissement arracha à Agnès Chassard un soupir de soulagement. Elle échangea avec Marianne un coup d'œil d'intelligence. Puis elle poursuivit:

—Comme il vous conviendra. Ma fille aînée va se charger des pistolets et du bagage. Moi, j'éclairerai M. le marquis...—Eh bien, Florence, paresseuse, est-ce que tu t'es assoupie, là-bas, dans ton coin?... Prends une bougie dans le bahut et allume-la à la lampe...

La Benjamine s'empressa... Elle s'empressa même trop... Car, en approchant la bougie de la lampe, elle renversa celle-ci, laquelle s'éteignit dans sa chute, et la pièce se trouva soudainement plongée dans une obscurité profonde.

—Maladroite! s'exclama la mère, tu ne pouvais donc pas prendre garde!... Un bel ouvrage, en vérité!... Gageons qu'elle dort tout debout!

Marianne renchérit aigrement:

—Ça ne sait faire œuvre de ses dix doigts!... Propre à rien, quoi!... Dirait-on pas que c'est sorti de la cuisse d'un munitionnaire général ou d'un ex-membre des Cinq-Cents!...

Gaston allait parler pour excuser la fillette, quand une main toucha sa main et quand une voix,—celle de Florence,—chuchota à son oreille:

—Ne vous couchez pas, soufflez votre lumière et attendez-moi.

Le jeune homme voulut hasarder une question. La main s'appuya sur ses lèvres et la voix supplia,—faible comme un souffle:

—Je vous en prie, *au nom de Denise!*...

. . . .

Quelques minutes plus tard, la veuve avait installé M. des Armoises au numéro 1, et l'émigré l'entendait dire,—en redescendant,—d'un ton joyeux à ses filles:

—Au dodo, au dodo, à présent, les minettes! Vos frères rentreront quand bon leur semblera. Nous n'allons faire qu'un somme jusqu'à demain matin.

Une heure—environ—s'écoula.

L'hôtellerie était devenue sombre et muette du haut en bas. Pourtant, on aurait eu tort de croire que tout le monde y eût la nuque sur l'oreiller. Dans la soupente qui se superposait à la cuisine, les lits des trois gars étaient vides. Vide aussi celui de la mère,—vide celui de la sœur aînée,—dans le *poêle* (chambre commune) qui confinait à la *Salle des Voyageurs.*

Dans ce *poêle,* la couchette de Florence seule était occupée. La fillette paraissait dormir, la tête noyée dans ses cheveux blonds. Ses couvertures,— soigneusement tirées et bordées,—lui montaient jusqu'aux épaules.

On n'entendait que le tic-tac du coucou de la salle.

Bientôt l'horloge rustique sonna minuit.

Florence ouvrit les yeux au bruit et se souleva sur son coude. D'abord, elle sembla écouter. Rien ne vivait dans le logis. Elle jeta, ensuite, un rapide regard sur les lits de la veuve et de Marianne et n'eut point l'air surpris outre mesure de l'absence de celle-ci. Elle se glissa, alors, hors de sa couchette...

Sous ses couvertures, elle avait conservé un jupon...

La porte du *poêle*, doucement sollicitée, vira—sans crier—sur ses gonds.

Florence traversa avec précaution la *Salle des Voyageurs*...

Dans la cuisine, il y avait,—comme nous l'avons précisé,—un corridor qui aboutissait à une cour...

Vers le milieu de ce corridor, dans un enfoncement obscur, se cachait une petite porte,—cintrée, basse, étroite, presque invisible, tant elle avait la teinte grise de la muraille,—laquelle était celle d'un cellier, au dire des gens de l'auberge.

La Benjamine pénétra dans ce corridor et s'arrêta devant cette porte. D'ordinaire, celle-ci était close, et sa forte serrure défiait toute tentative. Mais, cette nuit-là, Florence savait la trouver ouverte. Elle la poussa donc avec résolution et s'engagea dans un couloir où l'air avait des saveurs humides. Des bruits de voix se mêlaient au loin. Le sol devenait glissant sous les pieds nus de la fillette.

Malgré les ténèbres, elle marchait droit devant elle, sans tâtonner et comme fait l'aveugle d'une route souvent parcourue.

Si une lumière quelconque eût éclairé ses pas, on eût pu voir que le chemin qu'elle suivait était un boyau étranglé, taillé en pleine terre, et dont les parois suintaient une sorte de transpiration brillante. Ce couloir était long d'une trentaine de mètres. A son extrémité se dressait une autre porte, derrière les solides battants de laquelle un bruyant cliquetis de verres et de fourchettes accompagnait une discussion animée, entrecoupée d'éclats de rire et de jurons...

Florence retint sa respiration.

Elle se baissa et mit l'œil à la serrure de cette porte...

IX

SOUPER DE FAMILLE

Figurez-vous une cave spacieuse, sans futailles pleines ni vides. Sur le sol, çà et là, des caisses défoncées, des malles ouvertes, des valises éventrées et des amas de nippes, de vêtements de toute espèce,—depuis la *blaude* (blouse) du roulier et la peau de bique du marchand de bœufs, jusqu'au *carrick* du citadin et au *spencer* de l'élégant. Au milieu, une table sur la nappe de laquelle se confondaient les reliefs d'un plantureux repas. Quatre chandeliers de cuivre étaient aux quatre coins de cette table. Alentour, s'asseyaient Agnès Chassard, ses trois fils et sa fille aînée. A l'extrémité la plus éloignée de la porte, on entrevoyait comme l'ébauche d'un escalier dont on pouvait compter les cinq ou six premières marches. La septième disparaissait dans l'ombre. Il y en avait peut-être d'autres. On ne les apercevait point.

Joseph, François et Sébastien Arnould avaient chacun à la ceinture un large couteau de boucher. Trois pioches, qui paraissaient avoir servi récemment,—car des parcelles de terre fraîchement remuée adhéraient à leurs dents aiguës,—étaient appuyées dans un angle, derrière eux, au-dessous d'un râtelier qui supportait plusieurs fusils de chasse et plusieurs paires de pistolets.

On avait vidé nombre de bouteilles.

La face de Sébastien et de François, voire celle de la belle Marianne,—laquelle avait les goûts comme la force d'un homme,—s'empourprait d'un commencement d'ivresse.

Leur aîné,—qui avait *levé le coude* pour le moins aussi souvent qu'eux,—conservait tout son sang-froid. Quant à Agnès Chassard, elle ne buvait que de l'eau. Boire son vin quand on peut le vendre est une folie ruineuse.

—Maman, disait Joseph, je vous signe mon billet que vous avez été superbe: je vous écoutais dans la salle, vin quand on collé contre le rideau de la vitre...

—On ne se défie pas du chien qui lèche, répondit la veuve sentencieusement.

Elle poursuivit avec un reste d'inquiétude:

—Un instant, j'ai bien cru que le freluquet avait eu vent de quelque chose... Refuser de boire et de manger... Pour sûr, ça n'est pas naturel...

—Bah! repartit François, votre marquis *de quinze onces* a éteint sa bougie. Il doit ronfler comme un sabot. On le pincera au lit comme un lièvre au gîte...

—D'ailleurs, appuya Sébastien d'un ton décidé, il est seul et nous sommes trois. S'il faut se bûcher, on se bûchera. Que diable! on est venu à bout de plus solides!...

Marianne le regarda de travers:

—Depuis quand ne sommes-nous que trois lorsqu'il s'agit de travailler? On ne renâcle pas sur l'ouvrage, Dieu merci. De vous tous qui êtes ici, lequel pourrait se vanter d'assommer un chrétien,—d'un coup de hachette ou de merlin,—aussi proprement que je l'ai fait, la dernière fois, de ce gros brasseur de Strasbourg, qui, sans moi, vous aurait donné un joli peloton de fil à retordre?...

Sébastien allait répliquer...

Joseph intervint:

—On te connaît, ma mie, fit-il paternellement, et, quand tu seras pour te marier, je conseillerai à ton futur de numéroter ses os d'avance, s'il a envie de te contrarier.

La veuve hocha le front,—obsédée par une idée fixe:

—L'homme se défendra... Prenez garde! Il est seul, je ne dis pas non: mais il vous a deux compagnons qui ne se feront pas faute d'aboyer...

—Quels compagnons? fut-il demandé à la ronde.

—Ses pistolets, prononça gravement la vieille femme.

Marianne éclata de rire:

—Aboyer, c'est possible... On en sera quitte pour persuader aux voisins que c'est Joseph, François ou Sébastien qui a déchargé son fusil... Pour ce qui est de mordre, c'est une autre histoire...

—Comment?...

—Puisqu'en les enlevant des fontes, quand j'ai mis le cheval à l'écurie, j'en ai escamoté les balles!...

Il y eut un vivat général. Joseph envoya un baiser à la grande fille:

—Tu es un amour, coquinette! De la poigne et de la rubrique!...

Puis, frappant sur la table:

—Buvons!... La mère, passez la cruche à l'eau-de-vie!...

L'hôtesse étouffa un soupir. L'eau-de-vie coûte encore plus cher que le vin. Mais quoi! faut donner du cœur aux ouvriers, lorsqu'on veut que la besogne soit convenablement faite. On trinqua. Les cerveaux continuèrent à s'échauffer. François leva son verre:

—Aux cinquante mille livres que nous allons empocher!...

Agnès Chassard rectifia:

—Cinquante mille et dix-huit cents, cela fait cinquante-un mille huit cents livres.

—Tiens! c'est vrai! s'exclama le gars. Moi qui oubliais le boursicot du colporteur!...

—En voilà un, fit Sébastien, qui n'a pas boudé sur la boisson et sur la nourriture. Si la drogue produit son effet...

—La drogue a produit son effet, affirma Marianne. J'ai regardé par le trou de la serrure. Le citoyen Jovard dort, la tête dans le plat. On l'embrochera comme un poulet.

—Et l'enfant? questionna Joseph.

—L'enfant dort pareillement, tout habillé, sur le lit, dont on a tiré les rideaux.

La virago ajouta avec un geste féroce:

—Je me charge de l'écraser comme une mouche, il ne s'agit que d'appuyer le pouce. L'innocent passera par-dessus le marché.

L'alcool incendiait cette Bradamante campagnarde. Ses cheveux roux se tordaient en serpenteaux autour de son visage. Sa nature sauvage se dévoilait à nu.

De libations en libations on finissait par divaguer.

—Vive la joie! s'écriait François. Ce qu'on peut avoir de bonnes choses pour cinquante mille francs, c'est énorme.

François se versa une ample rasade:

—Quand on est riche, reprit-il, on peut s'attaquer à toute femme,—depuis la dernière des Manons jusqu'à la fière Denise Hattier.

Sébastien dressa l'oreille:

—Qui parle de Denise Hattier? questionna-t-il.

François posa son verre bruyamment:

—C'est moi. Après?

L'autre fronça le sourcil:

—Qu'est-ce que tu lui veux, à cette fille?

—Je la veux.

—Toi?

—Pourquoi pas? Elle est belle, et elle me convient.

Sébastien frappa la table de son poing fermé:

—Tonnerre du ciel! si c'était vrai!

Son frère lui lança un regard de défi:

—Si c'était vrai?...

Sébastien se leva:

—Il y aurait bataille, mon gars...

François se leva pareillement:

—Bataille, soit! qui cherche trouve...

Marianne intervint:

—Ne vous chamaillez pas si fort! fit-elle avec une ironie sournoise. Denise Hattier est une fille sage. Vous n'êtes pas chaussure à son pied.

—C'est ce que nous verrons, grogna François sans se rasseoir.

—C'est tout vu, répliqua Sébastien de même.

—Qui pourrait m'empêcher d'agir comme il me plaît?

—Quelqu'un qui est le fils de ton père.

—Sang du Christ!...

—Misère d'enfer!

Le premier saisit une bouteille. Le second souleva son escabeau. Marianne eut un méchant sourire.

—Assommez-vous. Ça m'est égal. Que la Denise ait celui-ci ou celui-là, elle n'en mourra pas moins dans la peau d'une mijaurée et d'une pimbêche...

Quand le nom de la fille de l'ancien garde des Armoises avait été prononcé, Joseph Arnould avait cessé de songer. Il était devenu tout pâle, et une flamme étrange avait jailli de sa prunelle...

Au moment où la querelle atteignait à son paroxysme, il se leva à son tour...

—Mes camarades, prononça-t-il d'un ton bref, je m'en vais vous mettre d'accord. La Denise vous plaît: moi, je l'aime. J'ai décidé qu'elle serait ma femme.

Les deux autres se révoltèrent bruyamment:

—Ta femme!... Tu as décidé!...

Joseph souligna ses paroles:

—Je ne plaisante jamais. C'est mon choix et mon droit. Ne suis-je pas votre aîné?

—Bah! éclata François, il n'y a pas de choix qui tienne! Je me moque de ton droit! A toi, à moi la paille de fer!...

—Et je te fais serment, ajouta Sébastien, que, tant que je vivrai, du diable si tu toucheras à un cheveu de la Denise!...

Les deux cadets avaient mis le couteau au poing.

Joseph recula jusqu'au râtelier d'armes et décrocha prestement une paire de pistolets.

—Si vous levez le bras, je vous brûle, fit-il avec une résolution froide.

Agnès Chassard, qui, pendant ces colères et ces provocations, était restée plongée dans ses réflexions, le coude appuyé sur la nappe et le menton rivé à la paume de la main, redressa brusquement sa haute taille, et, desserrant ses lèvres minces, demanda d'une voix dure et sèche:

—Qui donc, alors, s'occupera des deux hommes qui sont là-haut?

Les trois frères voulurent répondre.

Elle leur imposa silence d'un geste impérieux:

—La paix! Asseyez-vous et ne buvez plus. Vous aurez besoin, tout à l'heure, de votre tête et de vos forces.

Les adversaires obéirent en rechignant. La veuve les couvrit d'un regard de pitié. Un sourire sarcastique creusa ses rides.

—Se disputer pour une fille! poursuivit-elle. Ah çà! n'êtes-vous plus mes fils? Avoir une maîtresse ou une femme, autant courtiser la misère ou épouser la ruine. La maîtresse gruge, la femme mange; sans compter les enfants, qui convoitent votre héritage...

François et Sébastien essayèrent de protester. Elle leur ferma la bouche:

—J'ai parlé. Tout est dit. Il sera temps de faire des sottises quand je ne serai plus là pour vous en empêcher.

Les deux cadets gardaient une mine farouche. Joseph eut l'air de prendre son parti:

—La mère a raison, reprit-il. Nous recauserons de tout ceci à l'occasion. D'ailleurs, j'ai à vous apprendre une nouvelle qui forcera probablement messieurs mes frères à mettre de l'eau dans leur vin...

—Hein?... Une nouvelle?... Quelle nouvelle?

—Denise Hattier va désormais avoir près d'elle un porte-respect auquel je ne conseille point de se frotter les galants qui auraient de mauvaises intentions...

—Un porte-respect?

—Philippe, son frère, est de retour.

Il y eut une triple exclamation:

—Philippe Hattier!...

—Le soldat!...

—Le dragon!...

—Le fils de l'ancien Chamboran a fait son chemin à l'armée, continua Joseph. Il est officier,—lieutenant...

—Ah!...

—Lieutenant dans la gendarmerie, à la résidence de Mirecourt...

—Eh bien?

—Eh bien, vous doutez-vous seulement de ce qu'il vient faire au pays?

On prêta attention. Joseph poursuivit lentement:

—Il vient rechercher, découvrir et livrer aux gens de justice les compagnons qui font métier de supprimer les voyageurs...

—Oh!...

L'aîné des Arnould appuya:

—Il arrive de Paris exprès. C'est le gouvernement qui l'envoie. Il paraît que l'on va recommencer l'enquête... Pour l'instant, le lieutenant est en route pour Epinal, où il s'abouchera avec le jury d'instruction... Je l'ai toisé. C'est un mâle. Il a le nez d'un chien de chasse et les crocs d'un chien de garde. Si le nez nous évente, les crocs nous happeront...

François et Sébastien se regardèrent en frissonnant. Ils avaient un peu de sueur aux tempes. Agnès Chassard semblait n'avoir rien entendu. Ses traits étaient si complètement immobiles que vous eussiez dit un visage taillé dans le granit. Marianne considérait ses frères:

—Ils tremblent! grogna-t-elle avec une grimace de dédain. Comment donc sont bâtis les hommes? Jour de Dieu! je ne suis qu'une femme, mais si le diable m'asticotait, je ne donnerais pas deux liards de sa peau!...

Elle s'adressa à Joseph:

—Si ton chien de chasse fourre son nez dans nos affaires, on lui jettera une boulette,—et si ton chien de garde me montre ses crocs, je te réponds qu'après les avoir mesurés aux miens, il m'en restera plus long qu'à lui dans la mâchoire...

Puis, se tournant vers la veuve:

—Qu'est-ce que vous en pensez, la mère?

—Je pense, repartit l'hôtesse froidement, je pense que la nuit s'avance, que nous perdons un temps précieux à bavarder, et que l'argent nous échappera si nous attendons que l'aube se lève.

La grande fille saisit la cruche d'eau-de-vie:

—Le coup de l'étrier, alors, et vivement!...

Ensuite, se penchant à l'oreille de la vieille, et désignant de l'œil François et Sébastien:

—Vous savez bien que, pour faire quelque chose de ceux-là, il faut qu'ils soient tout à fait ivres.

. . . .

Florence n'avait point quitté la place. Elle était à demi-nue; le froid du caveau lui perçait les os; elle souffrait horriblement. Mais elle voulait voir et entendre. Elle s'était collée au battant de la porte. Celle-ci était épaisse, c'est vrai. Mais nous savons que ceux qui conversaient derrière ne se gênaient nullement pour parler haut et franc. Ils croyaient la fillette endormie dans son lit. Et puis, le secret de leur retrait souterrain n'était connu de personne. Qui donc eût pu les épier, les écouter et les surprendre?...

Aux derniers mots prononcés par sa sœur, la Benjamine s'arracha à son poste d'observation. Elle fit quelques pas en chancelant et s'appuya à la muraille. Ses lèvres murmurèrent une prière muette. Cette prière lui rendit la force et le courage. Une résolution virile s'alluma dans ses yeux. Elle regagna à reculons le couloir par où elle était venue, traversa de nouveau la cuisine solitaire et se retrouva dans la *Salle des Voyageurs*...

Un escalier montait de cette salle au premier étage de l'hôtellerie et aboutissait à un corridor sur lequel ouvraient les six chambres qui composaient la partie du *Coq-en-Pâte* réservée à ses visiteurs. La chambre numéro 1 formait l'une des extrémités de ce corridor; la chambre numéro 6 le terminait à l'autre. La première avait vue sur la cour; la fenêtre de la seconde sur le jardin...

Florence vint frapper doucement à la porte du numéro 1.

X

LA CHAMBRE NUMÉRO 1

C'était une chambre plus longue que large,—d'une propreté minutieuse,—avec une croisée faisant face à la porte, une vaste armoire de chêne adossée à la muraille et un lit au-dessus duquel un ciel de serge verte découpait les dents de ses festons.

Ce lit paraissait excellent. Haut sur pieds, gréé d'un véritable luxe de matelas et recouvert d'une courtepointe à ramages, il se reliait à son ciel par quatre colonnes années. Le reste de l'ameublement se composait de deux chaises de paille, d'un vieux fauteuil en velours d'Utrecht et d'une petite table, drapée d'un napperon, qui supportait une cuvette, un pot à eau et une couple de serviettes.

Une fois seul dans ce retrait, Gaston des Armoises avait commencé par laisser s'écouler le temps nécessaire à une personne pour se coucher, après avoir vaqué à sa toilette de nuit. Puis, il avait soufflé sa bougie. Puis encore, il s'était jeté dans le fauteuil,—il s'était recueilli,—il avait attendu.....

Attendu quoi? La solution du problème. Car il y avait problème, et les suppositions les plus contradictoires se succédaient, à ce sujet, dans l'esprit du gentilhomme...

Que signifiait la pantomime mystérieuse de Florence? Pourquoi cette défense répétée de toucher au vin, au souper?

Le marquis en était à se demander si les signaux redoublés de la Benjamine ne constituaient pas une sorte d'espièglerie de jeune fille, si celle-ci jouissait bien de la plénitude de son bon sens, ou si ses yeux, à lui, n'avaient point été le jouet d'une illusion, d'un mirage...

Mais non: l'expression du visage de l'enfant excluait—de beaucoup—toute idée de plaisanterie.

Ensuite Florence avait été claire et précise en son mutisme.

Enfin si, d'aventure, son œil halluciné avait trompé le gentilhomme, il ne pouvait—certainement—en être ainsi de son oreille. La Benjamine avait parlé. Elle avait parlé *au nom de Denise.* Quel hasard lui avait appris le lien secret qui existait entre le marquis des Armoises et la sœur de Philippe Hattier?

L'émigré en perdait la tête.

Dans sa préoccupation Gaston se dirigea instinctivement vers la croisée, qu'il ouvrit avec précaution...

L'orage était à bout, et les dernières nuées couraient au ciel éclairci. Sous la fenêtre s'étendaient la cour, dont nous avons donné la topographie, et, par delà cette cour, le verger et le bouquet de bois que nous avons mentionnés. Ceux-ci s'étageaient sur un terrain en pente dont le bouquet de bois formait le point culminant. Gaston n'eut pas le temps de remarquer que, de ce côté, le *Coq-en-Pâte*, faisant faubourg, s'isolait de toute espèce d'habitations. Quelque chose qui remuait sous les grands arbres accapara son attention...

Comme il cherchait à démêler ce que ce pouvait être, la lune démasqua son disque des nuages,—et la silhouette de trois hommes se détacha d'une façon nette sur l'horizon éclairé subitement.

Ces trois hommes, se baissant et se relevant alternativement, avaient l'air de fouiller le sol, à coups redoublés, du fer d'un instrument—aigu ou tranchant—qu'ils manœuvraient en cadence.

La besogne semblait rude. Les travailleurs l'interrompaient par intervalles pour se reposer un instant, appuyés sur le manche de leur outil, ou pour essuyer d'un revers de main la sueur qui ruisselait de leur front. Puis, ils se remettaient à piocher,—et la terre du trou qu'ils creusaient s'amoncelait peu à peu en un monticule allongé qui avait la forme d'une bière.

A la fin, l'ouvrage parut terminé, et les trois ouvriers s'en revinrent par le verger et le jardin, vers les bâtiments de l'hôtellerie.

Quand ils furent arrivés dans la cour:

—Tiens! fit l'un avec étonnement, est-ce que *l'hirondelle de Coblentz* (un des nombreux sobriquets dont on baptisait les émigrés) aurait eu envie de s'envoler?

—Pourquoi cela? interrogea l'autre.

—Sa fenêtre est entre-bâillée...

—Es-tu bête? repartit le second. La nuit est *touffe* (lourde) en diable, et Sa Délicatesse aura eu peur d'avoir trop chaud...

—Satanés bavards! grommela le troisième, vous ne mettrez donc pas une muselière à vos becs! Les vraies oreilles des murailles, ce sont les croisées entr'ouvertes.

Gaston s'effaça habilement derrière le rideau de la sienne. Il n'avait pas perdu un mot du dialogue.

—Bah! reprit celui qui avait parlé le premier, il n'y a plus de clarté chez lui depuis approchant vingt minutes.

—Est-ce fait? demanda, de l'intérieur de la maison une voix que M. des Armoises reconnut pour celle de la sœur aînée.

—C'est fait, répondit le trio à l'unisson.

La grande fille poursuivit:

—Est-ce qu'ils tiendront dedans tous les deux?

—Dame! en se serrant un brin!...

—Rentrez, alors fit Marianne, Florence dort, le souper est prêt, et la mère s'impatiente en bas.

. . . .

Chacune de ces paroles avait enfoncé dans le cœur du gentilhomme une certitude menaçante. Ces trois hommes c'étaient ce Joseph, ce François et ce Sébastien Arnould dont on lui avait caché la présence au logis. C'était de lui qu'ils s'entretenaient. C'était une fosse enfin qu'ils venaient de creuser, là-bas, sous le couvert, une fosse qui attendait deux cadavres! Quelle devait être la seconde victime?

L'ancien officier des chasseurs de Condé avait maintes fois bravé la mort avec insouciance, avec folie...

Cependant il demeurait glacé de terreur et d'horreur...

Et le temps s'écoulait. Minuit était passé. Une heure du matin sonna,—au lointain,—dans le silence. La vibration de la cloche réveilla le marquis de son épeurement. On lui avait laissé ses pistolets; il les prit et marcha vers la porte pour la verrouiller...

En ce moment, on frappa doucement. Gaston arma son pistolet...

—Monsieur le marquis, dit-on tout bas, c'est moi,—moi qui vous ai fait signe... Sainte-Marie! dormiriez-vous malgré mon avertissement?...

Des Armoises s'empressa d'ouvrir. Florence entra. La pauvre enfant défaillait. La vue de l'arme qu'il avait au poing et son attitude résolue lui apprirent que l'émigré était déjà au courant de la situation...

—Quoi! balbutia-t-elle, vous savez?...

—Je sais, répondit le gentilhomme, je sais qu'on en veut à ma vie, et que ceux-là mêmes qui se préparent à m'assassiner lâchement sont les maîtres de cette maison.

Les deux mains de la Benjamine voilèrent son front rouge de honte...

—Pardieu! continua Gaston, on ne s'imagine pas, j'espère, qu'on aura bon marché de moi... Trois bandits ne me font pas peur... Je me défendrai, je me barricaderai, je soutiendrai un siège... Les voisins entendront, on me viendra en aide, et, si je ne puis échapper au guet-apens infâme, la justice, du moins, se chargera de me venger...

La fillette secoua la tête:

—N'espérez pas! murmura-t-elle. Vos armes seront inutiles, rien ne transpirera au dehors, et cette chambre est pleine de pièges... Vos ennemis, d'ailleurs, sont plus nombreux que vous ne croyez,—et ce ne sont pas mes frères qu'il faut craindre le plus...

L'émigré eut un rire amer:

—Ah! les femmes sont de la partie... Elles ne se contentent pas de jouer leur exécrable comédie... C'est bien: le bourreau ou moi, nous les traiterons comme des hommes...

Florence s'affaissa sur une chaise:

—Ayez pitié! s'écria-t-elle avec des larmes dans la voix. Cette famille est la mienne,—et je suis innocente!...

Pendant quelques secondes elle demeura comme écrasée sous le poids d'une détresse navrante. Puis, se redressant vivement et parlant par saccades:

—Plus un mot!... Ils vont venir... Je ne veux pas qu'ils vous tuent... Denise en mourrait de douleur...

—Denise!...

—Songez à elle! Songez qu'elle vous a aimé plus que l'honneur! Songez que vous avez promis de donner un nom à son fils...

—Est-il possible! Vous sauriez?...

—Denise m'a estimée assez pour me confier la moitié de ses secrets: j'ai deviné le reste... Ecoutez-moi maintenant: il s'agit de fuir...

—Fuir!...

—Sans attendre une minute, sans m'adresser une question, sans regarder derrière vous...

Elle allongea le doigt vers la fenêtre:

—Cette fenêtre est peu élevée. Grâce au treillage qui tapisse la muraille, vous atteindrez facilement le sol. Traversez la cour et les remises. Celles-ci communiquent avec la campagne par une petite porte dont voici la clé. Une fois dehors, personne n'osera vous poursuivre...

—Mais vous, qu'allez-vous devenir?...

—Moi?...

—Ces misérables ne vous pardonneront pas de m'avoir dérobé à leurs desseins sinistres...

—N'ayez souci. Je n'ai rien à craindre aujourd'hui, et, demain, je quitterai cette maison pour aller chercher un asile où je puisse pleurer et prier...—Mais partez, partez à l'instant!... Si vous saviez ce que j'ai entendu tout à l'heure!... Ce n'est pas vous seulement qu'il faut sauver, c'est Denise—notre chère Denise!...

—Elle!...

—Un danger terrible la menace...

—Un danger!... Mon Dieu!... Expliquez-moi...

—Le temps me manque... Ne m'interrogez pas... Hâtez-vous...

—Pas avant que vous m'ayez dit...

La Benjamine garda un instant le silence. Son sein soulevé bondissait. L'œil de Gaston se fixait sur elle avec angoisse et dévorait d'avance sa réponse. Le jeune homme répéta:

—Parlez, je le veux... Parlez, ou je reste!

La bouche de Florence s'ouvrit malgré elle.

—Eh bien, ils ont juré qu'elle serait leur proie...

—Denise, leur proie?... Ils ont juré?... Qui cela?...

—Ceux qui vont venir à cette chambre...

La voix du marquis siffla dans sa gorge:

—Les assassins!...

L'enfant baissa la tête. Puis avec un geste qui ne souffrait aucune réplique:

—Allez vite, à présent. Votre vie ne vous appartient plus. Denise a besoin d'un bras qui la protège et la défende...

M. des Armoises s'élança vers la fenêtre...

—Souvenez-vous, ajouta Florence d'un ton grave, que rien de ce qui s'est passé ici, cette nuit, rien de ce que vous avez appris ne devra sortir de vos lèvres...

Gaston s'arrêta.

—Me taire!... Vous n'y songez pas!... La loi réclame les coupables...

La Benjamine tomba à genoux et sanglota:

—La loi! c'est ma mère qu'elle frappera! c'est ma sœur! ce sont mes frères!...

La volonté de l'émigré se courba devant ce désespoir:

—Soit, je me tairai, fit-il.

La fillette leva vers lui ses yeux mouillés qui suppliaient:

—Vous me le promettez?...

—Sur ma foi de gentilhomme... Mais que ces gens quittent le pays et que jamais un nouveau crime...

Florence se redressa. Les larmes se séchaient sous sa paupière en feu:

—Soyez tranquille, prononça-t-elle avec un visage énergique, si quelque nouveau crime ensanglantait ce logis, c'est moi-même qui irais dénoncer les coupables à la justice.

Elle regagna la porte, qui était restée entr'ouverte, et, du seuil, prêtant l'oreille:

—Il me semble que je les entends... Seigneur Jésus! arriverai-je jusqu'à la chambre de votre malheureux compagnon?

—Mon compagnon?... C'est vrai: je l'avais oublié... Celui-là va aussi s'échapper, n'est-ce pas?...

—Celui-là est perdu sans ressources.

—Perdu? Vous ne l'avez donc pas averti comme moi?...

—Cela ne m'a pas été possible. Il a bu, il a mangé. Le narcotique a agi. Que Dieu ait pitié de son âme!

XI

LA CHAMBRE NUMÉRO 6

La fillette avait disparu dans les ténèbres du corridor,—et le marquis demeurait immobile auprès de la fenêtre, qu'un moment auparavant il se disposait à franchir.

Les dernières paroles de Florence l'avaient, pour ainsi dire, cloué au plancher.

Donc, un de ses semblables allait être égorgé dans un instant, à deux pas, sans grâce ni merci, tandis qu'il s'esquiverait à toutes jambes, lui, un soldat, fils de soldat et descendant de ces preux chevaliers des Armoises dont l'écu portait *d'azur à la tour d'argent*, avec cette devise: JE SOUTIENS.

Sur sa foi, c'était impossible.

Tout ce qu'il y avait en son âme d'humain, de généreux et de vaillant se révoltait à cette idée.

Laisser s'accomplir—par la fuite—une chose aussi monstrueuse, n'était-ce pas s'en rendre complice? Le sang versé du malheureux tacherait le blason du gentilhomme! Celui-ci en voyait, en sentait sur ses mains, sur son front, sur sa conscience l'éclaboussure sinistre, fumante, ineffaçable!

Le combat durait, chez lui, depuis certainement moins de temps que nous n'en avons mis à le transcrire, quand, tout à coup, M. des Armoises se frappa le front avec une expression de joie.

—Oui, c'est cela, murmura-t-il. Il y a un moyen. Dieu m'inspire.

Par le chemin que Florence lui avait indiqué, on pouvait sortir du logis et se jeter dans le village. Celui-ci n'était-il pas habité? Ce cri: *Au feu!* ameuterait tous les voisins. Les fenêtres s'ouvriraient. On demanderait:

—Le feu?... Où?...

—Au *Coq-en-Pâte*...

La foule se précipiterait vers l'auberge...

Gaston enjamba la fenêtre. S'accrochant au rebord de celle-ci, il se préparait à effectuer sa descente, et son pied tâtait déjà le treillage qui devait l'aider dans cette opération, lorsqu'un cri retentit dans le silence de la nuit, un cri désespéré, affreux, suprême. Le gentilhomme se rejeta dans la chambre, qu'il traversa d'un bond pour s'élancer dans le corridor. Florence n'y était plus...

Au bout de ce corridor, un mince filet de lumière filtrait sous une porte...

Un pistolet de chaque main, M. des Armoises se rua contre cette porte qu'il enfonça d'un coup de pied...

Derrière, il y avait une chambre,—le numéro 6,—à peu près pareille au numéro 1, avec une croisée donnant sur le jardin, un lit à baldaquin dont les rideaux étaient fermés et une armoire monumentale, dont les volets, au large ouverts, laissaient apercevoir l'orifice d'un couloir qui trouait la muraille et s'enfonçait dans l'ombre; c'était par cette issue secrète que l'on avait dû s'introduire.

Au milieu de la chambre, entre une chaise renversée et une table encore servie, le colporteur Anthime Jovard était étendu la face contre terre. Son sang formait une mare sur le parquet. Le pauvre diable dormait,—la tête sur la nappe,—quand il avait été frappé entre les deux épaules. Il s'était dressé sur le coup, avait battu l'air de ses bras et était tombé en poussant un cri,—le cri que Gaston avait entendu.

Il venait d'expirer.

Les Arnould l'entouraient.

François et Sébastien, penchés sur lui, étaient en train de le soulever, afin que Marianne pût déboucler plus facilement la ceinture de cuir,—la ceinture aux dix-huit cents francs,—qu'il portait sous ses vêtements. Agnès Chassard les éclairait, une lampe au poing. Joseph essuyait la lame de son couteau après la serviette qui, un instant auparavant, s'étalait à la boutonnière de la victime...

Un calme extraordinaire présidait à cette scène de mort.

Tout le monde était tranquille auprès de ce cadavre. On causait paisiblement du travail accompli et de ce qui restait encore à faire, comme s'il se fût agi de la chose la plus simple. Le programme avait été réglé d'avance, point par point. Les gens qui étaient là n'avaient ni inquiétude ni hâte. Seule, la veuve Arnould maugréait entre ses dents:

—On n'a pas voulu m'écouter... C'était par le numéro 1 qu'il fallait entamer l'ouvrage... Si celui-ci, en braillant, avait pourtant réveillé l'autre.

L'apparition du marquis donna raison à la vieille femme.

A la vue de Gaston, un rauquement sortit de chaque poitrine.

Sébastien, François et Marianne se redressèrent brusquement. Les deux frères avaient dégaîné leurs couteaux. La grande fille brandissait une hachette—et une telle arme n'était point à dédaigner entre ses mains. Elle avait fait ses preuves. Joseph s'était abrité derrière ses frères. Un coquin plein de prudence, cet aîné de la famille. Certes, s'il eût trouvé Anthime Jovard debout, il eût laissé à ses cadets l'honneur d'engager la bataille.

M. des Armoises était de ceux qui, à l'heure décisive, jettent de côté toute émotion débilitante. Il n'était plus question pour lui de prêter assistance à autrui. Le colporteur n'avait plus besoin de défenseur. C'était sa propre existence qui devenait en jeu. Il s'agissait de se tirer de ce guêpier.

Le frisson payé aux premières horreurs de la situation était loin. Le gentilhomme s'était adossé à la muraille,—droit et haut comme une âme sans peur. Sa voix vibra, ferme et libre.

—Le premier qui avance est mort!

Il pointait ses deux pistolets sur le groupe de ses adversaires...

Un éclat de rire répondit à cette menace...

—Hardi, les enfants! commanda la veuve.

Marianne, François et Sébastien, s'élancèrent...

Des Armoises fit feu de ses deux coups à la fois...

Mais personne ne tomba. Et la grande fille ricana dans la fumée:

—As-tu fini, Bibi? J'ai les balles dans ma poche!...

—Ah! misérables! gronda Gaston, en comprenant le stratagème qui lui enlevait toute chance de salut.

Les assaillants arrivaient sur lui...

Il saisit un de ses pistolets par le canon...

La lourde crosse fit sonner le crâne de Sébastien, qui roula—à moitié assommé—sur le plancher...

Par malheur, pour frapper, l'émigré avait fait un pas en avant.

Agnès Chassard se glissa entre lui et le mur: elle avait ramassé, dans un coin, un marteau dont elle se servait d'habitude pour *achever* la besogne mise en train par ses fils...

Le reste fut rapide comme l'éclair. L'hôtesse leva le bras. Le marteau s'abattit sur la tête du gentilhomme...

En ce moment, Joseph Arnould renversa la lampe...

Quelques minutes se passèrent, pendant lesquelles on entendit un cri s'étouffer dans un râle...

Ensuite, la grande fille dit, apostrophant son aîné d'un ton aigre:

—Rallume la lampe, poltron. L'affaire est dans le sac.

. . . .

La lampe rallumée éclaira le corps de Gaston des Armoises couché en travers de celui du colporteur Anthime Jovard. La hachette de Marianne lui avait fendu le front—et le couteau de François s'enfonçait jusqu'au manche dans sa poitrine. Sa nuque, fracassée par le marteau d'Agnès Chassard, baignait dans une boue faite de cervelle et de sang.

Les assassins ne demeurèrent qu'un reste de temps à considérer leur *ouvrage*. Puis, la bande entière se rua sur ces débris humains comme la meute sur la curée. Chacun voulait avoir sa part de butin.

—A moi les bagues!

—A moi la montre!

—A moi la chaîne, les breloques, la bourse!

Joseph,—agenouillé,—coula ses doigts crochus dans les vêtements de la victime.

—Il est là, fit-il en tâtant.

Une sorte de rugissement sortit à la fois de toutes les gorges oppressées:

—Le portefeuille?

—Je le tiens!

L'aîné des Arnould se remit lestement sur ses pieds.

—Voici l'objet:

Il ajouta en parcourant de l'œil les regards enflammés et les faces livides.

—Ça vous fait de l'effet, pas vrai? A moi aussi, nom d'un million! Dire que cette machinette de maroquin est grosse de toute une fortune!

—Ouvre-lui le ventre un peu, pour voir, demanda la grande fille qui haletait d'impatience.

Joseph tira du portefeuille une liasse de bank-notes qu'il agita triomphalement:

—Savez-vous calculer, chéris? Le paquet est de cinquante chiffons,—et chacun d'eux vaut mille livres!

Il y eut un frémissement et un éblouissement. Agnès Chassard ne parlait pas. Mais sa prunelle lançait l'éclair fiévreux de l'or. Car son rêve lui montrait les précieux «chiffons» se métamorphosant en boisseaux de louis. L'ivresse jaune lui montait au cerveau...

Soudain, sa griffe s'allongea,—prompte et irrésistible.

Et le paquet de billets de banque,—*cueilli*, pour ainsi dire, entre les doigts de Joseph,—s'engouffra dans la vaste poche de son jupon...

—On vous gardera cela, fit-elle. C'est une somme. Vous êtes trop jeunes!...

Le mouvement et la phrase déterminèrent une violente explosion:

—Doucement! s'écria le fils aîné. Si nous sommes trop jeunes, vous êtes trop soigneuse. Ramasser ce qui ne traîne pas!...

—L'argent est à nous comme à vous, ajouta Marianne.

—Nous l'avons bien gagné, appuya François.

—Partageons, conclut Sébastien, à qui l'énoncé du chiffre avait fait oublier le horion reçu dans la lutte.

—Je représente feu votre père, ergota la veuve sèchement. Nous étions mariés sous le régime de la communauté. Tout ce qui est ici m'appartient...

—Oui, riposta la virago, jusqu'à ce que vous nous ayez rendu nos comptes...

—Nous sommes majeurs, grogna François.

—Partageons! répéta Sébastien.

L'hôtesse fit un geste énergique de refus:

—Partager?... Jamais!... On me couperait plutôt par morceaux!...

Autour d'elle toutes les physionomies étaient sombres. Un murmure de colère s'éleva, grandit et éclata en menaces:

—Maman, ne nous forcez pas à vous manquer de respect!

—Encore une fois, partageons,—ou il y aura du grabuge.

Ses deux cadets et sa fille aînée marchaient sur la vieille femme avec des intentions d'une hostilité non équivoque. Le fils aîné ne bougeait point. Il réfléchissait.

Une nouvelle bataille allait avoir lieu. A qui resterait la victoire? Dans l'ordre des choses logiques, le cas ne présentait pas l'apparence d'un doute: la jeunesse robuste et dépourvue de scrupules de Marianne, de François et de

Sébastien devait avoir—promptement—raison de l'obstination d'une sexagénaire.

Cependant, pas une ombre d'inquiétude ne rembrunissait le masque parcheminé de celle-ci. Son regard dur et froid se promenait sans crainte sur ses trois adversaires qui se rapprochaient d'elle...

Quand l'attaque imminente fut près de la toucher, elle n'ébaucha aucun mouvement défensif: elle se contenta de siffler doucement...

Un énorme chien des montagnes montra sa tête léonine à l'orifice du couloir secret. L'hôtesse appela:

—Ici, Turc!...

Le molosse vint, en rampant, se coucher à ses pieds.

—Celui-là n'est point un ingrat, reprit-elle en le caressant de la main. C'est moi qui l'ai élevé. Je ne conseillerais à personne de me molester devant lui...

Comme s'il comprenait la situation, le chien se ramassa pour bondir—l'œil sanglant, le poil hérissé—et sa gueule, qui s'ouvrit pour gronder sourdement, démasqua des crocs formidables...

Sébastien, François et Marianne reculèrent, tandis que Joseph venait décidément se ranger du côté de Turc: la révolte était vaincue et domptée...

—A la bonne heure! grinça la veuve avec un petit rire strident, vous vous souvenez du commandement que vous a appris le catéchisme:—*Tes père et mère honoreras, afin que vives longuement...*

Elle poursuivit avec un hochement d'épaules plein d'une compassion ironique:

—Vous auriez mieux fait de finir ce que nous avons commencé...

—Comment?

Agnès Chassard poussa du pied les deux cadavres:

—Il s'agirait, d'abord, de nous débarrasser de ceci pour qu'on puisse éponger et récurer le plancher... La propreté avant tout... Et puis, l'enfant attend son tour...

—L'enfant?...

La vieille femme étendit l'index vers le lit:

—Hé! oui: l'enfant,—l'enfant du colporteur, derrière les courtines, et que vous avez oublié avec toutes vos chicanes et toutes vos bisbilles...

On se regarda avec surprise, et des exclamations partirent de toutes les bouches:

—La mère a raison...

—En voilà un, opina Joseph, qui doit avoir le sommeil furieusement chevillé sur les yeux!...

—Pourquoi ça? questionna Marianne.

—Dame! pour n'avoir pas donné signe de vie pendant tout ce hourvari!

—Bah! repartit la virago qui jouait avec sa hachette, si le mioche est réveillé, on va le rendormir...

—Dépêchons! ordonna l'hôtesse. L'aube est matinale en juillet,—et il n'y a rien de fait tant qu'il reste quelque chose à faire....

—Vous, dit la grande fille à ses frères, occupez-vous de *serrer* les *clients* en lieu sûr... Moi, je me charge de l'innocent....

Elle se dirigea vers le lit, dont elle saisit les rideaux de la main gauche:

—Ne t'impatiente pas, petiot!... Maman, éclairez-moi... Nous allons fabriquer un ange...

La veuve s'avança en élevant la lampe. Les trois fils allongeaient le cou pour voir,—plus curieux et plus féroces que le chien Turc, qui ne se dérangeait pas de laper le sang dont ruisselait le parquet.

Les rideaux,—brusquement tirés,—glissèrent avec bruit sur leur tringle. La hachette tournoya en l'air. Mais le bras de Marianne retomba inerte,—et, l'arme, lâchée subitement, alla se heurter à la muraille, qu'elle entailla, avant de rebondir à terre...

En même temps, ses quatre complices poussaient un même cri de stupeur...

Leur dernière victime leur échappait:

Le lit était vide...

L'enfant avait disparu!

XII

AU PAVILLON DU GARDE

Une semaine s'était écoulée depuis les scènes de boucherie auxquelles les exigences de notre récit nous ont forcé de faire assister le lecteur.

Transportons-nous à ce qu'on appelait dans le pays: *le Pavillon du Garde*—du feu garde Marc-Michel Hattier en son vivant, surveillant des eaux, bois, chasses et pêches, dépendant du domaine seigneurial des Armoises.

Trois quarts de lieue—environ—séparaient ce domaine du village de Vittel. Le chemin—aujourd'hui vicinal—qui les reliait l'un à l'autre, passait devant le pavillon et côtoyait un vaste parc, auquel s'adossait celui-ci, et dont les opulents ombrages allaient rejoignant le château. Ce dernier confinait pareillement à un hameau d'une douzaine de feux, qui portait le même nom que lui.

Après la mort de l'ex-trompette de Chamboran, sa fille n'avait point cessé—nous vous dirons plus tard comment et pourquoi,—d'occuper le logis paternel, construction de briques, élevée d'un étage, d'un extérieur avenant et d'un aménagement confortable malgré son exiguïté. Au rez-de-chaussée, le *poêle* et la cuisine; au premier, la chambre du défunt, dont Denise avait fait la sienne, et le cabinet qui servait de «casernement» à Philippe avant son départ pour l'armée; sous les combles, une mansarde où couchait une servante.

Je crois avoir déjà indiqué qu'en Lorraine, dans les habitations bourgeoises et rustiques, le *poêle* s'entend de la pièce principale, salle à manger et salon à la fois,—voire dortoir ou atelier, dans les familles nombreuses ou dans les ménages d'ouvriers,—où l'on se tient de préférence où l'on prend ses repas et où l'on reçoit les visiteurs.

Il pouvait être sept heures du soir; le jour ne baissait pas encore, mais le soleil, voilé par les chaudes vapeurs du couchant, jetait obliquement ses rayons plus vermeils. Il y avait des rubis dans le ciel, et le large paysage qui s'étalait au-dessous des fenêtres du *poêle* se teignait de nuances pourprées.

D'un côté, la route s'appuyait à la muraille—brodée de mousse—qui décrivait les contours capricieux du parc. Par delà sa marge poudreuse, des champs de blé immenses, tondus par la moisson, des cultures, des carrés de prairie,—mouchetés de bouquets de peupliers,—se perdaient à l'horizon, sur la limite extrême duquel rougeoyaient comme des braises ardentes les vitres des maisonnettes basses du hameau. De l'autre,—en deçà du mur,—une véritable forêt groupait ses arbres touffus aux essences variées, avec un art qui eût fourni à l'abbé Delille l'occasion de cueillir à pleines corbeilles les alexandrins descriptifs.

Que si le vent d'hiver avait troué les mailles serrées de ce rideau de feuillage, vous auriez vu apparaître, à travers les branches dépouillées, un coin de la façade blanche du château des Armoises,—du château morne, muet, aveugle, dont les persiennes closes et les perrons déserts attestaient l'absence du maître et le mélancolique abandon.

Mais l'été s'épanouissait. Partout, se développait une végétation harmonieuse et puissante.

On n'apercevait, sous l'épais couvert, que les étangs endormis dans la fraîcheur des gazons et les pelouses arrondies en pastilles d'un vert-clair, éclatant et lustré. Par-dessus le dôme des massifs, l'on ne découvrait guère que la pointe des tourelles en poivrières des Armoises, avec leur toit d'ardoises bleuâtres et leurs girouettes découpées dans le zinc en sujets de chasse ou en pièces de blason.

Il y avait, cependant, quelque chose de plus beau que toute cette nature en fête: c'était la jeune fille assise, dans le cadre fleuri de l'une des croisées, devant son *tambour* de dentelière, et mêlant d'un doigt habile les fils de ses bobines et ses fuseaux.

Denise Hattier comptait vingt-six ans bien sonnés. Certes, elle avait été gaie aux jours fortunés de l'enfance. Dans ce moment même où nous la présentons à nos lecteurs, elle n'avait pas encore désappris à sourire, et son sourire était d'une douceur angélique. Mais je ne sais quoi, dans les lignes fières et charmantes de son visage, parlait de fatigue et de douleur. Il y avait un rêve sous ce front penché. La vierge avait perdu le repos des heures d'ignorance. Autour de ses grands yeux, des larmes avaient coulé,—de ces larmes amères et suaves qu'arrache la première angoisse d'amour...

Une auréole de bonheur paisible avait entouré la jeunesse de Denise. Son père et son frère l'adoraient. Elle était au milieu de cette petite famille comme une reine chérie, comme une idole vénérée.

La tendresse sans bornes du vieux garde l'avait mise sur un piédestal d'où elle dominait de trop haut ce qu'il lui eût été permis de choisir. Son cœur, qui cherchait où se prendre, n'avait découvert au-dessous de soi que des hommages timides et des respects embarrassés. Les galants de Vittel l'admiraient, en effet, d'en bas, et les trois gars du *Coq-en-Pâte* n'avaient point, à cette époque, arrêté sur elle une idée qui se tournât si vite en féroce convoitise...

Puis, avec la tourmente révolutionnaire, le jeune marquis Gaston était arrivé aux Armoises. Et nous avons raconté comment la fillette l'avait aimé,—aimé jusqu'à faillir,—aimé d'autant plus que c'était un amour coupable, désintéressé, sans espoir, et qu'elle avait essayé de résister plus énergiquement à ses atteintes...

Pauvre Denise! Elle avait bien pleuré depuis! Et, pour pleurer, elle avait dû cruellement souffrir; car son âme se dressait contre le malheur aussi vaillante que l'âme d'un homme...

Nous avons dit que la belle dentelière s'était installée auprès d'une fenêtre ouverte. Parmi les épingles et les échevaux épars sur un tabouret placé à ses côtés, il y avait deux lettres décachetées et froissées comme si on les avait lues et relues souvent. L'une, dont l'adresse accusait une écriture fine, menue, déliée, élégante, portait le timbre de Strasbourg; l'autre, à la suscription couverte de caractères lourds, épais, vacillants, mal formés, était timbrée de Valincourt, commune rurale des environs de Chaumont.

Le regard de Denise cherchait ces lettres à chaque instant; il allait alternativement de celle-ci à celle-là; et, chaque fois qu'il les interrogeait, inquiet, anxieux, désolé, vous auriez remarqué que la sœur de notre ami Philippe pâlissait davantage, malgré les rouges lueurs qui ruisselaient du couchant.

Florence Arnould, debout à quelques pas, la contemplait en silence...

Par suite de quelles circonstances la Benjamine n'avait-elle pas mis à exécution son projet de quitter l'hôtellerie sanglante dont nous l'avons entendue entretenir la dernière victime des assassins de Vittel? C'est ce que vous apprendrez tout à l'heure. Toutefois, il convient d'expliquer sa présence au logis de Denise Hattier.

Lorsque feu Jean-Baptiste Arnould s'était rendu acquéreur du domaine des Armoises, le vieux houzard avait manifesté l'intention de quitter sur-le-champ le pavillon du garde. Mais l'aubergiste l'en avait empêché en lui tenant à peu près ce langage:

—Pourquoi vous en aller, compère? Si vous désertez votre poste, qui veillera sur les propriétés de nos anciens seigneurs, jusqu'au jour où ceux-ci reviendront de l'exil?

Le rusé campagnard avait, pour tenir ce langage, plus d'une raison dont la principale était qu'il se conciliait ainsi l'estime et la considération du pays, très sympathique au vieux garde.

Lors du décès de Michel Hattier, sa fille Denise avait offert au chef de la famille Arnould de lui prendre en location le pavillon paternel—ce pavillon où la première partie de sa vie avait coulé paisible, sans désirs ni regrets, et où elle venait de fermer les paupières du vieux soldat, mort sans rien savoir de la faute dont elle avait connu l'ivresse et dont elle connaissait le remords.

Mais à sa proposition l'hôtelier avait répondu, en affectant des airs de bourru bienfaisant:

—Restez chez vous, mignonne, et gardez votre argent. Que le retour de nos seigneurs vous retrouve dans la maison où ils avaient placé votre père. Le ciel me préserve de tirer un écu de l'enfant d'un ancien camarade, de la sœur d'un brave serviteur de la nation, d'une orpheline qui n'a que son travail pour subsister!...

Puis, comme la jeune fille insistait, mue par un sentiment de fierté naturelle:

—Mon Dieu, avait ajouté Jean-Baptiste Arnould avec une bonhomie parfaitement jouée, si vous tenez absolument à vous acquitter envers moi, voici ma petite Florence. Elle est trop mièvre et trop chétive pour que je la laisse aller aux champs ou vaquer à la dure besogne de l'auberge. Apprenez-lui votre métier de dentelière et ce que vous a enseigné la chère dame du château, et si, un jour, elle devient aussi adroite que vous de ses doigts et aussi instruite dans les livres, les écritures et le calcul, eh bien, m'est avis que c'est moi qui vous redevrai quelque chose.

La Benjamine avait alors sept ou huit ans. C'était une douce enfant, sérieuse et aimante. Ses parents ne l'avaient pas habituée aux caresses. Dès qu'elle se trouva en contact avec la fille du garde-chasse, elle l'appela *maman* et lui voua une affection sans bornes.

Mère, Denise l'était en effet. Denise était mère jusqu'au délire. Certes, elle avait aimé Gaston; mais son âme était pleine de la pauvre et frêle créature dont elle n'était arrivée à dérober la naissance à la réprobation du monde et des siens qu'au prix d'un effort surhumain et par un concours d'événements, pour ainsi dire, providentiels...

Certes, elle regrettait Gaston; mais elle se fût consolée,—oui, consolée,— et du départ de celui-ci, et de la séparation prolongée et sans terme, si elle eût eu à ses côtés le berceau de son enfant...

Et ce berceau, il lui avait fallu le cacher à tous les regards, l'emporter au loin,—le déposer en des mains étrangères.

Florence confiée à ses soins fut un prétexte à donner cours aux effusions qui l'étouffaient. Il lui sembla que la fillette était destinée à suppléer à l'absence du chérubin dont elle n'entrevoyait le sourire qu'à des intervalles éloignés et qu'elle ne pouvait embrasser que trop rarement au gré de ses vœux et en prenant des précautions infinies...

Puis encore les années s'envolèrent à tire-d'aile et l'aubergiste du *Coq-en-Pâte* trépassa à son tour.

Celui-ci, par une sorte de pudeur qui avait survécu à son infamie, avait étendu un voile entre les yeux de sa plus jeune fille et les terribles mystères de l'hôtellerie sanglante. La Benjamine ne savait rien, dans l'origine, des sinistres besognes qui se brassaient dans cette demeure souillée. Jean-Baptiste Arnould avait été un bon chrétien avant que la fièvre de l'or ne le changeât en un grand coupable,—et le vice, transformant sa croyance en superstition, lui laissait l'espoir de fléchir la justice céleste sans renoncer à ses meurtrières pratiques. Il se disait:

—Ma petite Florence est blanche de tout méfait, elle négociera mon pardon avec le grand juge de là-haut.

Sa veuve avait continué son commerce et sa politique. La Benjamine n'avait point cessé de fréquenter le pavillon du garde. L'hypocrite coupe-gorge de Vittel se débarrassait ainsi d'un témoin importun. Les trois frères et la sœur aînée,—complices et successeurs de leur père,—répétaient souvent en manière de raillerie:

—La Benjamine a de la vertu pour quatre. Quoi qu'il arrive, nous sommes sûrs de ne pas aller en enfer. Nous aurons beau être plus noirs que le diable, elle nous conservera à chacun une place à ses côtés dans le paradis.

Et, en vérité, si un ange avait eu le pouvoir de mettre sa pureté comme un manteau sur la faute d'autrui, la fillette eût racheté les crimes de sa famille.

Hélas! une nuit, le hasard lui avait révélé l'effroyable secret. Ceux auxquels l'attachaient les liens les plus sacrés, à qui elle devait le respect, l'obéissance et la tendresse,—ceux-là étaient des assassins,—cyniques, endurcis, féroces!

Cette affreuse découverte accabla Florence. Sa mélancolie douce, qui n'avait derrière elle ni crainte, ni remords, devint morne et comme égarée. Mais sa prière se fit plus humble et plus ardente: n'avait-elle pas à demander à Dieu,—à deux genoux,—de détourner sa colère de la tête des misérables égorgeurs du *Coq-en-Pâte*?

Ceux-ci, tout entiers à leurs sinistres agissements, ne s'étaient point aperçus de ce changement chez leur sœur. Denise Hattier non plus. Ceux qui souffrent sont presque aveugles: leurs propres peines les absorbent.

Ces peines, dans un moment d'expansion, la fille du garde les avait confiées à son ancienne élève, maintenant son amie...

Florence connaissait le secret de Denise...

Mais Denise ignorait celui de la Benjamine.

XIII

FLORENCE ET DENISE

Rentrons au pavillon du garde.

Denise Hattier avait cessé de travailler. Machinalement, sa main s'était étendue vers les deux lettres dont nous avons parlé tout à l'heure. Son œil interrogea alternativement la date de l'une et de l'autre. Puis elle murmura:

—Huit jours! Il y a huit jours qu'ils devraient être ici! Mon Gaston! Mon cher petit Georges!... Et, depuis ce temps, pas de nouvelles. Pas un mot qui m'explique ce retard singulier. Est-ce que cela ne t'inquiéterait pas, toi, Florence?...

Et, sans attendre une réponse, elle ajouta en frissonnant:

—Un malheur arrive si vite! Les routes ne sont pas sûres. Ce pays est maudit...

Elle s'interrompit brusquement pour demander:

—Crois-tu aux rêves, petite?...

—Aux rêves?...

Denise continua:

—Les gens qui ont toute leur raison affirment que songes sont mensonges... Moi, je crains pour ma pauvre tête... Si tu savais ce que j'ai vu, cette nuit, dans mon sommeil ou dans ma fièvre!...

Elle voila ses yeux de ses mains, comme pour échapper à une vision menaçante:

—Il était là, poursuivit-elle d'une voix âpre et saccadée, couché sur le carreau qu'il baignait de son sang. Tout un monde d'êtres hideux, dont je ne pouvais distinguer les traits, s'agitait autour de lui. Sa vie était sortie par ses blessures béantes; mais sur ses lèvres se jouait le sourire des preux et des martyrs, et ce sourire me disait:

«—Je t'ai aimée jusqu'à la mort, et c'est victime du devoir que je suis tombé sous les coups de la trahison et du crime...»

Puis, soudain, son regard éteint se ralluma,—cherchant un objet invisible,—et sa bouche rendit un long cri de détresse:

«—Notre enfant! Sauve notre enfant!»

Notre enfant, comment se trouvait-il mêlé à cette scène horrible? Je l'ignore; mais Gaston, les assassins, la chambre du meurtre, tout cela avait disparu... J'étais dans la campagne déserte, par la nuit noire et l'orage déchaîné. Je fuyais, emportant mon fils entre mes bras. On me poursuivait. J'entendais derrière moi une course furieuse. Des prunelles fauves luisaient dans l'ombre. Des obstacles sans nombre se dressaient sur ma route,—et moi, j'allais, j'allais toujours, serrant mon fardeau, mon trésor contre ma poitrine haletante...

Tout à coup, au moment où l'haleine de la meute acharnée qui me donnait la chasse effleurait, brûlait mon épaule, la terre manqua sous mes pieds, je me sentis rouler dans un abîme sans fond,—et cet appel suprême s'étrangla dans ma gorge:

«—Seigneur, ayez pitié de nous!»

A ce point extrême de son récit, la fille du garde se renversa sur son siège au paroxysme de la terreur...

La Benjamine se précipita à ses genoux et lui saisit les mains, qu'elle couvrit de baisers...

Elle balbutiait, éperdue:

—Denise!... Ma Denise chérie!...

La sœur de Philippe Hattier se ranima sous ces caresses.

—Quand je me réveillai, acheva-t-elle, l'aube blanchissait ma fenêtre, l'angélus sonnait au clocher de Vittel, et je me mis machinalement à réciter les paroles latines de ma prière du matin...

La physionomie de la jeune femme exprimait toujours un invincible effroi; mais sa poitrine s'apaisait par degrés, et les tressaillements convulsifs qui l'agitaient naguère faisaient trève.

—J'étais folle cette nuit sans doute, reprit-elle au bout d'un instant, et je le suis encore, ce soir, de t'alarmer ainsi, ma bonne et dévouée Florence. Mais que veux-tu? mon cerveau malade travaille, travaille à déchiffrer cette énigme!... Gaston qui m'écrit de Strasbourg qu'il arrivera aux Armoises presque en même temps que sa lettre! Ce métayer de Valincourt, qui me mande qu'il a confié mon petit Georges, pour me le ramener dans le plus bref délai, à un homme sûr, un de ses amis, un colporteur...

—Un colporteur!...

—Et je les attends tous les deux, je les attends avec angoisse... Une semaine entière s'est passée... Si un accident... Si un crime...

Denise sentit Florence frémir à ses genoux:

—Eh bien, non! c'est impossible, poursuivit-elle avec impétuosité, Gaston est un cœur loyal, honnête et vaillant; l'enfant est une innocente créature; pourquoi le ciel leur voudrait-il du mal?... Je vais les revoir, n'est-ce pas?...

La Benjamine eut un gémissement étouffé. Elle se releva et se détourna pour cacher sa figure morne et navrée. La fille du garde la considéra avec étonnement.

—C'est étrange! murmura-t-elle. J'ai peur, et tu ne me rassures pas; je me désole, et tu ne me consoles pas; je souffre, et tu ne me dis pas d'espérer...

Elle se leva à son tour, et, faisant un pas vers Florence, qui recula d'un pas:

—Est-ce que tu sais quelque chose?...

Les lèvres de la Benjamine tressaillirent. Mais cette seule protestation jaillit entre ses dents serrées:

—Sur mon salut, je ne sais rien.

La fille du garde retomba sur sa chaise en murmurant:

—C'est vrai. Tu ne peux rien savoir. Pardonne-moi, je deviens insensée...

Ce n'était plus qu'une pauvre femme brisée. Ses yeux dardaient leur élan interrogateur dans la vide ou retombaient allanguis et se mouillaient de larmes. Florence demeurait absorbée dans une sombre méditation.

Soudain, une rumeur vague arriva, par bouffées,—qui venait du hameau. Denise prêta l'oreille. Quelqu'un courait sur la route,—entre le château et le pavillon. La fille du garde se pencha hors de la fenêtre:

—C'est Gervaise, fit-elle avec surprise. Pourquoi donc se presse-t-elle si fort, et que se passe-t-il aux Armoises?

La rumeur lointaine s'enfla: on distinguait des voix qui se croisaient joyeusement et des exclamations répétées. Gervaise—la petite servante de Denise—que celle-ci avait envoyée en commission au hameau, fit son entrée comme une bombe...

Son fichu de travers, sa cornette dérangée de son chignon et battant des ailes sur son cou, ses cotillons couverts de poussière témoignaient d'une course rapide.

—Qu'est-ce donc? questionna sa maîtresse.

La villageoise, écarlate et essoufflée, se laissa choir sur un escabeau. Ensuite, après avoir repris haleine à pleins poumons:

—Ah! notre demoiselle, en voilà une histoire!...

—Une histoire?...

La servante s'essuya le front avec son tablier:

—Et une fameuse encore, pardi! Tout le monde est en révolution! C'est vous qui allez être joliment *estomaquée*!...

—Que signifie?...

—Après une si longue absence!... Moi, je ne l'aurais pas reconnu... Par exemple, étant trop jeune pour l'avoir vu dans les temps... Mais les gens des Armoises l'ont remis tout de suite. On lui fait la conduite. Il vient. J'ai voulu être la première à annoncer la bonne nouvelle, et j'ai pris mes jambes à mon cou...

Denise Hattier appuya sa main sur son cœur, qui battait, oh! qui battait!...

—Mon Dieu, murmura-t-elle, m'auriez-vous exaucée?... Je crains de me tromper?... Si c'était une fausse joie?

Puis, allant à Gervaise et s'efforçant de dominer son émotion, elle demanda d'une voix qui tâchait d'être calme:

—Voyons, quel est celui qui vient et de qui parles-tu, mon enfant?...

—Hé! Jésus-Maria! notre maîtresse, de qui est-ce que je parlerais si ce n'était de notre maître?...

—Notre maître?...

—Il est de retour. Le voici. Entendez-vous? On crie: *Vivat!*...

Le bruit se rapprochait: des pas nombreux retentissaient dans le chemin avec des clameurs enthousiastes.

Denise joignit ses mains et leva les yeux vers le ciel avec un mouvement de reconnaissance passionnée. Ensuite elle se tourna vers la Benjamine:

—Florence, comprends-tu? fit-elle. C'est lui! c'est Gaston! Oh! comme je ris de mes frayeurs! Gaston! mon Gaston adoré!

Les mots tremblaient encore dans sa bouche; mais c'était l'effet du bonheur,—un effet si foudroyant et si intense, qu'il l'empêcha de remarquer l'agitation de sa compagne. Celle-ci s'était adossée au mur pour ne pas tomber. Son sein, soulevé, bondissait; on entendait sa respiration pénible et précipitée; la sueur perlait sous ses cheveux,—et des phrases sans suite râlaient hors de ses lèvres contractées par l'épouvante.

Denise n'apercevait rien de tout cela...

Tout entière à sa joie comme elle l'avait été à sa douleur, elle marchait vers la porte en répétant:

—Gaston! c'est Gaston! Il ira me chercher mon Georges! Le nom du Seigneur soit béni! Gaston! mon maître! mon mari!...

De bruyants hurrahs éclatèrent de l'autre côté de la porte qui allait donner passage au voyageur si impatiemment attendu. Mais lorsque, cette porte s'ouvrit, Denise recula,—stupéfaite.

Au lieu du marquis des Armoises, ce fut le lieutenant Philippe Hattier que les dernières lueurs du crépuscule éclairèrent debout sur le seuil.

XIV

FRÈRE ET SŒUR

Le lieutenant,—car il portait l'uniforme et les insignes de son nouveau corps et de son nouveau grade,—demeura un instant immobile dans la baie lumineuse qui encadrait sa mâle prestance et sa figure martiale. La joie l'étouffait. Elle le tenait à la gorge et l'empêchait de parler. Mais ses regards humides saluaient avec éloquence le logis paternel et dévoraient la jeune fille de caresses ardentes et muettes.

Denise, elle aussi, s'était arrêtée dans son élan. Elle restait sans voix et sans mouvement. Ses yeux,—agrandis par la surprise,—interrogeaient avidement le visage du nouvel arrivant. Celui-ci, à la fin, ouvrit les bras en s'écriant:

—Ah çà! petite sœur, est-ce que tu ne me reconnais pas? C'est moi, Philippe Hattier, ton frère! Sacrodioux! viens donc m'embrasser!...

On ne peut dire que Denise réfléchissait; car tout en elle était désordre; mais, dans le chaos de son intelligence, ce nom se fit jour brusquement: *Philippe!* Philippe, le premier souvenir de son enfance heureuse,—celui dont le vieux garde se plaignait en s'écriant par manière de plaisanterie:

—Je suis jaloux de ce brigand-là; la *petiote* l'aime mieux que tout au monde.

Philippe, le cher souvenir qu'elle revoyait penché sur son berceau, remplaçant par ses soins ceux de la mère défunte; le joyeux compagnon qui, la portait sur son dos, quand elle savait à peine marcher, et qui, dans leurs jeux, se pliait à toutes ses volontés, à toutes ses fantaisies, à tous ses caprices; le doux ami dont les histoires et les chansons l'endormaient, le soir, dans l'alcôve, lorsque le père courait les bois pour son service...

Tous ces tableaux du passé se succédèrent dans l'esprit de Denise avec une rapidité vertigineuse. Ce fut l'affaire, non pas d'une minute,—mais de quelques secondes. La sœur était déjà pendue au cou du frère.

Les grandes joies rendent faibles, comme les grandes peines: le rude soldat des armées du Rhin, d'Egypte et d'Italie chancela sous les baisers de la jeune fille.

La Gervaise pleurait à verse,—attendrie par ce spectacle.

Se glissant le long de la muraille, la Benjamine avait gagné la porte.

Les paysans qui avaient escorté Philippe criaient à tue-tête au dehors:

—Vive le lieutenant Hattier!

Sans lâcher Denise, qu'il avait enlevée comme une plume et qu'il tenait serrée contre sa poitrine, l'officier se tourna de leur côté:

—Mes camarades, déclara-t-il avec une rondeur militaire, vous n'ignorez point, je suppose, qu'il n'est si excellente compagnie qui ne se quitte, comme disait le feu roi Dagobert à ses chiens en les menant noyer... Nous avons fait, la sœur et moi, pas mal d'économies de mamours et de racontaines depuis un régiment d'années que je suis absent du pays: c'est l'instant ou jamais de casser la tire-lire.

Maintenant que me voici fixé dans le canton, on aura le temps de se retrouver, de trinquer ensemble et de refaire connaissance... La retraite sonne; c'est l'heure de réintégrer la chambrée,—et que personne de vous ne manque à l'appel de sa ménagère!...

. . . .

Il se faisait tard. La lampe allumée sur la table éclairait les reliefs d'un copieux souper. Car, chez le lieutenant Philippe, l'appétit n'abdiquait jamais ses droits imprescriptibles et sacrés. On avait envoyé la Gervaise se coucher. Le frère et la sœur étaient seuls. Ils causaient. Dieu sait ce qu'ils avaient à échanger d'explications et de confidences! On avait «cassé la tire-lire» aux souvenirs, et toute la monnaie du passé—piécettes d'argent et pièces de cuivre—avaient ruisselé à gros bouillons sur la nappe.

Ensuite, touchant—incidemment—deux mots de ce qu'il venait faire dans les Vosges:

—J'aurais pu, ma chère petite sœur, continua le lieutenant te causer, huit jours plus tôt, la surprise que tu as éprouvée ce soir,—et ce n'est pas l'envie qui m'en a manqué, va. Mais, figure-toi,—le surlendemain de mon arrivée à Epinal et comme j'étais en train de rendre les visites réglementaires aux autorités de l'endroit,—une satanée aventure comme il faut venir dans ce pays, pour en rencontrer la pareille... Bref j'ai été retenu le reste de la semaine au chef-lieu. A preuve que, durant ce temps, nous avons ruminé,—le citoyen directeur du jury d'accusation et moi,—une certaine manigance à pincer les coquins, dans laquelle nous aurons besoin de ton office.

Et, comme le regard de Denise témoignait de son étonnement:

—Pour l'instant, silence dans les rangs! avait poursuivi le lieutenant, en mettant le doigt sur ses lèvres. La consigne est *Prudence, Patience et Discrétion...* Mais, quand on m'en aura relevé, je t'expliquerai, chérie, ce qu'on attend de toi. Il s'agit d'une bonne action. M'est avis que tu ne te plaindras pas qu'on t'ait choisie pour l'accomplir.

Il avait été—pareillement—question de la Benjamine et de sa famille.

—Ah! oui, les gens du *Coq-en-Pâte!* avait maugréé Philippe. Ils ne me reviennent que tout juste. Autant que je me rappelle, et s'ils n'ont point changé, l'aubergiste et sa femme étaient deux ladres-verts qui auraient tondu un œuf...

—Jean-Baptiste Arnould est mort, mon frère...

—Paix à ses cendres. Quant à l'aîné de ses garçons, j'ai idée qu'il crèvera dans la peau d'un sournois de première qualité, si on ne l'écorche pas tout vivant. Du moins, il me faisait cet effet-là lorsque nous fréquentions l'école...

—Comme leur père, les enfants du défunt hôtelier nous ont grandement obligés.

—Je le sais, tu me l'as dit, je te crois. Ils ont droit à mes sympathies, à mon estime, à ma reconnaissance, et je ne les leur marchanderai pas. Pour ce qui est de ta Florence, puisqu'elle t'aime autant que tu l'assures, ma foi, je me sens disposé à lui rendre la réciproque.

Denise, dont le beau front rêvait, balbutia machinalement:

—Elle est bonne et charmante...

Son interlocuteur haussa les épaules:

—Bonne? Comme c'est difficile! Tu l'as élevée; elle te ressemble!...

Puis, envoyant un baiser à sa sœur:

—Par exemple, charmante, il faudrait qu'elle le fût bigrement pour l'être autant que ma Denise!...

L'arrivée inattendue du lieutenant avait opéré dans le cœur de Denise la diversion de l'imprévu.

Elle en avait balayé—d'un revers—les préoccupations poignantes...

Elle s'empressait auprès de ce frère bien-aimé: en le servant, en l'entourant de soins, de prévenances et de caresses, en l'instruisant de ce qu'il avait intérêt à apprendre, et, en se passionnant, plus tard, à ses récits, Denise avait fini par perdre le sentiment des alarmes particulières qui la mordaient au cœur. Le bruit de ses paroles et de celles de Philippe, le mouvement qu'elle était forcée de se donner, l'inattendu de la situation avaient endormi ses tourments,—et elle s'était abstraite des appréhensions dont elle entretenait la Benjamine deux ou trois heures auparavant.

Mais ces appréhensions étaient revenues avec le temps, comme un vol de corbeaux que l'on cherche en vain à chasser de l'endroit où gît leur proie. Elles avaient repris possession de sa pauvre tête endolorie. Georges? Gaston? où étaient-ils? Que faisaient-ils? Comment n'était-ce pas eux qui s'en revenaient frapper à la porte du logis où la mère, où l'amante se désespérait à les attendre?...

Ces points d'interrogation étincelaient dans la nuit des pensées de Denise, comme le *Mane Thecel Pharès*—menaçant et vengeur—sur la muraille du palais du satrape babylonien.

Pour se soustraire à cette vision mentale, la jeune fille avait fermé ses paupières, et, le coude sur la nappe, elle avait abaissé son front dans sa main. Son frère s'aperçut de cette réaction.

—Est-ce que tu souffres, mon enfant? demanda-t-il avec sollicitude.

—Je me sens accablée... La surprise... la joie... la fatigue...

—C'est vrai; je fais marcher mon moulin à paroles, sans seulement songer que le *marchand de sable* a l'habitude de passer à la campagne comme à la ville. Nous voici quasi à demain: il est temps d'aller se coucher. J'imagine que mon lit est toujours à sa place dans le cabinet où je campais quand j'étais mioche...

Denise fit un signe affirmatif.

—Alors, en avant du côté de la chapelle blanche. Par exemple, qu'on n'oublie pas de m'éveiller avant midi, si d'aventure je m'attardais à me dorloter entre les draps...

Le lieutenant s'était levé. Il était en train d'allumer un bougeoir à la lampe que lui tendait sa sœur.

—Hé! oui, poursuivit-il, pour faire ma visite aux Armoises...

—Aux Armoises?

—Ne faut il pas que j'aille saluer le marquis Gaston, notre nouveau maître, puisque le vieux seigneur est mort je ne sais où, là-bas, à l'étranger?

—Le marquis Gaston? répéta Denise ébahie, dont la main se prit à trembler si fort, qu'elle fut obligée de reposer la lampe sur la table.

—Parbleu! il est ici, n'est-ce pas?

—Ici?

—Depuis huit jours, hein, ma chérie? Mais pourquoi diable personne ne m'a-t-il parlé de lui au hameau? Pourquoi le château, qui a retrouvé son propriétaire légitime, demeure-t-il ainsi noir, clos, muet, maussade? Quand je suis passé devant, ce soir, on aurait dit d'un catafalque.....

La jeune fille répéta:

—Le marquis?... Ici?... Depuis huit jours?

—Certainement.

—Vous saviez que M. des Armoises devait arriver?...

—Je le savais.

—Mais qui donc vous avait appris?...

—Qui? Hé! lui-même, sacrodioux! Sans besoin d'intermédiaire.

La figure de Denise exprima une stupéfaction sans bornes.

—Vous avez rencontré le fils de nos seigneurs?...

—En chair et en os. Bien portant. Et pas fier. Ah! mais non: c'est un aristocrate, mais aussi c'est un citoyen...

—Vous lui avez parlé?...

—Nous avons bavardé comme une paire d'amis.

Les yeux de la jeune fille s'ouvrirent tout grands. Elle demanda avec une avidité fébrile:

—Où?... Quand?..... Par quel miracle?...

Philippe eut un bon gros rire franc:

—Un miracle? Comme tu y vas? Il n'y a pas de miracle à faire route ensemble dans la même patache,—la patache de Nancy à Epinal,—quand l'un vient de Paris et l'autre de Strasbourg,—et à déjeuner de compagnie, à l'hôtel de la Poste, à Charmes, une fois qu'on s'est reconnu...

—Vous connaissiez le marquis Gaston?

—Je le connaissais sans le connaître...

Et, comme la figure de son interlocutrice réclamait énergiquement le mot de l'énigme:

—Tiens, vois-tu, ajouta le lieutenant, j'aurai plus tôt fini de tout te raconter...

Il entama l'histoire de sa rencontre avec le gentilhomme: le déjeuner à table d'hôte,—la reconnaissance fortuite de l'ex-cavalier au 5e dragons et de l'officier aux chasseurs de Bourbon, du fils du garde-chasse et de l'héritier des Armoises,—le choc des verres, l'étreinte des mains, l'échange spontané des sympathies, les confidences mutuelles, les expansions réciproques et la promesse qu'on s'était faite de se retrouver avant peu.

Tandis qu'il discourait, vous auriez lu sur le visage de sa sœur l'anxiété, l'angoisse que nous vous avons signalées jadis chez l'émigré pendant une certaine partie de son entretien dans la salle à manger de maître Renaudot, avec le même Philippe Hattier.

Quand celui-ci eut terminé, un soupir de soulagement—identique à celui qu'avait rendu Gaston—souleva le sein agité de Denise, et cette phrase de gratitude, que nous avons surprise dans la bouche du marquis, vint expirer sur ses lèvres:

—Dieu soit loué! *Il* a gardé notre secret, et mon frère ne sait rien!

Philippe conclut:

—C'est un cœur d'or, ce ci-devant. Tu as pu l'approcher durant son séjour au château, il y a une dizaine d'années,—et je m'étonne, à ce propos, qu'il ne m'ait pas parlé de toi... Après cela, tu étais si jeunette et les temps étaient si mauvais... Il ne t'aura peut-être pas remarquée...

Une ardente rougeur envahit les joues de Denise. Son frère continua avec un accent sérieux:

—Songe que, sans lui, il y a longtemps que je dormirais, là-bas, dans la plaine de Dawendorf, et que vous auriez eu à pleurer,—le père et toi,—le pauvre diable de soldat tombé sous la lance des uhlans... Il n'y a plus de seigneurs, c'est vrai: mais il y aura toujours des créanciers et des débiteurs. Je dois la vie au citoyen marquis. Tu m'aideras à m'acquitter, n'est-ce pas? Sacrodioux! la République n'a pas encore décrété la banqueroute pour les dettes de cette nature!...

Puis, revenant à son ton de jovialité habituelle:

—Aussi, dès demain matin, me présenterai-je au château—en grande tenue—avec mon uniforme neuf, mes aiguillettes, mon sabre et tout le harnachement.

La jeune fille secoua la tête:

—Le marquis Gaston n'est pas au château.

—Pas encore arrivé? Allons donc! Impossible! Les bidets du papa Renaudot ne sont pas féroces, c'est acquis; mais mettre huit jours pleins pour avaler un méchant picotin d'une demi-douzaine de lieues...

Denise appuya:

—M. des Armoises n'a point paru dans le pays.

Le lieutenant se prit à réfléchir.

—Oh! oh! murmura-t-il, voilà qui est bizarre!...

Sa physionomie se rembrunit:

—Il est constant que les brigands qui exploitent le département viennent de recommencer leurs opérations...

La jeune fille pâlit affreusement. Philippe tortilla sa moustache, fronça le sourcil et frappa du pied.

—Tonnerre! si ces misérables m'avaient assassiné mon sauveur!...

Denise poussa un gémissement. Elle chancela et fut obligée de se retenir pour ne pas tomber. Mais son frère n'eut pas le temps de remarquer cette nouvelle crise.

Le galop d'un cheval sonna sur les cailloux de la route et s'arrêta devant le pavillon.

Puis, une voix forte s'éleva, au dehors:

—Holà! hé! la maison! Le cordon, s'il vous plaît?

Le lieutenant courut à la porte et l'ouvrit.

Un brigadier de gendarmerie était en train d'attacher sa monture à la persienne de l'une des fenêtres. A l'aspect de l'officier, le cavalier porta la main à son chapeau:

—Pardon, excuse, mon supérieur, si je m'immisce dans vos lares à cette heure avancée, inopportune et sublunaire; mais il y a urgence pressée, impérative et conséquente...

Il fit un pas en avant et prit, pour se présenter, la position du soldat sans armes.

—Le brigadier Jolibois, dit *Riche-en-Bec*, de la résidence de Mirecourt, qui vous court après depuis deux jours,—consécutivement parlant,—histoire de vous être propice, obligatoire et délectable...

Philippe demanda en souriant:

—Est-ce pour affaire de service que le brigadier Jolibois me court après depuis deux jours?

—Mon lieutenant, c'est par rapport à un *pékin*...

—Un *pékin*?

—Un civil, un bourgeois, un philistin, si vous voulez,—je ne tiens pas à l'étiquette,—lequel prétend avoir à vous coller dans le tuyau une communication majeure, confidentielle et sous enveloppe, avec un cachet de cire rouge, et un tas de paperasses noires de pattes de mouche...

—Et où est-il, ce particulier?

—Je l'ai trimbalé en croupe de Charmes à Epinal et d'Epinal ici. Pour l'instant, il est là, derrière mon Bucéphale, en passe d'astiquer son paquetage,—à cette fin de paraître devant vous muni de tous ses avantages inhérents, facultatifs et corollaires...

Et, pivotant sur ses talons, le brigadier démasqua un individu occupé à épousseter à coups de mouchoir ses bas chinés, ses souliers à boucles d'argent, sa culotte de nankin et son habit *merd'oie* à larges boutons de métal.

—Eh! mais je ne me trompe pas! fit Philippe avec étonnement. C'est maître Antoine Renaudot, notre hôte de la Poste à Charmes. Nous parlions de vous tout à l'heure.

—C'est toujours comme ça, déclara Jolibois. Toutes les fois qu'on parle du loup, on en aperçoit l'appendice.

L'ancien maître-queux de Stanislas se mettait en quatre pour brosser son chapeau, rabobeliner son jabot et rajuster sa coiffure, sur les *ailes de pigeon* de laquelle la poussière du chemin se superposait en couche serrée à un nuage de poudre *à la maréchale*.

—Soyez le bienvenu, continua Hattier. Entrez et prenez un siège. Vous paraissez singulièrement fatigué.

—C'est-à-dire que je suis éreinté, défaillant, fourbu, poussif!...

—Eh bien, reposez-vous d'abord, vous vous rafraîchirez ensuite, et plus tard, vous nous apprendrez quel bon vent vous amène au pavillon du garde...

L'hôtelier eut un gros soupir:

—Ce n'est pas un bon vent hélas! c'est la jument du brigadier...

Philippe reprit:

—Je suppose que ce n'est pas sans un motif sérieux que maître Antoine Renaudot court ainsi la pretentaine,—la nuit,—en croupe d'un de mes cavaliers.

—Ce motif, le voici, citoyen officier.

Et l'hôtelier tira de la poche de son habit et tendit au frère de Denise le pli volumineux que nous avons vu l'émigré lui remettre—avec des instructions spéciales—au commencement de ce récit.

Le lieutenant interrogea:

—De quelle part vient ce paquet et que renferme-t-il?

—Ce qu'il renferme, je l'ignore, n'ayant pas eu l'indiscrétion... On connaît les usages du monde, Dieu merci... Et puis le papier de l'enveloppe est trop épais certainement pour qu'on puisse lire à travers...—Quant à la personne qui a investi votre serviteur des fonctions délicates de courrier de cabinet...

—Eh bien?

—Elle n'est autre que votre compagnon de la semaine passée dans la diligence de Nancy...

—Hein?...

—Le voyageur de qualité avec lequel vous avez eu l'avantage de prendre place à ma table—moyennant une demi-pistole.

—M. des Armoises?

—Vous l'avez nommé.

Denise, qui affaissée sur sa chaise, entendait sans écouter, se redressa avec cette exclamation:

—M. des Armoises? Il vit? Vous savez où il est en ce moment?

L'ex-Vatel des cuisines ducales s'inclina devant la jeune fille en homme qui s'est frotté aux patriciennes des cours.

—Hé! si je le savais, ma chère demoiselle, et si j'avais revu ce généreux seigneur depuis l'instant où il est sorti de ma maison, croyez que je n'aurais point entrepris des pérégrinations pénibles... pour une partie notable de mon individu, dans le but de déposer *moi-même*,—ainsi qu'il me l'avait recommandé et que je le lui avais promis, ce paquet entre les mains du lieutenant Hattier, votre frère.

Et l'aubergiste se mit à raconter par le menu à ses auditeurs attentifs ce que nous connaissons déjà: sa conversation avec l'émigré au sujet des disparitions dont le pays était le théâtre; l'obstination de Gaston, malgré tous les avertissements, à continuer son voyage; les papiers scellés dans l'enveloppe; le dépôt confié à lui, Renaudot, lequel s'était engagé à le remettre, sans intermédiaire, à son adresse, si le dépositaire n'était venu ou ne le lui avait fait redemander avant huit jours; enfin, le départ du marquis sur le bidet de poste, dans la direction de Vittel. Instruit à l'école des gens du bel air qui peuplaient les châteaux du bon roi Leczinski, maître Antoine avait terminé dans un style dont la majestueuse recherche faisait concurrence à celui du brigadier *Riche-en-Bec*:

—La huitaine étant écoulée et n'ayant pas eu la faveur de recevoir à nouveau la visite du sieur des Armoises, ou un bout de lettre qui m'informât de ce qu'il était devenu, je me suis mis en campagne pour m'acquitter de ma mission. De Mirecourt, où je comptais tout d'abord vous trouver, l'autorité m'a envoyé à Epinal et, ensuite, d'Epinal ici, en compagnie du brigadier, dont j'ai eu la mauvaise idée d'accepter la proposition de monter en selle derrière lui...

Ce souvenir arracha une nouvelle grimace à l'orateur, qui poursuivit, pourtant, en se frictionnant le bas des reins:

—Nonobstant les regrets cuisants que m'a laissés cette façon insolite de pérégriner, je ne me repens pas d'avoir fait le trajet. Entre gentilshommes on n'a qu'une parole, sarpejeu! Je ne suis pas gentilhomme, c'est vrai; mais j'en ai tellement fréquenté,—dans l'exercice de mon art et dans les résidences princières,—qu'ils ont quasi déteint sur moi pour la noblesse des sentiments et la conduite chevaleresque...

Philippe Hattier tenait le pli,—que sa sœur couvait d'un regard étincelant.

—C'est drôle! murmura-t-il. Je sens un frémissement qui me passe le long du corps comme si j'allais charger sur un carré de Kaiserlicks. J'ai presque peur d'ouvrir ce paquet.

Il posa les papiers sur la table.

—Nous verrons cela tout à l'heure. Pour le moment, maître Renaudot, et vous, brigadier Jolibois, vous allez boire un coup et manger un morceau.

—S'il vous plaît, se hâta de répondre l'aubergiste qui frissonnait à la seule pensée d'être obligé de s'asseoir, je préférerais me coucher—incontinent et sur le ventre.

Le lieutenant consulta Denise de l'œil et se gratta l'oreille avec embarras:

—Diable! c'est que nous n'avons pas de lit à vous offrir...

Puis, se frappant le front:

—Ah! mais j'y songe, le meunier Aubry, du hameau des Armoises ici à côté, avait mis une chambre à ma disposition. Jolibois va vous y conduire. Vous y dormirez à votre aise, et nous causerons, à votre lever, quand je saurai de quoi il retourne.

Quelques minutes plus tard, l'hôtelier et le gendarme cheminaient par devers le moulin: le second, campé en centaure sur son poulet d'Inde qu'il maintenait au pas. Le premier, trottinant contre la botte du cavalier, geignant à chaque enjambée et ne cessant de se frotter entre les pans de son habit. Sur quoi, *Riche-en-Bec* émettait cette opinion:

—Faudrait voir à bassiner ça avec une chandelle *des six*. Affaire de suif et d'habitude. C'est souverain pour les accrocs, édulcorant et lénitif.

XV

L'ÉPREUVE

A l'heure précise où le lieutenant Philippe Hattier faisait au pavillon du garde une entrée quasi triomphale, la famille Arnould réunie—à l'exception de la Benjamine—procédait au repas du soir autour d'une table dressée dans le verger qui attenait à la cour intérieure et au jardin du *Coq-en-Pâte*.

Ce verger—que nous n'avons entrevu qu'à la clarté intermittente d'une lune coupée de nuages et quand pesait sur lui l'horreur d'une nuit d'orage et de crime,—était, en temps normal, un endroit gai comme une idylle et plein d'ombre et de fraîcheur, de grands arbres et de chants d'oiseaux.

Qui aurait jamais soupçonné, au pied de ces cerisiers, de ces pommiers, de ces pruniers, couverts de fleurs ou de fruits, et sous les hautes herbes émaillées de pâquerettes, cette nécropole qui, plus tard, fouillée par la pioche des terrassiers, devait vomir aux yeux des magistrats épouvantés une couche d'ossements occupant un espace de plus de *cent* mètres carrés!

Le paysage inconscient ne révélait rien de ces sombres, mystères,—et les convives, tranquillement attablés dans ce nid de verdure, n'avaient point l'air de se douter que sous leurs bancs, le sol se doublait d'un cimetière.

A la campagne, l'été, l'on soupe volontiers en plein vent: celui-ci dans son jardinet, dans son pré, dans son clos; cet autre, tout simplement devant sa porte. Les aubergistes du *Coq-en-Pâte* se conformaient à l'usage, voilà tout. Nous constaterons, cependant, que ce n'était point leur habitude. Mais, ce soir-là, après avoir causé longuement avec sa mère, Joseph avait dit à Marianne:

—Il fait beau. Nous n'avons pas de voyageurs. On mettra le couvert sous les arbres.

Et, sur son indication formelle, le couvert avait été mis non loin de la fosse,—invisible pour qui en ignorait l'existence,—où reposaient les corps de Gaston des Armoises et du colporteur Anthime Jovard.

Une place restait vide à un bout de la table. C'était celle de la Benjamine. En servant la soupe, la fille aînée avait demandé:

—Où est-elle donc, cette mijaurée? Est-ce qu'elle se croit trop princesse pour *chiquer les vivres* avec nous? Gageons qu'elle est encore en train de musarder chez sa sucrée de Denise Hattier?

A quoi Joseph avait répliqué:

—Occupe-toi de ce qui te regarde. La minette viendra quand il faudra qu'elle vienne. Pour le moment, elle est à ses affaires—et aux nôtres.

La soupe disparue, on avait attaqué vigoureusement les pommes de terre au lard et le porc sous toutes les formes,—arrosés de vin *de pays*—qui font le menu quotidien de nos paysans en Lorraine. Agnès Chassard, en effet, ne nourrissait point sa maisonnée de volailles, de gibier et de viandes *de boucherie*. Ces chatteries débilitent l'estomac et coûtent les yeux de la tête. Ceci n'empêchait pas les couteaux, les fourchettes et les mâchoires de fonctionner avec une égale ardeur; tant un excellent appétit est l'indice d'une conscience pure.

En mangeant, on causait. *On* signifie Marianne, François et Sébastien. L'hôtesse, qui mangeait peu et buvait moins,—sobriété donne santé au corps et à la bourse,—les regardait et les écoutait, selon son habitude, immobile et muette comme une pierre. Joseph avait l'air de ruminer quelque chose,—le nez dans son verre et dans son assiette.

La grande fille disait:

—Il ne s'est pas envolé, bien sûr. Pour s'envoler, il faut des ailes. Or, nous n'avions pas eu le temps d'en fabriquer un chérubin pour le paradis du bon Dieu...

—Où prends-tu qu'il soit besoin d'ailes pour descendre d'un premier étage? repartit brusquement Sébastien. Le treillage est là pour aider, et l'on s'est servi du treillage, j'en mettrais la main au feu. Sans compter que j'ai relevé sur le sable humide de la cour des traces de pas qui se dirigeaient vers la remise....

—Eh bien? Après? Il y serait resté dans la remise!...

—Savoir! Il y a une porte qui donne sur la ruelle...

—Hé! cette porte était fermée à double tour et j'en avais la clef dans ma poche!...

—Toujours est-il, déclara François, que j'ai battu la campagne à dix lieues à la ronde, et pendant huit jours d'affilée, pour rentrer bredouille ce soir. Buissons, fossés, ravins, j'ai fouillé jusqu'aux taupinières: bernique! Pas plus de mioche que sur le bout de mon doigt!...

—Pourtant, opina Sébastien, un enfant de dix ans, ça ne se cache pas dans un trou de souris...

Marianne réfléchit un instant. Puis elle murmura:

—C'est louche. Méfiance. Ça se gâte.

Les deux cadets répétèrent à l'unisson:

—Ça se gâte.

Marianne frappa sur la table pour commander l'attention:

—Ecoutez, reprit-elle, nous sommes riches...

—Très riches, appuya François.

—L'or vaut cher en temps de papier, fit observer judicieusement Sébastien.

Agnès Chassard desserra les lèvres:

—On n'est jamais trop riche, dit-elle sentencieusement.

La grande fille haussa les épaules:

—Parlez pour vous, maman. Nous sommes plus modestes. On se contentera de ce qu'il y a... Mais revenons à nos moutons: la poire est mûre, partageons-la, fermons boutique et décampons. *Liberté, libertas.* Chacun ira où il voudra et disposera de sa tranche ainsi qu'il l'entendra.

—Elle a raison, opina François.

—C'est mon avis, corrobora Sébastien.

Joseph ne souffla mot,—occupé qu'il était à nettoyer un os de jambonneau.

Marianne interrogea:

—Est-ce aussi votre idée, la mère?

Le veuve branla la tête:

—Je suis vieille. A mon âge, on n'aime guère à voyager. Quand on est accoutumée, depuis des années, à son train-train dans une maison...

La grande fille fronça le sourcil:

—Ce qui veut dire?...

L'hôtesse la regarda en face:

—Ce qui veut dire que je mourrai où j'ai vécu.

Marianne but un maître coup de vin; son œil s'enflamma de dépit,—et, reposant son verre avec fracas:

—Tout ça, c'est des bêtises ou des menteries. Vous radotez, si vous ne vous fichez pas de nous. La vérité vraie, c'est que vous tenez à demeurer ici seule avec votre argent...

—*Notre* argent, rectifia François.

—Oui, *notre* argent, poursuivit la virago avec impétuosité. Nous avons besogné autant que vous pour l'amasser,—et notre peau et notre cou ne sont pas moins exposés que les vôtres...

Sébastien montra sur son front la place—meurtrie et bleuie—où l'avait frappé la crosse du pistolet de Gaston des Armoises:

—A preuve que je porte la signature d'un des derniers *clients* que nous avons *réglés*...

La grande fille, dont la colère croissait, continua:

—A peine bâclons-nous une affaire, que tout ce qu'elle rapporte s'engouffre dans vos poches. Escamoté, caché, enfoui, disparu! Ni vu ni connu, je t'embrouille! A quoi nous sert de travailler, de réussir, de tromper le monde, d'esquiver la justice et de braver la guillotine? Nous ne profitons de rien. Nous trimons comme des mercenaires. Nous sommes vos associés, et vous nous traitez comme des domestiques; nous sommes des hommes— car ce n'est pas seulement l'habit qui fait le mâle—et vous nous menez comme des marmots. Restez, si bon vous semble, à couver le magot jusqu'à ce que les gendarmes viennent vous cueillir dessus; nous, nous voulons déménager, jouer des coudes dans un autre air, jouir des plaisirs de la vie, faire danser le branle aux écus... Et il n'en manque pas, des écus! L'héritage du père, les cinquante mille livres du ci-devant, les dix-huit cents livres du colporteur, sans compter le résultat des opérations précédentes! Où tout cela a-t-il passé? Voyons, répondez, accouchez! On n'a pas l'intention de vous frustrer de votre part; mais il nous faut la nôtre—ou le diable m'emporte!...

Les jumeaux approuvaient de l'attitude et du geste. Leur aîné ne bougeait pas. Agnès Chassard gardait le silence. Marianne s'exaspérait en parlant.

—Tenez, la mère, gronda-t-elle, si j'ai un conseil à vous donner, c'est de ne pas vous obstiner à confisquer plus longtemps ce qui nous appartient. Certes, nous sommes des enfants très soumis, très respectueux et très tendres; mais songez que vous nous avez appris à ne pas faire plus de cas de l'existence d'un chrétien que de celle d'un lapin ou d'un poulet qu'on saigne...

Pas un muscle ne remua du masque de la veuve. Elle se contenta de caresser du pied son gros chien Turc, qui sommeillait sous la table. Le molosse poussa un grognement.

—Oh! ricana la virago, ne dérangez pas Turc: il ne nous fait plus peur.

Elle ajouta, en échangeant un regard avec ses frères:

—Il ne nous mangera pas tous les trois, et on ne craint pas, ce soir, de réveiller les voisins.

Elle était déjà debout, et ses doigts se crispaient sur le manche du long couteau à découper.

François et Sébastien s'étaient levés comme elle.

Joseph persistait à ne prendre aucune part au débat, qui menaçait de se vider d'une façon sanglante.

Et au dessus de ce drame de famille, un ciel d'été suspendait aux profondeurs de son azur des milliers d'étoiles, qui brillaient à travers la voûte de feuillage des arbres fruitiers mouchetés de cerises vermeilles et de prunes, de poires, de pommes en train de mûrir.

Agnès Chassard n'avait cependant rien perdu de son calme et de sa raideur. Ses traits restaient si complètement immobiles, que vous eussiez dit un visage taillé dans le marbre. Ses yeux étaient fixés sur Marianne et sur les deux jumeaux; mais ils n'exprimaient rien—pas même l'ombre d'une inquiétude.

—Mes enfants, chacun son goût, prononça-t-elle d'un ton tranchant. Le vôtre est de changer les écus en plaisirs; moi, je les fourre dans un trou. Où est ce trou? C'est mon affaire. Retournez la baraque de la cave au grenier et le jardin, et le verger: vous ne trouverez pas plus ma cachette que vous n'avez trouvé ce bambin, qui vous donne tant de tintoin,—à toi, François, et à toi, Sébastien,—que vous en avez oublié, depuis huit jours, de vous disputer à propos de la belle Denise... Oh! mais n'ayez aucun souci; je réponds du contenu intact; ce n'est pas moi qui l'entamerai pour des colifichets ou des bamboches,—et je n'espère pas l'emporter au cimetière.

Seulement, réfléchissez, à votre tour, que, s'il m'arrivait un malheur,—aujourd'hui, demain ou plus tard,—comme vous ignorez absolument l'endroit où j'ai serré mes pauvres économies, il vous serait assez difficile de vous les partager et de les fricasser ensuite à la sauce de vos fantaisies. Ma fille Marianne, qui raisonne comme un homme de loi, l'a dit justement tout à l'heure: je représente une somme. Ce n'est pas le Pérou, tant s'en faut. Quand on est jeune, on met, comme cela, des lunettes qui vous ont des verres grossissants pour regarder ce qu'on désire. Mais, enfin, lorsque j'aurai rejoint mon défunt, votre brave père, il vous reviendra à chacun de quoi ne pas mourir de faim, si toutefois vous êtes sages.

Pour l'instant, je n'ai pas besoin de Turc—une bonne bête, nonobstant, qui vous étranglerait comme un matou quiconque aurait ici de mauvaises intentions. Mon secret me garde et me défend. Je vaux de l'argent. Cela conserve. Vous avez trop de jugement pour ne pas comprendre, pas vrai? Là-dessus, rasseyez-vous, achevons de souper et allons nous coucher. Vous m'avez fait parler longtemps; ça n'est pas dans mes habitudes, et j'ai envie de me reposer.

. . . .

Marianne et ses deux frères avaient repris leur place—vaincus par la logique du discours d'Agnès Chassard. On «achevait de souper» en silence. Tout à coup la grande fille apostropha Joseph:

—Qu'est-ce que tu dis de ça, toi, sournois?

L'aîné des Arnould allongea le cou du côté de la maison. Il écouta un pas qui allait se rapprochant. Puis, déposant sur son assiette l'os de jambonneau devenu net, blanc et poli comme de l'ivoire:

—Je dis que voici la Benjamine. Ouvrez l'œil et l'oreille. Vous allez savoir où est passé le compagnon du colporteur.

Ceci fut lancé raide et sec.

Florence revenait, en effet, du pavillon du garde, d'où nous l'avons vue s'esquiver à l'arrivée de Philippe Hattier.

Après avoir traversé—tout étonnée de n'y rencontrer personne—le rez-de-chaussée du *Coq-en-Pâte*, ainsi que la cour et le jardin qui faisaient suite, elle se préparait à entrer de ce dernier dans le verger, quand, soudain, elle s'était arrêtée tout d'une pièce.

—Hé! dépêche-toi, la mignonnette! lui cria le frère aîné, d'un ton de joyeuse humeur. Nous sommes *à la fraîche*,—par ici,—sous les arbres.

La fillette fit un mouvement pour obéir à cet appel. Mais son corps se raidit contre sa volonté. Une idée la clouait au sol. Et ses pieds demeuraient attachés invinciblement à la place où elle était parvenue,—près du petit mur à hauteur d'appui qui séparait le jardin du verger...

Joseph, cependant, continua:

—Avance donc, sapristi! Est-ce que tu as la berlue? Nous avons déjà commencé. On est en train de ne pas t'attendre...

La fillette fit signe qu'elle ne pouvait pas. Joseph se leva et vint à elle:

—Eh bien! qu'est-ce que c'est que ça, ma mie?... Tu auras trop couru pour revenir des Armoises... Allons, voyons, on va t'aider...

Il la prit par le bras et fit mine de la conduire. Mais elle, se dégageant d'un geste plein d'horreur:

—Laissez-moi! Ne me touchez pas! Vous me faites mal!

Tout l'effroi que peut éprouver une créature humaine était sur son visage. Son interlocuteur n'eut pas l'air d'avoir entendu:

—A la soupe! morbleu! à la soupe! poursuivit-il avec rondeur.

Il ajouta, en riant d'un gros rire:

—Est-ce qu'il va falloir que je te porte à table?

Et il essaya de l'entourer de ses bras. Florence se rejeta violemment en arrière. Ses mains tendues repoussèrent avec énergie l'étreinte du frère aîné. Des phrases entrecoupées sortirent de sa bouche qu'un tic douloureux contractait:

—Je ne peux pas, non, je ne peux pas!... J'ai peur!... J'ai peur des morts qui sont là-bas, sous l'herbe!

Puis subitement, avec une voix et un regard d'une résolution que, jusqu'alors, on n'eût point soupçonnée en elle:

—Encore une fois, laissez-moi! Je ne veux pas! Me comprenez-vous? *Je ne veux pas!...*

Joseph avait un masque d'étonnement naïf:

—A ton aise, ma poule, à ton aise!... On ne force personne, Dieu merci... Sans doute tu auras fait la dînette au pavillon du garde avec ta petite mère...

—Oui... Vous avez raison... Je n'ai pas faim...

—Que ne le disais-tu tout de suite! Ne te gêne pas, mon enfant... Si tu n'as pas envie de souper, tu peux aller te mettre au lit.

Il s'avança pour l'embrasser. Mais elle se recula vivement. L'aîné des Arnould ne parut pas remarquer l'expression de dégoût avec laquelle elle se dérobait à cette caresse, et se frottant le menton de la paume de la main:

—Voilà, fit-il avec bonhomie, quand on ne se fait pas la barbe tous les jours, on effarouche les demoiselles. Ce sera pour une autre fois, quand je me serai rasé le matin...

Florence s'éloigna par le jardin...

Joseph attendit qu'elle fût à quelque distance. Ensuite, avec une négligence apparente.

—Hé! bichette, tu ne nous apprends pas ce qu'il y a de nouveau aux Armoises...

La Benjamine s'arrêta:

—Philippe Hattier est de retour, dit-elle.

—Vraiment? L'ancien dragon? Le beau sous-officier des grenadiers à cheval?

La jeune fille se retourna, et, secouant la tête:

—Le frère de Denise n'est plus ce que vous croyez.

—Vraiment? Il a changé de corps? Il a monté en grade?

—Il est lieutenant de gendarmerie à la résidence de Mirecourt.

—Tant mieux. J'en suis content. Nous sommes de vieux camarades.

Puis, avec un désintéressement affecté, le madré compère ajouta:

—Alors, ce n'est pas seulement pour voir sa sœur qu'il est venu dans le pays?

—Non, répondit Florence gravement, c'est encore pour aider la justice à rechercher, à découvrir et à punir les malfaiteurs.

Et, sans élever la voix, mais avec un accent profond que soulignait un geste prophétique:

—Que ceux qui ont commis de mauvaises actions ou qui auraient dessein d'en commettre, prennent garde!

. . . .

Joseph Arnould avait rejoint François, Sébastien et Marianne, qui, s'étant rapprochés à la faveur de l'ombre et du couvert, n'avaient point perdu un détail de la scène que nous venons de raconter. Agnès Chassard n'avait pas quitté la table. On se réinstalla silencieusement autour de celle-ci. Les convives ne semblaient plus avoir envie de manger. L'aîné de la famille questionna:

—Eh bien! avez-vous saisi, vous autres?

Les autres étaient rentrés chacun dans sa pensée. Un travail lent s'effectuait sous la coupole de leur crâne. Tous trois avaient le sourcil froncé et l'œil sur la nappe—la nappe que la grande fille déchiquetait rageusement de la pointe de son couteau. Joseph reprit, non sans un soupçon d'ironie:

—Ce n'est pas bien malin, pourtant. La Benjamine sait tout ce qu'il ne faut pas qu'elle sache. C'est elle qui a fait disparaître l'enfant en question; c'est elle qui a dévalé de la fenêtre dans la cour, en le tenant entre ses bras; c'est elle qui l'a emporté dehors, en traversant la remise et en se servant, pour ouvrir la porte de la ruelle,—la fameuse porte que Marianne avait fermée à double tour,—d'une vieille clef égarée, voici tantôt six mois, et dont, pendant qu'elle dormait, j'ai constaté hier la présence dans sa poche... Règle générale, mes enfants: ce qu'on égare n'est pas perdu pour tout le monde.

—La gueuse! grinça la virago.

—Il y a beau jeu, du reste, que la mère se doutait que la curieuse avait fourré le nez dans nos affaires.

La veuve affirma du bonnet. Le fils aîné continua:

—Et, pour m'en assurer, j'ai manigancé la petite épreuve de ce soir. Car vous ne vous imaginez pas que c'est pour le plaisir de humer le frais que j'ai insinué à maman de nous faire souper en plein air. L'épreuve a réussi. Vous êtes témoins que la minette a refusé de s'asseoir à table auprès de nous...

Et, comme les figures ébahies de ses auditeurs l'interrogeaient avidement:

—Vous ne devinez pas, fanfans?... Qu'est-ce qu'il y a ici,—dans le verger,—sous la table?

La grande fille et les deux jumeaux répétèrent l'un après l'autre:

—Ici?—Dans le verger?—Sous la table?

Joseph, après une pause, dit en clignant de l'œil:

—Comme vous le chantiez dans vos querelles, un peu plus haut qu'il n'est prudent, il y a les *clients* que nous avons *réglés*.

Sébastien, François et Marianne se levèrent d'un même jet,—frissonnants...

Leur frère eut un bon petit rire bienveillant et doucet:

—Voilà, reprit-il tranquillement, la mignonne a fait comme vous... Elle a eu peur, la pauvre enfant... Elle a eu peur de voir les morts sortir de terre sous ses pieds...

Marianne, Sébastien et François s'étaient écartés de la table avec des regards inquiets. Joseph les considéra avec une pitié sereine:

—Une jeunesse de son âge, ça a le droit de croire aux revenants... Mais nous qui sommes des mâles,—y compris la grande sœur,—nous savons bien qu'il n'y a que les asperges qui sortent de terre en cette saison... Allons, reboutez-vous à vos places: nous n'avons pas fini de causer.

Joseph vida avec réflexion son verre plein jusqu'au bord. Ensuite, il reprit le fil de son discours:

—Florence nous tient. C'est clair. Pour la première fois de sa vie, elle vient de dire: «Je ne veux pas.» Elle nous tient et elle nous menace. Philippe Hattier, que le gouvernement a envoyé dans le pays exprès pour nous, est dans sa manche. Avez-vous entendu de quel ton, avez-vous remarqué de quelle façon de *Madame J'ordonne* elle m'a jeté cet avertissement: «*Prenez garde!*» Conclusion:

il ne s'agit plus de nous chamailler pour de l'argent, ni pour une femme: il s'agit de sauver notre *boule*,—laquelle me paraît danser furieusement sur nos épaules...

—La Benjamine parlera, déclara l'un des deux jumeaux.

—Oui, murmura Marianne, à moins qu'on ne lui coupe le sifflet...

Joseph lui décocha un baiser du bout des doigts.

—Tu es un homme, toi, ma fille. Mais ne badinons pas avec les choses sérieuses. Il est plus difficile de se débarrasser de la Florence que de supprimer un voyageur qui arrive, le soir, sans être aperçu d'âme qui vive, dans un logis d'où il est censé repartir le lendemain.

—Alors nous sommes perdus! s'écria Sébastien: il ne nous reste plus qu'à nous sauver.

Joseph, paisible, souriant et narquois, chargeait avec méthode sa pipe de racine de buis au fourneau doublé de fer blanc.

—Bigre de bigre, comme vous y allez! ricana-t-il. Mais pensez-y donc, étourdis: fuir, c'est donner l'éveil, c'est s'avouer coupable, c'est atteler vous-mêmes la charrette qui doit vous mener à l'échafaud...

—Que faire? demanda-t-on avec découragement.

—Ecoutez votre frère, dit la veuve froidement. Joseph est un garçon d'expérience et de bon conseil. Je suis sûre qu'il a dans son sac de quoi nous tirer d'embarras.

—Et vous ne vous trompez pas, maman. Mon idée est qu'il ne faut pas jeter le manche après la cognée, quand ce manche tient lui-même dans une main solide. Attendons les événements et faisons tête au danger puisque nous savons d'où il vient.

Il n'y eut aucune espèce de protestation. François et Sébastien, malgré leurs efforts, ne réussissaient point à dompter leur effroi. L'orateur battit le briquet, alluma sa pipe et plaça sur le fourneau de celle-ci le couvercle en façon de dôme qui s'y reliait par une chaînette de cuivre.

—Il n'est jamais mauvais d'avoir peur, reprit-il, quand la peur n'empêche pas d'agir.

Il mit ses coudes sur la table:

—Suivez bien mon raisonnement...

XVI

RUBRIQUES SCÉLÉRATES

Tous les fronts se penchèrent, sauf celui de la veuve. Elle connaissait probablement ce qui allait être dit. Chez elle, d'ailleurs, tout demeurait en dedans. Joseph commença:

—De deux choses l'une:

Ou Florence, après avoir fait sortir le chérubin par la remise et la ruelle, l'aura laissé aller à la grâce de Dieu, et dans ce cas, je soutiens mordicus qu'il n'aura pas pu pousser bien loin. Il ne connaissait pas le terrain; la nuit était noire comme un four; la rivière coule à deux pas...

Si l'innocent a eu le malheur de tomber dans le Petit-Vair grossi par l'orage, j'imagine que de Madon en Meurthe et de Meurthe en Moselle, il doit naviguer vers le Rhin, de l'autre côté des ponts de Metz...

Une supposition, maintenant, que la Benjamine l'ait caché quelque part ou confié à quelqu'un...

Où et à qui? je vous le demande. Dans le voisinage, c'est certain. Elle non plus ne saurait s'être encourue bien loin, puisqu'elle avait regagné son lit, où elle faisait semblant de dormir, quand je suis venu la regarder après l'ouvrage...

Mais, s'il était dans le voisinage, on aurait aperçu le mioche; on en aurait jasé à bouche que veux-tu; le juge de paix Thouvenel, qui est malin comme un vieux singe, aurait fait des pieds et des mains pour reconnaître qui il était, d'où il venait, et par suite de quelles circonstances on l'avait trouvé et recueilli. Le petit homme n'est pas muet. C'est la justice qui se serait chargée de nous apporter de ses nouvelles. Rien de tout cela n'est advenu. Aucun enfant étranger n'a paru dans le village. Que diable! Vittel n'est pas grand comme Paris, et la langue des commères ne s'y rouillera jamais faute de s'exercer!...

Celui que nous cherchons n'est pas davantage chez Denise Hattier. Où Florence aurait-elle pris le temps de l'emporter jusqu'aux Armoises? Elle était recouchée avant nous. D'ailleurs, j'ai fait bavarder la Gervaise. Il n'est point de meilleurs espions que les domestiques. Depuis huit jours, nulle personne autre que les visiteurs ordinaires n'a été remarquée au pavillon du garde. On paraissait pourtant y attendre quelqu'un: le lieutenant Philippe sans doute. On vous a dit que ce soir il y est arrivé.

Depuis huit jours encore, je surveille la Benjamine. Elle n'a pas quitté la maison. Elle n'est pas allée une seule fois chez son amie. C'est la mère qui, d'après mon conseil, l'y a envoyée ce matin. Il faut qu'elle soit persuadée que nous ne nous défions pas d'elle.

Quand elle-même cessera de se défier à son tour, on verra. Il y a toujours des moyens d'arracher aux gens leur secret. La patience est un foret qui débouche toutes les bouteilles. Pour ce qui est de nous dénoncer, Florence ne nous dénoncera pas. Si elle l'avait voulu, ce serait déjà fait. Elle ne nous a pas en haute estime, c'est clair, ni en grande tendresse non plus; mais nous sommes sa famille: elle n'enverra pas sa famille à l'échafaud. C'est une fille qui a des scrupules, des principes et de la religion. Elle se taira, j'en réponds. Et puis, avec le temps, on s'assurera de son silence. Nous sommes tous mortels. Il y a la maladie, les accidents, l'imprévu,—un tas d'histoires...

La petite sœur ne paraît pas bien forte de la poitrine. Elle tousse quelquefois. Je penche à croire qu'il conviendrait de lui faire prendre des tisanes...

—Des tisanes que je sucrerai moi-même, fit Marianne en clignant de l'œil.

Autour de la table les figures n'exprimaient déjà plus l'épouvante, mais l'étonnement que cause à un public d'amateurs un tour de passe-passe habilement exécuté. Tout le monde avait compris à demi-mot.

Joseph continua avec bonhomie:

—Je vous le répète, attendons. L'automne consomme beaucoup de jeune filles. Attendons l'automne et le hasard. Ce qui me taquine, pour le moment, ce n'est pas Florence, ni l'enfant du colporteur: c'est...

—C'est?... interrogea-t-on avec curiosité.

—C'est le retour de Philippe Hattier.

L'aîné des Arnould regarda sournoisement ses deux cadets:

—D'abord, j'imagine que sa présence va furieusement vous gêner dans vos projets sur la Denise. Moi, elle ne m'offusque en rien. Mes intentions sont pures. Qu'est-ce que je rêve, en effet? Une jolie ménagère pour me bourrer ma pipe et recevoir, le dimanche, l'étrenne de ma barbe...

—Tu ne la tiens pas, encore! grommela François.

—Oui, qui vivra verra, ajouta Sébastien.

—C'est tout vu, répliqua Joseph paisiblement. Vous êtes deux garçons d'esprit. J'ai confiance que nous nous entendrons plus tard... Pour l'instant, allons au plus pressé... L'heure brûle: Philippe Hattier n'est pas revenu dans le pays pour des prunes... A l'hôtel de la *Poste*, à Charmes,—où je les écoutais en feignant de sommeiller, sur le banc, au-dessous de la fenêtre,—le lieutenant a renoué connaissance avec le ci-devant marquis, et ils ont dévidé ensemble un peloton de protestations d'amitié long comme du château au pavillon du garde... Les Hattier ont été, de tout temps, dévoués à leurs maîtres... Le fils de l'ex-chamboran voudra savoir ce qu'est devenu celui de ses anciens seigneurs,—et, une fois sur la piste, gare! Il marchera droit son chemin comme le sanglier dans le fourré. S'il fonce sur nous, prenons garde!...

—Il suffit d'un coup de fusil pour abattre le sanglier, murmura Agnès Chassard.

—J'y avais pensé, la maman. Mais une arme à feu fait du bruit. Et puis, j'ai besoin du gendarme,—ne fût-ce que pour lui demander sa sœur en mariage...

Sébastien et François martelèrent la table du poing. Joseph répondit à ce mouvement:

—Que voulez-vous? C'est mon dada. Le château ne peut pas rester sans châtelaine.

Il frappa sur l'ongle de son pouce le fourneau de sa pipe éteinte, pour en faire tomber la cendre:

—Et puis encore, voyez-vous, en y réfléchissant mûrement, je me suis convaincu de cette vérité: que le lieutenant a trop la mine d'un brave garçon pour avoir dans l'esprit les finesses nécessaires au succès de son entreprise... Il s'agit de l'endormir avant qu'il parte en guerre. Pour cela fiez-vous à moi. Je me charge de la chose.

—Tout seul? questionna Marianne.

—Tout seul. Vous me gêneriez. Est-ce convenu?

La grande fille regarda sa mère et ses deux frères. Ensuite elle déclara d'un ton décidé:

—Ça sera convenu quand tu nous auras montré de quoi il retourne. Si tu perds, nous payons comme toi. Par ainsi nous avons le droit de voir l'atout.

—Oui, certes, appuyèrent François et Sébastien.

Agnès Chassard hocha le front d'une façon approbative.

—Les enfants ont raison, fit-elle.

Joseph Arnould posa sa pipe sur la table.

—Approchez-vous alors, dit-il. Pour entendre ce que je vais vous expliquer, il faut que nos têtes à tous soient dans le même bonnet.

Chacun mit les coudes sur la nappe. L'auditoire était tout oreilles. L'explication dura un gros quart d'heure. L'orateur conclut en ces termes:

—Quand je me mêle de quelque chose, ce n'est pas pour éplucher des noix. Je réponds de la réussite. Après quoi nous pourrons vaquer tranquillement à nos petites affaires de famille. Moi, d'abord, je prétends m'occuper de ma noce...

Les deux cadets poussèrent un sourd rugissement.

—Et du partage aussi, n'est-ce pas? interrogea la virago.

—Et du partage aussi, bichette. Pas vrai, maman? Allons, voyons, dites oui, tout simplement. Une bonne parole ne coûte rien, que diable!

La veuve fit un signe évasif. Puis, se levant brusquement:

—Il est tard. Le serein va tomber. Rentrons la vaisselle.

. . . .

On regagna la maison en emportant la desserte. Marianne, François et Sébastien marchaient devant. La grande fille dit à voix basse:

—La satanée sorcière n'a rien voulu promettre. Espionnons-la sans en avoir l'air. Quand une fois nous saurons où est le trésor...

—Part à trois, firent les deux cadets.

—Part à trois, répéta l'androgyne avec résolution. Aussi bien, notre frère Joseph est trop gourmand. On verra à lui servir un joli petit plat de mort subite...

Et chacun d'eux redisait *in petto*:

—Part à moi seul, quand je me serai débarrassé des autres.

De son côté, l'aîné des Arnould ruminait en bourrant une nouvelle pipe:

—L'essentiel est de savoir où est enfoui le magot...

Il battit le briquet. L'amadou s'enflamma:

—Dire, continua Joseph en le secouant pour l'allumer davantage, dire qu'il suffirait de l'étincelle qui vient de jaillir de cette pierre pour griller la baraque et tout le bataclan,—mêmement les chrétiens qui seraient dedans avec...

Il s'arrêta pour tirer une ou deux lampées de fumée. Ensuite, il ajouta en se grattant l'oreille:

—Cette nuit-là, par exemple, faudrait être dehors...

Agnès Chassard, qui venait la dernière, se parlait à elle-même en phrases entrecoupées:

—Je les userai tous... Jamais, non, jamais on ne saura... On m'arracherait plutôt le cœur de la poitrine...

Elle se tut. Quelque chose comme un sourire qui ressemblait à un dard de vipère frétillait au coin de ses lèvres décolorées. Elle pensa:

—Sucrer la tisane de la Benjamine... C'est une idée... Mais pourquoi ne pas saler de la même façon le pot-au-feu pour tout le monde?...

XVII

CONFESSION

Au pavillon du garde, Philippe Hattier venait de se rasseoir devant la table sur laquelle il avait déposé la lettre du marquis des Armoises. La lumière de la lampe éclairait en plein sa loyale figure brusquement rembrunie: il ne souffrait point, cependant; mais, par ce pressentiment que l'on a quelquefois des malheurs possibles, il sentait qu'il allait souffrir.

Lui-même l'avait dit: il hésitait à toucher les papiers apportés par maître Antoine Renaudot. Ce quelque chose d'inconnu qui était là l'effrayait vaguement. A la fin, il se décida et rompit le cachet du pli volumineux. Puis, comme si le secret que contenait celui-ci intéressait sa sœur, il regarda Denise.

La jeune fille, debout de l'autre côté de la table, attendait,—plus blanche que le papier qu'il tenait du bout de ses doigts tremblants...

Le lieutenant parcourut rapidement les premières lignes de la missive.

Ensuite, il poussa un grand cri et chancela sur sa chaise.

Denise fit un mouvement pour s'élancer vers lui.

Mais un geste impérieux la cloua à sa place. Philippe s'était frotté les yeux d'un énergique revers de main et s'était replongé, tête baissée, dans sa lecture.

Philippe était arrivé, d'un bond, au cœur des révélations du marquis. Il en reprenait chaque phrase, l'une après l'autre; il en pesait chaque mot un par un, et la stupéfaction, le doute, la colère se traduisaient par le gonflement des veines de ses tempes, bleuies comme par une congestion cérébrale, par le claquement de sa langue sèche contre son palais et par le mouvement de son pied droit qui fouillait le plancher du talon et de l'éperon...

Quand il eut achevé sa lecture, il se dressa avec raideur et fit vers la jeune fille un pas automatique. Son bras s'allongea lentement, aussi lourd que s'il eût été de marbre. Il présenta le papier à sa sœur, et sa voix,—rauque,—demanda:

—Est-ce vrai?

Denise baissa le front...

—Est-ce vrai? Est-ce vrai? répéta le soldat,—menaçant, exaspéré, terrible...

La jeune fille demeura muette.

Mutisme trop éloquent, hélas!...

De livide qu'il était, le visage de Philippe devint pourpre. Un éclair de fureur s'alluma dans ses yeux comme au fond d'une nuit sombre. Son poing crispé se leva sur la coupable, et sa bouche rugit:

—Malheureuse!...

Denise tomba à genoux,—frémissante, écrasée...

Mais le lieutenant ne frappa point. Son bras s'affaissa, inerte, le long de son corps. Ses jambes semblèrent près de se dérober sous lui. Il recula et regagna son siège en vacillant comme un homme ivre...

—Sacrodioux! murmura-t-il en s'affalant dessus, je crois que j'aurais mieux aimé douze balles françaises en pleine poitrine.

Puis, avec une amertume stridente:

—Monsieur le marquis des Armoises, vous m'aviez sauvé la vie. J'ai épargné votre maîtresse. Nous sommes quittes.

Il y eut un silence effrayant: Denise pleurait; l'officier se labourait la chair de sa main droite passée sous son uniforme dégrafé.

Après un instant, il reprit avec effort:

—Ainsi, cet émigré était votre amant?

La jeune fille sanglota:

—Frère, il m'avait promis que je serais sa femme.

Philippe froissa les papiers sur la table:

—Oui, je sais, il le dit du moins dans cette lettre, où il m'avoue son crime et votre faute...

Denise redressa la tête:

—Celui que j'ai aimé ne peut mentir, déclara-t-elle à travers ses larmes; qui le forçait à promettre, à revenir, à avouer?...

Il y eut un moment de silence, fait d'accablement chez la sœur et de réflexion chez le frère.

Ensuite, ce dernier se parla à lui-même du ton de l'homme qui cherche à se persuader:

—Certes, celui-là qui a exposé sa peau pour sauver celle d'un pauvre diable comme moi ne saurait être un traître, un parjure, un infâme... Eh bien, soit, je veux croire que M. des Armoises est revenu ici pour réparer le mal... Mais le moyen, maintenant, de lui rappeler sa promesse, de le sommer de la tenir et de l'y contraindre au besoin?... Il a disparu, et notre honte nous reste!...

Puis avec une explosion soudaine:

—Oh! comment notre père ne t'a-t-il pas tuée!...

—Notre père a tout ignoré; il est mort en me bénissant.

Philippe eut un soupir de soulagement.

Denise était toujours à genoux.

—Relevez-vous, commanda-t-il.

Elle essaya et ne put y parvenir, tellement les larmes l'aveuglaient et tant sa faiblesse était grande.

En détournant les yeux, il lui tendit les deux mains pour l'aider.

La malheureuse se précipita sur ses mains, malgré le mouvement qu'il fit pour les retirer; elle les serra, les étreignit, les couvrit de ses pleurs qui coulaient,—chauds et abondants,—comme le sang d'une blessure. Le lieutenant sentit ses paupières battre et devenir humides. Il s'efforça de se dégager:

—Mon frère, oh! mon frère, interrogea Denise avec un accent déchirant, ne serai-je donc jamais pardonnée!...

Il se fit un troisième silence,—un de ces silences où la vie est décuplée pour la douleur comme pour la joie...

Puis d'une voix étranglée et à peine distincte:

—Relève-toi, réitéra Philippe. Relève-toi. Tes sanglots me font mal.

Elle obéit, haletante. Il la fit asseoir d'un geste calme et doux. Ensuite, avec une grandeur paternelle:

—Aussi bien, je vous aime trop pour avoir la force de punir. Mais pour pardonner, j'ai besoin de connaître ce qui plaide en votre faveur. J'ai ici l'aveu du coupable: je veux avoir la confession de sa complice. Parlez. Ce n'est plus un juge qui vous écoute. C'est un frère qui a hâte de savoir quels droits vous restent encore à sa tendresse et à l'estime des honnêtes gens.

Denise commença, sans rien omettre et sans rien déguiser, le récit de cet éternel roman de la jeunesse et de l'amour dont la conclusion est toujours la même. Elle peignit en traits simples et touchants cette surprise du cœur où l'amour-propre entra peut-être pour quelque chose chez une fille des champs, flattée de voir à ses pieds le fils de ses maîtres, rendu plus intéressant encore par le prestige du malheur et de la persécution. Elle dit tout, jusqu'à la naissance du triste fruit de cet amour si brusquement interrompu par la proscription.

Ici, Philippe Hattier,—qui avait écouté, sans rien manifester des sentiments qu'elle soulevait en lui, cette longue et lamentable histoire,— interrompit vivement sa sœur:

—Et l'enfant? interrogea-t-il...

—L'enfant?...

—J'imagine que le bon Dieu t'a fait la grâce de te le reprendre...?

—Me le reprendre?...

—Tu étais déjà bien assez punie: il n'a pas vécu, n'est-ce pas?

La jeune femme murmura en ouvrant de grands yeux pleins d'une douloureuse surprise:

—Pas vécu?... Mon enfant?... Je ne comprends pas...

—Hé! oui, continua Philippe, tu t'étonnes, tu te révoltes de m'entendre parler ainsi? Tu ne peux t'expliquer ma joie en face de la mort de ce pauvre être, dont le seul crime a été de se présenter dans ce monde sans un laisser-passer délivré par la loi. Une mère qui perd son enfant, si petit qu'il soit, c'est terrible. Mais songes-y donc: cet enfant, c'était comme l'aveu—en chair et en os—d'une erreur que les gens ne pardonnent jamais... Son berceau, tu pouvais encore le cacher au fond de quelque endroit ignoré. Mais, une fois devenu grand, ce fils avait le droit de savoir qui était sa mère, de la chercher, de la trouver, de lui demander compte du mystère de sa naissance... Alors, c'était ton déshonneur, celui de notre père, le mien, publiquement affiché à tous les coins de rue. Quel scandale à Vittel, aux Armoises, partout! Quel vacarme des langues déchaînées! Quels coups de griffes et de dents sur toi, sur moi, sur le vieux qui dort là-bas au cimetière! Si une chose pareille arrivait, j'arracherais mes épaulettes, je donnerais ma démission, je quitterais le pays, et j'irais me faire tuer dans quelque coin où l'on se bat!

Denise l'écoutait sans protester. Elle ne bougeait pas; mais on voyait, en quelque sorte, le déchirement intérieur de sa poitrine,—et les deux larmes qui tremblaient au bord de sa paupière devaient être du feu liquide.

A la fin, elle parut prendre une grande résolution. Elle se leva, alla à la fenêtre ouverte, tira de la poche de son tablier l'une des deux lettres qu'elle relisait devant Florence Arnould au commencement de la soirée,—celle dont l'adresse était d'une grosse écriture et qui portait le timbre de Valincourt par

Chaumont,—la déchira en petits morceaux, et sema au vent ces morceaux qui s'éparpillèrent à travers le parc.

—Que fais-tu? questionna son frère.

—Rien: un papier sans importance...

Ensuite, elle revint vers le lieutenant.

Ses deux mains frémissantes s'appuyèrent sur les épaules de celui-ci, et, d'une voix beaucoup plus ferme qu'on eût pu le penser à voir l'espèce d'agonie empreinte sur sa figure:

—Rassurez-vous, Philippe, dit-elle, vous pouvez marcher la tête haute. L'enfant n'est plus et notre bien-aimé père ne sera point dérangé dans le repos éternel.

Hattier respira bruyamment.

—Mieux vaut, murmura-t-il, un ange de plus au paradis qu'un enfant sans nom sur la terre.

Il prit sur la table la missive du marquis, l'alluma à la lampe et la jeta dans le foyer où elle acheva de se consumer. Puis il reprit:

—C'est ta fortune qui flambe, ma pauvre Denise.

—Ma fortune?

—M. des Armoises t'instituait là-dedans légataire universelle de tout ce qu'il possède.

La jeune femme eut un geste d'insouciance. Philippe continua:

—On se serait demandé le motif d'une pareille libéralité,—et, de suppositions en suppositions... Restons pauvres pour rester honorés... Désormais, ton secret n'appartient plus qu'à nous.

Elle essaya de s'accrocher à une illusion, à une espérance, comme le malheureux qui se noie cherche à se retenir à la branche qui pend au-dessus du courant...

—Pourtant, s'informa-t-elle, si Gaston revenait?

L'officier secoua la tête:

—Sois forte, ma Denise, dit-il. Tu es fille et sœur de soldat. Le marquis ne reviendra pas.

—Et pourquoi cela, mon Dieu?

—Parce que ce coin de terre lorraine est plein d'embûches et d'abîmes; parce que les scélérats auxquels je viens donner la chasse ont recommencé leurs prouesses; parce qu'il n'y a enfin qu'une dizaine de lieues de Charmes à Vittel, et que l'on ne met pas huit jours pour faire dix lieues.

Ces paroles entraient comme un glaive dans le cœur de Denise.

Le lieutenant reprit:

—Le marquis m'a écrit ceci: «Si votre sœur ou vous ne m'avez pas revu avant que ces papiers vous soient remis par notre hôte de *la Poste*, à qui je les confie, c'est que j'aurai rencontré le malheur sur ma route.» Or, je connais assez l'homme et le gentilhomme, pour ne point douter un instant que, s'il n'est pas arrivé avant moi aux Armoises, c'est qu'il aura été frappé en chemin par le malheur qu'il redoutait...

—Mon frère!...

—Et ce malheur n'est autre que le couteau ou la balle de ces misérables qui, jusqu'à présent, ont échappé à toutes les recherches...

—Vous croiriez?...

—J'en suis sûr: le marquis Gaston aura été assassiné. Où et par qui? C'est ce que j'ignore, mais ce que je découvrirai, quand je devrais laisser mes os dans ce pourchas!...

Il ajouta en baissant la voix:

—D'ailleurs, nous tenons une piste...

—Une piste?

—Une piste qui nous conduira à la tanière où se tiennent ces loups et ces renards...

—Oh! mon rêve! murmura la jeune fille, devant les yeux de laquelle repassait, effrayante, la vision dont nous l'avons entendue entretenir la Benjamine.

Philippe poursuivit:

—C'est l'histoire de la bouteille à l'encre... Mais nous y verrons clair, à la fin, M. de Bernécourt et moi: M. de Bernécourt, le directeur du jury d'accusation au parquet d'Epinal... Une rude *débrouillard*, sacrodioux!...

—Ah!... balbutia Denise, qui écoutait à peine.

—Ce n'est pas la première fois, continua le lieutenant, que Dieu se sera servi de la main d'un innocent pour confondre et punir le crime... Par exemple, il faut attendre,—attendre que Dieu ait rendu à cet innocent la raison avec la santé.

La jeune fille toucha son front du doigt:

—Excusez-moi, fit-elle. Ma pauvre tête est lasse,—et je ne saisis pas...

—Je le crois, parbleu! bien, que tu ne saisis pas!... Je ne m'explique qu'à moitié... Dame! quand on a promis de se taire...

Denise répéta machinalement.

—Se taire?

—L'affaire n'a chance de réussir qu'à ce prix. J'ai peut-être déjà trop bavardé. Ne raconte-t-on pas que les brigands en question ont des oreilles dans tous les murs?...

Puis, se penchant vers sa sœur, le lieutenant conclut confidentiellement:

—Qu'il te suffise de savoir que, quand on s'est demandé,—là-bas, au parquet,—où l'on transporterait l'innocent dont il s'agit, pour le cacher à tous les yeux jusqu'au moment où il conviendra de l'exhiber, et à quels soins on le confierait pour achever de le rétablir, j'ai offert cette maison et je l'ai proposée au citoyen Bernécourt. Celui-ci a accepté,—et, sitôt qu'on pourra voiturer sans danger le pauvre cher petit malade...

Il s'interrompit brusquement:

—Sacrodioux! c'est le jour qui se lève!... Nous avons jasé toute la nuit!... Il est vrai que nous avions tant de choses à nous dire!...

Ses sourcils se froncèrent; il tordit sa moustache et grommela entre ses dents:

—Tant de choses dont j'étais si loin de me douter que nous avions à causer!...

L'aube blanchissait, en effet, la cime des massifs du parc. Le hameau des Armoises s'éveillait au lointain. On entendait les coqs chanter dans le poulailler et les bœufs mugir dans l'étable...

Philippe reprit avec sollicitude:

—Tu dois être brisée, mon enfant... Ces souvenirs évoqués, ces émotions, cette longue veille... Va prendre quelques heures de repos...

—Et vous, mon frère? interrogea la jeune fille.

—Oh! moi et la fatigue, nous sommes deux camarades de lit, depuis que je porte le harnais... Je vais aller fumer une pipe dans le parc et me débarbouiller les idées dans la rosée du matin... Ensuite, je me mettrai en campagne...

Le lieutenant embrassa tendrement sa sœur; puis, étendant le bras, il prononça avec un geste et un accent solennels:

—Et sois tranquille, va, ma Denise, ton Gaston sera vengé. Les scélérats qui t'ont faite veuve n'ont qu'à bien se tenir. Que je perde mon nom, mon grade, l'honneur, la vie, si la main de fer que voici ne s'abat pas sur leur collet pour les jeter sous le couperet du bourreau.

. . . .

Cette dernière partie de leur conversation avait eu, sinon un témoin, du moins un auditeur, dont,—tout entiers au débat qui les passionnait d'une si différente façon,—le frère et la sœur n'avaient pu soupçonner la présence.

Comme le brigadier Jolibois et maître Antoine Renaudot venaient de quitter le pavillon du garde, un homme avait débouché d'un fourré situé derrière ce pavillon. Se coulant dans la zone d'ombre que projetait celui-ci, cet homme en avait fait le tour. Le gazon, sur lequel il marchait avec la précaution des gens habitués aux expéditions nocturnes, étouffait le bruit de ses pas...

Parvenu silencieusement à celle des croisées du *poêle* qui était demeurée ouverte, ce personnage mystérieux s'était couché à plat ventre au-dessous de la baie lumineuse, et, par un mouvement lent et continu à peine perceptible à l'oreille la plus exercée, il s'était, pour ainsi dire, incrusté dans l'épais revêtement de lierre qui formait saillie le long de la muraille.

Tapi dans cette cachette, il n'avait pas perdu une seule des paroles échangées à l'intérieur de la chambre.

Lorsque Denise Hattier était venue à la fenêtre déchirer la lettre que nous savons, notre écouteur avait retenu son souffle. Puis, quelques bribes de cette lettre s'étant échouées à sa portée, il avait étendu le bras pour les ramasser avec soin. Puis encore, le jour commençant à poindre, il avait opéré sa retraite en rampant...

Le mur du parc avait—non loin du pavillon—une petite porte qui donnait sur la campagne.

Une clef grinça dans la serrure. La porte roula sur ses gonds. Une sorte de mendiant sortit, la figure cachée par le collet relevé d'une vieille limousine sur lequel retombait l'auvent d'un misérable chapeau de paille.

Ce mendiant, nous l'avons déjà rencontré,—sur le banc de l'hôtel de la Poste,—à Charmes...

Son regard rapide interrogea les alentours. Ensuite, il joua du jarret et coupa à travers champs dans la direction de Vittel...

XVIII

ENNEMIS EN PRÉSENCE

En cette même journée dont nous venons de voir surgir l'aurore,—vers les neuf heures du matin,—le citoyen Thouvenel, juge de paix de Vittel, conversait, dans son cabinet, avec un de ses administrés, lorsqu'on lui annonça le lieutenant Hattier.

L'air et l'allure, également paisibles, de celui-ci ne trahissaient rien de ce qui s'était passé dans sa vie depuis la veille au soir. La douleur et l'étonnement étaient deux sensations qu'une existence remplie d'incidents héroïques et multipliés semblait avoir détruites chez les soldats de cette époque, si fertile en expéditions lointaines, en événements extraordinaires et en faits d'armes fabuleux.

Dès le petit jour, Philippe avait eu, chez le meunier Aubry, une assez longue conférence avec Antoine Renaudot. A la suite de cette conférence, l'ex-employé aux cuisines de Stanislas s'était mis sur-le-champ en route pour Epinal dans la carriole du moulin. Il y allait informer M. de Bernécourt du passage de M. des Armoises à Charmes, de l'obstination de ce dernier à se rendre à Vittel, de son départ sur un bidet de poste,—avec l'instant précis de ce départ et le signalement exact de ce bidet; enfin de la mission dont il avait chargé son hôte pour l'officier de gendarmerie. Maître Renaudot devait ajouter que, l'émigré n'ayant point reparu, il avait fidèlement remis entre les mains du destinataire les papiers confiés à ses soins.

Le lieutenant avait, en outre, enjoint au brigadier Jolibois de venir, avec leurs chevaux, le rejoindre, à midi, devant la maison du juge de paix. Puis il avait quitté le pavillon du garde sans réveiller Denise, impatient qu'il était de se lancer à la recherche de ce que Gaston était devenu et des assassins sous les coups desquels l'infortuné gentilhomme avait dû succomber.

Pour commencer, il était nécessaire d'avertir le juge de paix Thouvenel de ce nouveau méfait commis dans son canton.

Constatons, à ce propos, que les attributions conférées aux juges de paix par le Code de brumaire an IV étaient beaucoup plus importantes que celles que la loi leur octroie aujourd'hui. Ces attributions les assimilaient alors, pour ainsi dire, aux plus autorisés de nos magistrats instructeurs.

Le citoyen Thouvenel était un gros papa à la physionomie ouverte, réjouie, épicurienne et rubiconde, qui abritait sous des façons de «bon vivant» et sous une faconde légèrement bruyante un fonds solide d'observation, d'esprit pratique, d'activité et de caractère. Originaire du pays, où, depuis près d'un siècle, ses ascendants avaient exercé des fonctions publiques, il connaissait la famille Hattier de longue date.

Aussi reçut-il notre nouvel officier avec toutes sortes de témoignages d'affection et de plaisir, et lui adressa-t-il les plus chaleureux compliments sur son avancement mérité. Comme bouquet de ces effusions cordiales:

—Vous dînez avec nous, n'est-ce pas, lieutenant? Je veux que nous vidions une fine bouteille à votre heureux retour et à votre épaulette si vaillamment gagnée. Nous boirons à votre digne père et à votre charmante sœur, à vos exploits passés, à vos succès à venir; car j'espère qu'avec votre aide, nous allons nous débarrasser de ces fieffés gredins qui, depuis des années, nous mettent sur les dents, moi, vos prédécesseurs, les parquets d'Epinal et de Mirecourt, et jusqu'à la cour de Nancy...

Puis, sans attendre une réponse:

—Dominique! holà! Dominique!...

Un petit domestique, semi-citadin, semi-campagnard, accourut à cet appel...

—Dominique, prévenez ma femme que le citoyen Philippe Hattier nous fait le plaisir de s'asseoir à notre table. Qu'on ajoute un couvert et qu'on ne ménage pas les meilleurs coins du cellier. Il s'agit de fêter un enfant du pays.

En Lorraine, l'on dîne de onze heures à midi: c'est, dans les habitudes et les maisons bourgeoises, le principal et le meilleur repas de la journée.

Le juge de paix continua, en mêlant, selon sa coutume, les termes de la procédure aux formules de la gastronomie:

—Ventregoi! cher ami, vous tombez à merveille. Nous avons *au rôle* aujourd'hui un excellent potage avec de bons légumes cueillis dans mon jardin, des croûtons rissolés dans du beurre fait chez moi, et un bœuf de la tranche au petit os, pas trop cuit, cantonné de persil et garni de condiments adhérents à la pièce: moutarde, câpres, cornichons et autres menus appétits... Ajoutons une volaille farcie, du poisson, quelques plats sucrés... J'oubliais un buisson d'écrevisses de la Meuse... Et quelles écrevisses! De petits homards! Le tout arrosé d'un chambertin que M. de Choiseul appelait le *lait de sa vieillesse.*

Or, tout en se complaisant, avec une loquacité joyeuse dans l'énumération des mets de choix dont il se proposait de régaler son convive, le juge de paix, au lieu de regarder ce dernier, n'avait cessé d'examiner du coin de l'œil le paysan avec lequel il était en train de causer, lorsqu'on lui avait annoncé Philippe.

Celui-ci, en entrant, n'avait point pris garde à ce visiteur. Pendant les politesses échangées, l'individu avait, du reste, fait retraite jusque dans un angle du cabinet. Appuyé à la muraille, le chapeau sous le bras, les mains dans les poches, il attendait sans doute l'instant de prendre congé sans déranger les deux interlocuteurs.

On aurait dit que le regard du magistrat cherchait à étudier sur la figure de «son administré» l'impression produite par l'arrivée de l'officier.

Mais la figure comme la pose du campagnard dénotait l'insouciance la plus absolue.

C'était un homme de taille moyenne, bâti en force, et qui avait la mine d'un fermier à l'aise. Impossible de rencontrer une face plus débonnaire et plus insignifiante.

—Excusez-moi, citoyen juge, fit-il au bout d'un moment, mais on m'attend chez nous,—et, si vous n'avez plus besoin que de ma parataphe au bas de vos écritures...

—Précisément: le temps de vous lire votre déclaration et de vous faire signer...

Le magistrat se tourna vers l'officier:

—Vous permettez, n'est-ce pas?... Affaire importante et pressée... Un nouveau coup de ces brigands dont je vous parlais tout à l'heure...

Philippe dit avec gravité:

—C'est justement de ces brigands que je viens vous entretenir.

—Bon! nous nous en occuperons entre la poire et le fromage.

Le citoyen Thouvenel continua avec une indignation comique:

—Ventregoi! il serait curieux que ces coquins empêchassent les honnêtes gens de se restaurer décemment. Aussi, lorsque nous les tiendrons, comme nous les ferons guillotiner!...

Ce disant, ses petits yeux fins se reposèrent, comme par hasard, sur le campagnard adossé au mur.

Celui-ci se frottait le menton d'un air indifférent et endormi.

Le lieutenant reprit avec une nuance d'impatience dans la voix:

—La chose exige qu'on se hâte. J'ai déjà trop tardé peut-être...

—Trop tardé?... Ah ça! depuis quand êtes-vous de retour?...

—Je suis arrivé hier soir aux Armoises...

—Et vous voilà dès ce matin en fonctions, comme cela, au débotté de Paris! Recevez tous mes compliments. Vous n'y allez pas de jambes mortes!

—Je me suis reposé près de huit jours au chef-lieu.

Philippe tira un pli de sa poche:

—J'y ai vu le citoyen directeur du jury d'accusation, lequel m'a remis pour vous ces instructions, dont je vous serai obligé de prendre connaissance sur-le-champ...

—Volontiers.

Après avoir décacheté et parcouru rapidement le message qu'on lui tendait.

—A merveille, fit le magistrat avec gaieté; voici qu'en vertu des pouvoirs que vous confèrent les présentes, vous devenez quasi mon général en chef. Par ainsi, commandez, mon cher Hattier, commandez. Je suis heureux et fier de servir sous vos ordres.

Puis, désignant le campagnard, toujours engourdi dans son coin:

—Par exemple, souffrez que j'expédie ce brave garçon et que je vide la question du pauvre marquis des Armoises...

Le lieutenant bondit sur le mot:

—Le marquis des Armoises?...

—Ce jeune M. Gaston, qui avait émigré en Allemagne à la suite de son père et qui, à ce qu'il paraît, est rentré récemment en France,—pour son malheur...

—Vous sauriez quelque chose du marquis des Armoises?

—Hélas! tout ce que j'en sais, c'est que ce gentilhomme aurait été vu, au début de la semaine passée...

—A l'hôtel de *la Poste*, à Charmes, n'est-ce pas?...

—A l'hôtel de la Poste à Charmes, c'est cela. Or, comme il n'a pas reparu...

—Il y a eu crime, c'est certain. Eh bien, citoyen Thouvenel, c'est cette disparition étrange que je venais vous annoncer; c'est ce crime—probable—que je venais vous dénoncer...

—Est-il possible?...

—J'en avais été instruit, hier soir, chez ma sœur, aux Armoises...

—Moi, je les connaissais depuis ce matin et j'étais en train d'en prévenir mon supérieur immédiat, le citoyen Pommier, directeur du jury d'accusation de Mirecourt, qui, lui-même, ne peut manquer d'en aviser le parquet d'Epinal dans le plus bref délai.

Philippe eut un mouvement de satisfaction.

—Voilà qui est bien, s'exclama-t-il, et, puisque la besogne est faite à laquelle j'accourais vous prier de procéder sans retard, je vais pouvoir me mettre en chasse...

Ensuite, se frappant le front:

—Mais qui diable a pu vous apprendre?...

—Qui? Hé! parbleu! les personnes que notre émigré avait averties de son retour; qui l'ont attendu vainement; qui, ne le voyant pas arriver, se sont inquiétées, tout naturellement, ont battu le pays, pris des renseignements, fureté à droite et à gauche, et qui, devant l'inutilité de leurs recherches, ont fini par faire leur déclaration à la justice...

—Et ces personnes sont?...

—La veuve et les enfants de l'ancien acquéreur, les propriétaires actuels du domaine des Armoises, qui étaient en marché avec le jeune marquis pour revendre ce domaine...

—Vous les nommez?

Comme le juge de paix allait répondre, le paysan quitta sa place. Il vint à l'officier, et, lui touchant le coude:

—Pardi! il n'y a point de mystère là-dedans. Leur nom est le nom de mon père: Jean-Baptiste Arnould, en son vivant aubergiste à Vittel—à l'enseigne du *Coq-en-Pâte*—et dont ma mère, mes sœurs, mes frères et moi nous continuons le commerce.

Philippe n'était point un limier d'instinct...

Et la figure du fils aîné d'Agnès Chassard,—celle, du moins qu'il s'était arrangée pour la circonstance,—respirait une innocence lourde, épaisse, impénétrable, sur laquelle tout soupçon devait s'émousser ainsi qu'une pointe d'aiguille sur un masque d'airain...

Pourtant, à son aspect, le lieutenant sentit se hérisser en lui toutes sortes de répulsions et de défiances...

Et ce fut avec un visage et d'un ton également rudes qu'il demanda au paysan:

—C'est donc vous qui avez acheté le château et les biens de nos maîtres?

Cet abord d'une hostilité évidente n'alluma rien dans la fixité paisible de la prunelle de Joseph Arnould.

—Moi ou un autre, qu'est-ce que ça fait, répliqua-t-il placidement, puisqu'ils étaient à vendre?...

Il ajouta en regardant son adversaire en face:

—M'est avis, citoyen Hattier, que vous ne deviez point l'ignorer, et que feu votre père ou votre sœur Denise aurait pu vous apprendre que cette acquisition n'avait causé ni tort ni dommage à personne.

Cette riposte adroite rappelait au lieutenant le service rendu au garde-chasse et à sa fille par le défunt aubergiste et par ses héritiers.

—C'est vrai, fit-il, non sans quelque embarras; tant de choses me sont passées par la tête depuis douze heures, que je l'avais oublié: c'est à votre famille que je dois d'avoir retrouvé ma sœur dans le logis où nous sommes nés, où ma mère a vécu et où mon père est mort...

Le paysan haussa les épaules.

—Pas besoin de me remercier. Les gens sont faits pour s'entr'aider, et les amis ne sont pas des Turcs, Dieu merci. L'ex-houzard et la demoiselle tenaient à rester au pavillon: ils y sont restés, voilà tout. Ça ne nous a rendus ni plus riches, ni plus pauvres. L'ex-houzard était le plus honnête homme du monde, et la demoiselle est une sainte. Notre Florence, qu'elle a censément élevée, l'appelle sa petite maman; et j'ai souvent pensé qu'un prince était seul digne d'avoir une pareille ménagère... Maintenant, si vous croyez me redevoir quelque chose, donnez-moi votre main, mon officier: nous serons quittes.

Philippe Hattier avait au plus haut point le culte de la mémoire de son père et l'adoration de sa sœur. La façon à la fois brusque et respectueuse dont l'aubergiste du *Coq-en-Pâte* parlait du vieillard et de la jeune fille lui alla droit au cœur...

Les natures vives et généreuses sont sujettes aux plus soudains revirements...

Les préventions du lieutenant se dissipaient à vue d'œil...

Il en était à se reprocher d'avoir pu un instant soupçonner l'aîné des Arnould...

Celui-ci reprit:

—Jadis, quand on était sur les bancs de l'école, on se tutoyait gros comme le bras... Mais à présent qu'on est devenu un personnage, avec grade, épaulettes et tout ce qui s'ensuit...

Philippe lui tendit la main:

—Vous êtes toujours mon camarade, Joseph, dit-il.

Le paysan serra énergiquement la main qu'on lui offrait:

—A la bonne heure! Ça fait plaisir! Quand on ne s'est pas revu depuis chez le *magister*!...

Un contentement supérieurement joué animait sa physionomie atone:

—Ah çà! poursuivit-il, vous ne m'aviez donc pas reconnu en entrant? Moi, je vous ai remis tout de suite... Il est vrai que ma sœur Florence nous avait prévenus de votre arrivée.

Puis, s'interrompant pour rire:

—Hé! savez-vous, mon lieutenant, à votre mine rébarbative en m'interrogeant tout à l'heure, est-ce que je n'ai pas cru un moment que vous alliez m'accuser d'avoir assassiné le gentilhomme?...

Le fils aîné d'Agnès Chassard était élève de sa mère. En dehors des mystères de l'hôtellerie sanglante, il se transformait instantanément et absolument par l'unique effort de sa volonté. Le lynx de la police le plus habile à *filer* le crime dans une ville d'un million d'âmes, n'eût jamais deviné ce qui se cachait sous cette métamorphose constante et complète, sans solution de continuité, sans invraisemblance, résultat de la réunion de l'étude et de la nature. En cet instant, par exemple, son air, sa pose, son accent étaient tels, que l'officier de gendarmerie,—qui n'était pas une pensionnaire, cependant,—faillit rougir de s'être laissé deviner.

Le juge de paix intervint:

—Le citoyen Arnould, fit-il, est intimement persuadé que M. des Armoises a été assassiné. C'est aussi mon avis. Il est constant que cette disparition inexplicable ne saurait être le résultat d'un accident,—on connaîtrait où et comment cet accident a eu lieu,—et qu'elle rentre tout à fait dans la catégorie de ces crimes *locaux*, si je puis m'exprimer ainsi, dont cette contrée semble avoir le triste monopole, et dont les auteurs ont réussi jusqu'à présent à se dérober à notre action...

L'aubergiste ébaucha un geste de menace:

—Si je les tenais!... Des malandrins qui nous ruinent!... Plus un voyageur sur les routes!... Les draps de lit du *Coq-en-Pâte* sont des mois sans étrenner!...

Il larmoya entre ses dents:

—Ecoutez donc, un château, un parc, tout un domaine qui vont nous demeurer sur les bras sans nous rapporter un rouge liard!...

Le magistrat continua:

—Les misérables avaient paru depuis quelque temps faire trêve à leurs sinistres agissements... Voici qu'ils se sont réveillés.

—Eh bien, déclara nettement Joseph Arnould, il faut les rendormir en leur coupant le cou. Morte la bête, mort le venin. Voilà mon opinion, citoyen juge de paix. Excusez si je me mêle de la conversation. Mais ça me regarde un peu, que diable!...

Comment! défunt mon père n'achète les Armoises que pour les rendre plus tard à leurs propriétaires,—moyennant finances, s'entend..... On se fait un scrupule de déranger un meuble des appartements du château, de distraire un arpent du parc. Le jeune seigneur nous écrit. Bon. Nous convenons du prix par lettres, à l'amiable. Le contrat de vente est dressé,—un contrat pour les frais duquel Me Grandidier, le notaire, va me réclamer des honoraires qu'on ne trouve pas sous le pied d'un cheval. On n'attend plus que l'acquéreur pour signer. Va te promener! l'acquéreur a été *escofié* en chemin...

Et on ne guillotinerait pas les mauvais garnements qui nous ont fait rater une si belle affaire! Allons donc! Ce n'est pas possible! A quoi serviraient, en ce cas, les juges, les gendarmes, le bourreau et le bon Dieu?...

En vérité, ce qui faisait la force de ce monstrueux coquin, c'est qu'il savait se montrer tel qu'il devait être. Un gredin d'un ordre inférieur eût commis la faute de verser un torrent de larmes grossières sur le sort de sa victime. Le fils aîné d'Agnès Chassard se bornait à déplorer la «disparition» du marquis des Armoises au point de vue des intérêts des aubergistes du *Coq-en-Pâte*.

Dans la chasse aux criminels, le législateur a dit à la justice hésitante: *Cherche à qui le crime profite.*

Ici, Joseph Arnould établissait, sans en avoir l'air, que, loin de lui profiter, le crime lui avait nui.

En manière de péroraison, il frappa familièrement sur l'épaule du lieutenant:

—Heureusement, voici un lapin qui n'a pas d'engelures aux pattes. Il mettra le grappin sur les brigands qui m'ont fait perdre cinquante mille livres, et l'héritier de nos maîtres sera vengé.

—Vous l'avez dit, Joseph Arnould, prononça gravement le frère de Denise, Gaston des Armoises sera vengé. J'en ai déjà pris l'engagement avec d'autres. Or, avec moi, chose promise, chose faite. C'est comme si les assassins étaient bouclés sur la bascule et avaient le cou dans la lunette et la tête sous le couteau.

Le villageois ne sourcilla point.

—Bravo, Philippe! s'écria-t-il. S'il faut un coup de main pour tirer la ficelle, comptez sur moi: je suis votre homme.

Puis s'adressant au juge de paix:

—Maintenant, citoyen Thouvenel, s'il vous convenait de me donner vos paperasses à parapher... Nous allons vers midi clochant et l'appétit vient en causant...

—Vous êtes libre de vous retirer, mon voisin. Vos déclarations vont être transmises à qui de droit. Sans doute serez-vous appelé à les renouveler pendant l'enquête à laquelle on va procéder et, plus tard, devant le jury...

—On renouvellera tout ce qu'il faudra, mon magistrat... L'intérêt de la vérité et de la justice avant tout... Ce n'est que pour cela que je suis venu vous trouver...

Le paysan ajouta, en se tournant vers l'officier:

—Dame, j'ignorais, moi, Hattier, que vous eussiez eu vent de la chose...

Et, lorsqu'il eut signé les papiers que Thouvenel lui plaça sous les yeux:

—Sans adieu, n'est-ce pas, lieutenant? Souvenez-vous qu'on vous désire bigrement au *Coq-en-Pâte*, que trois commères y ont envie de vous embrasser sur les deux joues, et que trois vrais amis y seront enchantés de casser une croûte avec vous.

Ce disant, le fils aîné d'Agnès Chassard tira au juge de paix une révérence campagnarde, salua l'officier du sourire et de la main, et opéra sa sortie d'un pas tranquille et lourd, avec le même air d'imperturbable bonhomie.

XIX

OU LE JUGE DE PAIX THOUVENEL, LE LIEUTENANT PHILIPPE HATTIER ET LE CITOYEN JOSEPH ARNOULD PRENNENT LA PAROLE CHACUN A LEUR TOUR

Quand le bruit de ses gros souliers se fut perdu au dehors, le magistrat interpella le frère de Denise:

—Gageons, mon cher Hattier, que vous avez eu la même idée que moi...

—Quelle idée, citoyen Thouvenel?

—L'idée que le particulier qui vient de se retirer pourrait bien être l'un des bandits que nous cherchons...

—Ma foi, pour être franc, je vous avouerai qu'un moment...

—Vous y avez songé. Moi aussi, ventregoi! Mais la réflexion m'a répondu: C'est absurde. Les gens du *Coq-en-Pâte* ont les meilleurs antécédents. Loin d'essayer de les entraver, ils se sont associés dans une large mesure à toutes les investigations opérées jusqu'à ce jour pour découvrir les auteurs des faits inexplicables qui ont mis le pays en émoi. Comme les autres, leur auberge a été l'objet des plus minutieuses perquisitions, et ces perquisitions n'ont abouti à aucun résultat qui fût de nature à les incriminer. D'ailleurs, en supposant que les Arnould fussent pour quelque chose dans cet événement, il faudrait admettre pareillement leur participation aux crimes nombreux et identiques qui ont précédé celui-ci. Dans ce cas, que serait devenu le fruit de ces sanglantes rapines? On n'a jamais remarqué, chez les aubergistes du *Coq-en-Pâte*, que des dépenses, des actes et des habitudes conformes à leur position. Or Joseph ne laisserait point dormir des capitaux improductifs. N'oublions pas que c'est lui qui m'a donné l'éveil au sujet de la disparition de M. des Armoises. Vous m'objecterez qu'on peut se mettre en avant précisément dans le but de dépister les soupçons. A ceci je répliquerai que mon métier est de déchiffrer les physionomies... Eh bien, je n'ai pas discontinué un instant d'étudier, de sonder, de scruter, de fouiller celle de notre individu, pendant qu'il me faisait sa déclaration et durant la conversation que nous avons eue tout à l'heure... Son assurance, son calme ne se sont pas démentis une minute... Voilà pourquoi, ami Philippe, j'ai renoncé à une idée qui m'avait coupé l'appétit, et pourquoi je m'en vais, en me mettant à table, faire réparation d'honneur au digne citoyen que nous avons si injustement accusé. Ventregoi! puisque vous refusez de vous associer à cette réparation, vous m'obligez à m'en acquitter pour nous deux.

Comme le magistrat terminait cette démonstration, des talons éperonnés sonnèrent sur le palier, et la porte entr'ouverte laissa passer la pointe du nez, de la moustache et du tricorne de Jolibois, dit *Riche-en-Bec.*

—Impérativement et sans vous commander, annonça le brigadier, les chevaux sont en bas, lieutenant, *oùsque* le petit domestique du citoyen Thouvenel les garde d'une façon obligeante, conservatrice et ostensible.

—C'est bien, fit l'officier, nous partons.

Puis au juge de paix:

—Désormais, il paraît constant que M. des Armoises n'est pas arrivé à Vittel. C'est donc entre ce bourg et Charmes qu'il aura été attaqué...

—Entre Vittel et Mirecourt, rectifia le magistrat. Il appert, en effet, des renseignements fournis par la famille Arnould, que le marquis se serait arrêté dans cette dernière localité, où il aurait fait donner l'avoine à sa monture...

—Entre Vittel et Mirecourt, soit. Maintenant, citoyen juge de paix, prêtez-moi, s'il vous plaît, un brin d'attention. Aussi bien, je ne vous ai pas encore vidé mon sac...

Maître Thouvenel eut un soupir en se remémorant «la soupe grasse» qui, en ce moment, aurait dû fumer sur la nappe blanche de la table servie:

—Eh! videz-le, compère, videz-le, votre sac. J'écoute,—j'écoute, en regrettant, par exemple, de ne pouvoir le faire la bouche pleine...

Le lieutenant s'assit en face du magistrat. Celui-ci était tout oreilles. La conférence dura environ vingt minutes. Quand elle fut finie, Thouvenel hasarda cette question:

—Et si vous ne réussissiez pas de prime abord?...

—Eh bien, je suis patient et têtu: j'attendrai...

—Quoi donc?

—Le concours de cette justice divine qui se manifeste toujours, alors que la justice humaine est en défaut.

Le juge de paix prit les mains du frère de Denise et les serra avec chaleur:

—Vous avez la foi du chrétien et la vaillance du soldat. Vous réussirez, j'en suis sûr. Ce faisant, vous aurez grandement mérité de l'autorité, du pays, de la société tout entière.

. . . .

Pendant ce temps, le fils aîné d'Agnès Chassard remontait vers le *Coq-en-Pâte* avec la figure béate d'un homme qui a bien commencé sa journée. En marchant,—les mains dans les poches,—il pensait, à bâtons rompus:

—Je vous les ai roulés tous deux comme une couple de lièvres en plaine. Les finauds des finauds pourtant! Mais le fil blanc qui cousait leurs malices était plus gros que de la ficelle... Donc, j'ai conquis le lieutenant et enfoncé le juge. C'est certain. J'en mettrais mes dix doigts au feu. Je l'ai lu au dedans d'eux-mêmes...

Maintenant, c'est une fière idée que j'ai eue, d'aller, cette nuit, humer le serein autour du pavillon du garde...

Fiez-vous donc aux saintes nitouches! Cette Denise si orgueilleuse et si indifférente... Comment aurais-je pu supposer qu'en supprimant le ci-devant, je me débarrassais d'un rival? Sa veuve ne m'en convient pas moins. Elle me grise la tête, d'abord. Et puis, si, par hasard, le marquis ne s'était pas contenté de l'instituer sa légataire universelle par cet écrit que Philippe a eu la sottise de brûler?... S'il avait déposé quelque part, en sa faveur, un testament libellé dans les règles?... Le fils du seigneur des Armoises n'avait pas que les cinquante mille livres qui sont tombées de son portefeuille dans les oubliettes de maman. Denise hériterait du reste. Or, comme je serai le mari de Denise... Oui, je le serai, car il faudra bien qu'elle y vienne...

Sur l'une des bribes de papier que j'ai recueillies dans le parc,—lorsque la belle les a eu éparpillées par la fenêtre,—j'ai déchiffré ce nom: *Anthime Jovard*... Anthime Jovard, c'est le *camarade de lit* actuel du galant émigré... Le bambin qui l'accompagnait lui avait été confié, si j'ai bonne mémoire de ce qu'il babilla à Florence et à Marianne,—par des métayers des environs de Chaumont, pour le ramener à sa mère,—à sa mère qui l'avait fait élever loin d'elle, clandestinement... La fille du garde-chasse a menti à son frère. Son enfant n'est pas mort. Cet enfant a disparu, escamoté par la Benjamine; mais Denise ne sait rien de cette disparition,—et, avec de l'audace et de l'adresse...

—Hé! dis donc, Saint-Longin, est-ce que tu as envie de nous faire droguer longtemps?

C'était Marianne Arnould qui apostrophait son aîné. Celui-ci était arrivé devant le perron de l'auberge. Pendant qu'il montait ce perron et que, dans la cuisine, il s'asseyait au repas de midi, la virago continua:

—Daigneras-tu nous apprendre où tu as couru la prétentaine toute la matinée, après avoir couru le guilledou toute la nuit?

—Je suis allé rendre visite à un voisin...

—A un voisin?...

—Oui, le citoyen Thouvenel, ici, à côté.

—Le juge de paix?

—Le juge de paix.

—Et que lui voulais-tu, à ce vieux sapajou qui se fait un dieu de son ventre?

—Oh! la moindre des petites choses: le prévenir, tout simplement, que nous étions inquiets,—très inquiets,—excessivement inquiets...

—Nous?... Au sujet de quoi?...

—Au sujet du ci-devant marquis des Armoises, de qui, depuis la semaine passée, nous n'avons pas eu de nouvelles...

—Hein?...

Joseph désigna du coin de l'œil la Benjamine qui mangeait silencieusement:

—J'ai ajouté, poursuivit-il, que ça n'était pas naturel; que j'avais pris des renseignements, et que le gentilhomme égaré avait été aperçu à Charmes, à Mirecourt, et trimant par les routes, dans la direction de Vittel, à dada sur un bidet de poste...

—Tu as dit cela?

—Enfin, j'ai insinué au voisin qu'il serait peut-être urgent d'ordonner des recherches...

François regarda Sébastien:

—Est-ce qu'il rêve? demanda-t-il.

—Je croirais plutôt qu'il est fou, murmura l'autre avec stupeur.

—Comment! s'écria Marianne avec colère, c'est pour dire tout cela au citoyen Thouvenel que tu t'es rendu chez lui dès huit heures du matin?...

—Dame! ma poule, si je ne lui avais pas dit tout cela dès huit heures du matin, il est certain que Philippe Hattier le lui aurait dit entre neuf et dix.

—Philippe Hattier?...

—Le gendarme débarquait, tout chaud et tout bouillant, pour lui dégoiser son chapelet, comme je finissais de défiler le mien...

—Tu as rencontré Philippe Hattier?

—Pourquoi pas? Nous avons *causotté* ensemble d'un sujet qui paraît l'intéresser énormément: du pauvre M. des Armoises et des loups-garous qui se sont mis à la traverse de son voyage...

—Ah!

—Un beau cavalier, Philippe Hattier! Ce serait dommage, en vérité, qu'on le détériorât... plus tard. Du reste, vous en jugerez. La vue n'en coûte rien...

Florence leva la tête de dessus son assiette:

—Le frère de Denise viendra ici? demanda-t-elle.

—Il me l'a formellement promis, mon cœur.

La Benjamine balbutia:

—Il viendra ici, et vous n'avez pas peur?...

—De quoi?... De ne pas le recevoir comme il convient, ma chatte?... Sois tranquille, on se distinguera: plats friands, vin cacheté et liqueurs à discrétion...

Agnès Chassard se renfrogna:

—Encore des dépenses inutiles! Comme si ce n'était pas assez de dévorer son saint-frusquin soi-même, sans le faire entamer par des étrangers!...

—La mère, répliqua Joseph sérieusement, les dépenses que je conseille ne sont jamais inutiles.

Il poursuivit en clignant de la prunelle, suivant son tic habituel:

—Un parti qui n'est pas à dédaigner, ce gendarme. Lieutenant à trente ans, en passe de devenir capitaine. Appointements copieux, considération à l'avenant, protection du Premier Consul... Le militaire est désintéressé. Je parierais que celui-ci prendrait sans dot une jeune personne qui lui taperait dans la boussole...

Il se leva de table, et s'essuyant la bouche avec sa manche:

—Tope là! Affaire bâclée. On fera les deux noces ensemble.

FIN DE LA PREMIÈRE PARTIE

DEUXIÈME PARTIE

LES ATRIDES DE VILLAGE

———

I

LA GRAND'MESSE

A dire de statistique, Vittel compte un chiffre rond de *treize cent quarante-cinq* habitants. Les *Guides Conty, Joanne* et autres ne mentionneraient pas même son nom, si ce gros bourg—perdu sur les marches grasses et plates des Vosges et de la Haute-Marne—ne s'était avisé, depuis une vingtaine d'années, de devenir une buvette d'eaux minérales.

A l'époque où nous y transportons notre récit, la nouvelle et récente organisation de la France en départements venait d'en faire ce qu'il est demeuré depuis: un modeste chef-lieu de l'arrondissement de Mirecourt.

C'était un beau dimanche ensoleillé et gai,—le surlendemain de la visite de notre officier au juge de paix.

Dès le matin, les cloches avaient carillonné à toutes volées. Elles pouvaient le faire sans craindre d'être fondues pour fournir des canons à la République: la République avait des canons à revendre,—ayant raflé ceux de l'ennemi,— et la paix, signée par le premier consul Bonaparte avec l'Eglise comme avec l'Europe, permettait aux cloches de sonner autre chose que le tocsin.

Le concordat venant de rouvrir les portes des édifices consacrés au culte, la population du bourg assistait chaque dimanche à l'office divin avec un empressement recueilli.

Parmi les fidèles qui, ce jour-là, encombraient la nef campagnarde, vous auriez retrouvé la plupart des personnages de notre drame.

Au banc-d'œuvre, dans le chœur roman, le citoyen Thouvenel, avec les membres de la municipalité, et, à côté de ceux-ci, à la place d'honneur qui leur avait été spontanément offerte, le lieutenant Hattier et sa sœur.

Ç'avait été tout un frémissement dans la foule, lorsque la fille du garde-chasse, qui, d'ordinaire, s'agenouillait devant une messe basse en compagnie de Florence Arnould, avait, sur le deuxième coup de bourdon de la grand'messe, monté les degrés de l'église, appuyée au bras de Philippe.

Jamais elle n'avait paru plus charmante aux yeux émerveillés de «da jeunesse» de l'endroit.

Elle ne possédait pas, pourtant, cette éclatante santé,—vermillonnée et rebondie,—qui ravigote si violemment les galants de village.

Elle était pâle, au contraire, oh! mais pâle comme une *Mater dolorosa*! et ses vêtements de deuil et sa chevelure foncée faisaient un cadre d'ébène à l'ivoire mat de son visage, d'où le sang semblait s'être retiré, et où se reflétait, ainsi qu'en un miroir, une tristesse calme et tout imprégnée d'angéliques résignations... Ses paupières, caves et rougies, dénonçaient qu'elle avait pleuré,—beaucoup pleuré... On pensait:

—C'est l'émotion d'avoir vu revenir son frère!...

Le fils de l'ancien chamboran n'obtenait pas moins de succès dans une autre portion de l'assistance.

Avec son uniforme flambant neuf,—habit bleu de roi à retroussis, parements et revers écarlate,—un revers ouvert en *chevron* sur une veste de peau de daim pareille à la culotte collante; avec ses épaulettes d'argent, ses aiguillettes s'enroulant autour de son bras musculeux et choquant leurs ferrets sur sa poitrine puissante; son tricorne planté *en colonne*, son sabre à fourreau de fer et à poignée d'acier, ce sympathique soldat constituait la personnification même de ces héroïques armées dans les rangs desquelles l'honneur de la nation s'était réfugié aux jours sanglants de la Révolution.

Aussi, coups d'œil et coups de chapeau pleuvaient-ils sur lui de toutes parts. Le lieutenant répondait aux saluts des hommes et aux admirations des femmes avec cette expression de satisfaction franche que donne la gloire bravement gagnée. Par moments, cependant, cette expression s'effaçait sous un rapide nuage de préoccupations.

D'abord, l'état de prostration dont sa sœur n'était sortie que pour vaquer à ses devoirs religieux, causait à notre ami de sérieuses inquiétudes.

Puis, il avait fait buisson creux,—la veille et l'avant-veille,—dans ses recherches.

A partir de Mirecourt, impossible de relever une trace de Gaston des Armoises.

En vain, notre coureur de piste avait-il interrogé la route pouce par pouce et, maison par maison, les habitants des villages espacés le long de cette route. En vain avait-il battu les vignes, les champs, les bois environnants. Bois, champs et vignes ne lui avaient fourni aucun indice. La route était restée muette. Et les paysans avaient opposé à ses questions une fin de non-recevoir absolue ou toute sorte de phrases évasives. Ceux-ci n'avaient pas «aperçu le bout du nez» du voyageur dont il était question. L'orage grondait. Ils s'étaient couchés avec les poules,—les portes et les vitres closes. Ceux-là avaient hoché la tête, fait semblant de réfléchir et répliqué en rechignant:

—Pardine! on comprend ben ce que parler veut dire. Vous nous demandez si nous avons entendu un cheval galoper sur le chemin...

—Oui, eh bien?...

—Peut-être oui... Peut-être non... C'est possible, comme ça ne l'est pas...

Nul moyen d'en tirer davantage; la franc-maçonnerie du silence organisée par la peur! Songez si le bouillant gendarme avait juré tous les *sacrodioux* de Murat!

Toutefois son mécontentement intérieur n'empêchait point les dames de le remarquer. Sa moustache touffue donnait des distractions aux fillettes. Les bourgeoises lorgnaient en tapinois sa martiale figure. Quant aux commères de seconde catégorie, Catinette la blanchisseuse,—qui avait été fréquentée, pour le mauvais motif, par le brigadier Jolibois et par plusieurs de ses subalternes,—avait résumé leur opinion en ces termes:

—Il y a des jolis cœurs dans la gendarmerie; celui-ci est le coq.

Seule, Marianne Arnould n'était pas de l'avis général:

—Ce traîneur de sabre, pensait-elle, ne me chausse que tout juste. C'est trop crânement établi. Faudrait une fameuse poigne pour vous le faire tourner.

De son côté, quand les éperons du lieutenant avaient sonné sur les dalles de l'église, François Arnould avait poussé du coude son frère Sébastien et lui avait dit à voix basse:

—Un mâtin qu'il ne ferait pas bon caresser à rebrousse poil!...

—Va bien, avait riposté l'autre. C'est l'affaire de notre aîné: qu'il s'arrange pour le museler.

Mais leur aîné ne s'occupait guère du lieutenant Hattier.

Denise venait de s'asseoir.

Son doux visage apparaissait, suppliant et pieux,—et sa prunelle éteinte se rallumait à l'ardeur de sa prière.

Joseph regardait Denise. Auprès de lui, la Benjamine s'humiliait, s'absorbait dans une fervente oraison. Car ils étaient tous là, les gens du *Coq-en-Pâte*, tenant fort décemment leur rang dans leurs stalles de bois noirci. Tous,—excepté Agnès Chassard.

Celle-ci se plaignait assez bruyamment de ne pouvoir «faire sa religion» à son aise,—obligée qu'elle était de garder le logis pour attendre les voyageurs,—et elle entendait que ses enfants *pratiquassent*. Cela donne un excellent vernis à une famille. Puis, la veuve profitait du temps que la sienne passait aux offices dominicaux pour descendre à sa cachette et se mirer dans son trésor.

. . . .

—Pour les pauvres, s'il vous plaît?

C'était Denise qui quêtait: le curé Brossard l'avait priée de se charger de cette besogne de charité.

Elle allait de banc en banc, tendant aux fidèles la bourse de velours, au fond de laquelle son frère Philippe avait, dès l'abord, déposé un beau louis de vingt-quatre livres, et s'efforçant de sourire à ceux qui lui remettaient leur offrande.

Lorsque l'aumônière fut présentée à Joseph, celui-ci tira de la poche de son gilet un écu de six francs, évidemment préparé pour des largesses préméditées,—car cet écu était fort promptement empapilloté de papier... Puis, se penchant vers la fille du garde-chasse, il répéta tout haut après elle:

—Pour les pauvres.

Ensuite, si bas que Denise seule put l'entendre:

—*Pour vous. Dans votre intérêt. Lisez.*

Et d'un coup d'œil significatif, il désignait le papier qui enveloppait son offrande...

La place de l'aîné des Arnould s'adossait à l'un des gros piliers ronds qui séparent les trois nefs de l'église, et la chaire,—en Lorraine, la *prêche,*—la couvrait d'ombre en partie. Personne ne surprit le mouvement des lèvres de l'hôtelier. Personne ne remarqua la surprise qui se peignit sur la figure de Denise...

Cependant, le suisse,—qui la précédait,—s'était remis en marche et frappait le pavé en cadence de sa canne et de sa hallebarde...

La quêteuse le suivit et continua sa promenade...

Le résultat de la collecte fut abondant et lucratif. Pour le verser, ce résultat, entre les mains de l'abbé Brossard, la jeune fille entra à la sacristie et s'y trouva seule un moment: le prêtre officiait à l'autel et le suisse était allé reprendre son poste dans le chœur. Elle se demanda alors—non sans quelque appréhension—ce que l'aubergiste avait voulu dire. Parmi les pièces de monnaie qui remplissaient la bourse jusqu'aux bords, celle donnée par Joseph Arnould était facile à reconnaître à son enveloppe.

Le regard de Denise s'attacha sur cette enveloppe comme s'il eût obéi à une irrésistible fascination. Ses doigts—conduits par la curiosité—déplièrent brusquement le papier. Ses yeux avides dévorèrent les deux ou trois lignes qui le rayaient...

—Mon Dieu! mon Dieu! mon Dieu! redit la pauvre fille...

Et le secours d'un tabouret,—qui se trouva à sa portée,—l'empêcha seule de tomber à la renverse...

Voici ce qu'elle venait de lire:

«On sait votre secret,—mais on le gardera.

»On a des nouvelles de Valincourt,—et l'on vous en portera.

»On profitera—demain—du moment où votre frère s'absentera du pavillon du garde pour se promener dans le parc derrière ce pavillon.»

II

FORUM RUSTIQUE

Cependant, à l'issue de la messe, la population vitteloise était descendue, selon son usage, de l'église située à la pointe du bourg vers la place qui s'étend sur les deux rives du Petit-Vair.

Cette place, dont aucune figure géométrique ne saurait définir nettement les contours, est encore aujourd'hui à peu près ce qu'elle était en l'an XII de la République,—avec cette différence, que la modeste *Maison commune*, à l'auvent en saillie et au pignon si cher à nos aïeux, y a été remplacée par un *Hôtel-de-Ville* en façon de halle, non moins banal que prétentieux, et que, dans l'angle où s'ouvrent maintenant les bureaux du *Comptoir d'escompte*, bruissait alors un cabaret à l'enseigne du *Grand-Vainqueur*.

Ce *Grand-Vainqueur*, qu'un tableau de deux pieds carrés,—accroché au-dessus de la porte en compagnie du bouquet de houx traditionnel,—représentait campé sur un superbe cheval blanc, l'épée au poing, vêtu d'un habit galonné et coiffé d'un chapeau à plumes, avait été, au temps de la ci-devant monarchie, le «bon roi» Stanislas Leckzinski,—bienfaiteur de la province pour S. M. Louis XV, son gendre,—puis, après la Fédération, l'illustre citoyen marquis de Lafayette, commandant supérieur des gardes nationales.

C'était, pour le moment, le premier consul Bonaparte.

Le *Grand-Vainqueur* a disparu au début du second empire.

En 1803, l'espace vide et irrégulier qui s'allongeait devant le cabaret, formait *la place* proprement dite. Elle n'avait pas d'autre étiquette.

Des ruelles torses y dégorgent comme des goulots, et le Petit-Vair la coupe d'une ravine à pic au fond de laquelle ses eaux glauques dorment sous un rideau de moisissures aquatiques. Plusieurs ponts relient, à présent, les deux lèvres de cette entaille. La route des Armoises y aboutissait par une pente assez raide et s'y abouchait avec celles de Neufchâteau et de Mirecourt.

Pendant la semaine, vous n'auriez certainement rencontré sur ce terrain vague et négativement entretenu que des poules picorant à l'aventure et des enfants, des oies, des porcs et des canards se vautrant dans la boue ou s'ébrouant dans la poussière.

Le dimanche, par exemple, à la sortie de la messe, le bourg entier y affluait.

Il était rare que, ce jour-là, la place de Vittel n'eût pas ses *attractions* de passage: marchand d'orviétan débitant ses poudres, ses onguents et ses élixirs du haut d'un carrosse; charlatan extirpant les canines, les incisives et les molaires avec accompagnement de clarinette; hercule du nord, jongleur indien, prince caraïbe, avaleur de sabres, ou,—mieux encore,—chanteur costumé en marquis et rossignolant l'ariette à la mode ou le vaudeville satirique.

Or, le jour où nous y transportons le lecteur, un de ces Ellevious nomades venait justement de s'installer sur l'*agora* vitteloise.

Juché sur une chaise au dossier de laquelle était vissé un vaste parapluie de cotonnade rouge, il s'ingéniait à frotter à tour de bras les cordes d'un stradivarius d'occasion...

Hélas! il raclait dans le vide! Ni la ritournelle de son crincrin, ni le tire-l'œil de son riflard, ni les broderies de son splendide habit *tabac d'Espagne*, ni les dentelles de son jabot, ni sa frisure *en coup de vent*, ni le choix galant et sentimental des morceaux de son répertoire n'avaient le pouvoir de lui amener des auditeurs. Personne ne s'occupait de lui.

Personne ne s'occupait davantage du *pitre* à crinière d'étoupes, à carmagnole orange, à culotte de nankin, à bas chinés moulant une jambe d'échassier, qui, debout et grimaçant près de la chaise de son maître, accompagnait ce dernier sur un violon de fantaisie fabriqué d'un boyau tendu sur une vessie et caressé, en guise d'archet, par une trique.

Ni les roulades du chanteur, ni les contorsions du paillasse n'attiraient le moindre public.

Ce public était ailleurs.

Il faisait cortège à un couple qui traversait la place en venant de l'église: à Philippe Hattier donnant le bras à sa sœur. C'était à qui s'approcherait du lieutenant, à qui lui toucherait la main, à qui échangerait quelques paroles avec lui...

On entourait notre officier, on le complimentait, on l'acclamait...

Chacun l'invitait à partager un cruchon de bière et une douzaine d'échaudés; chacun lui offrait sa maison pour se reposer et se rafraîchir; chacun tentait de le retenir à dîner, goûter ou souper...

Quant à la partie féminine de la population de Vittel, elle jalousait Denise d'avoir un pareil cavalier...

Hélas! la pauvre Denise, ne pensait guère à faire la fière. La lecture du billet de Joseph Arnould avait porté le dernier coup à son cœur meurtri, à sa tête affaiblie par tant de chocs...

Son secret ne lui appartenait plus. Quelqu'un venait de lui parler de Valincourt. De Valincourt, d'où,—si elle en croyait la lettre des métayers à qui il était confié,—son fils était parti depuis près de quinze jours, sous la conduite du colporteur Anthime Jovard. Qu'était-il advenu de l'enfant et de son compagnon? C'est ce qu'elle se demandait avec une persistance qui atteignait à la folie.

Afin d'avoir une certitude, elle avait profité du premier moment où son frère s'était absenté des Armoises, pour écrire aux parents nourriciers du petit Georges. Mais les nouvelles qu'elle attendait mettaient du temps à arriver. Et voilà qu'un étranger proposait de lui en donner le lendemain. Quelles pouvaient être ces nouvelles? Quelles étaient les intentions de cet homme? Par quel moyen avait-il surpris le secret qu'il prétendait connaître? De quelle façon en userait-il?...

La raison de Denise achevait de s'y perdre...

Dans tous les cas, encore qu'il protestât de sa discrétion, la fille du garde-chasse devinait un ennemi dans l'hôtelier du *Coq-en-Pâte*...

Aussi, quand celui-ci,—accompagné de François et de Sébastien,—fit son entrée dans la masse pour parvenir jusqu'à Philippe et lui adresser la parole, une terreur immense, indicible, poignante, s'abattit sur la malheureuse. Elle se sentit défaillir. Elle porta une main à sa gorge, et, de l'autre, pour ne pas tomber, se retint à l'épaule du lieutenant...

Celui-ci, tout occupé à rendre politesses pour politesses à ses compatriotes, ne s'était point aperçu de l'état de la jeune femme. A ce mouvement de détresse, il se retourna vivement et questionna effrayé:

—Qu'est-ce donc et qu'as-tu, ma chérie?

—Oui, qu'avez-vous donc, citoyenne? répéta Joseph Arnould avec sollicitude. Vous ne paraissez pas à votre aise...

Denise ne répondit pas. Elle chancela. Un soupir mourut sur ses lèvres. Elle tournoya sur elle-même et se renversa en arrière. Philippe la reçut dans ses bras...

Des cris s'élevèrent de toutes parts.

Le tumulte était à son comble. On se poussait, on se bousculait, on formait, autour de la jeune fille évanouie, un cercle qui allait se rétrécissant de plus en plus, et qui menaçait de l'étouffer contre son frère. Celui-ci l'enleva comme une plume.

—Allons, écartez-vous, sacrodioux! commanda-t-il d'un ton qui ne souffrait pas de réplique.

On se rangea. Il put passer. Mais la foule le suivit, grondant ses commentaires, jusqu'au banc sur lequel il déposa Denise devant la porte du cabaret du *Grand-Vainqueur*.

Le citoyen Huguenin, médecin de l'endroit, causait, au bout du pont, avec le juge de paix Thouvenel et Me Grandidier, le notaire. Ce fut Florence Arnould qui, haletante, effarée, éperdue, l'informa de ce qui se passait. Il accourut et examina la malade:

—Ce ne sera rien, déclara-t-il. Une syncope pure et simple, déterminée par la chaleur...

A ce moment, Marianne Arnould apportait un verre d'eau sur une assiette.

Le docteur reprit:

—C'est de l'air qu'il lui faut avant tout. Voyons, les enfants, circulez. Il s'agit de dégager la porte.

Philippe, agenouillé aux pieds de sa sœur, ajouta d'un ton suppliant:

—Mes amis, je vous en prie.

On obéit: le cercle se désagrégea, pour aller stationner plus loin en grappes attentives et babillardes.

Denise était revenue à elle. Sa tête reposait sur l'épaule de Florence assise à son côté. Son frère, debout, la regardait avec une tendresse mêlée d'inquiétude:

—Sacrodioux! murmurait-il en s'épongeant le front à tour de bras, pour une souleur, c'est une souleur. J'en tremble encore des quatre membres.

Denise lui tendit la main:

—Philippe, mon bon Philippe!...

Le brave garçon continua:

—Aussi bien, c'est ma faute... Tu étais si souffrante... J'aurais dû te forcer de rester à la maison.

Le juge de paix et le notaire étaient accourus avec le médecin.

—Vous sentez-vous mieux, mon enfant? demanda le premier avec sollicitude.

La malade le remercia du geste; puis, au citoyen Huguenin:

—Docteur, je suis faible,—bien faible...

—Je crois, opina le notaire, que la chère demoiselle agirait sagement en se coulant entre deux draps...

—C'est mon avis, appuya le médecin; mais le moyen de retourner chez elle, à pied, dans cet état de lassitude et d'abattement?...

—S'il vous plaît, proposa, en approchant, l'aîné des Arnould, qui, jusque-là, s'était tenu à l'écart avec ses deux cadets et Marianne, s'il vous plaît, on attellera Cabri, notre bidet, à la carriole et on voiturera doucement la citoyenne aux Armoises, où la Benjamine l'accompagnera, pour la soigner, si besoin est...

—C'est cela, s'exclama François, et c'est moi qui les conduirai...

—Pourquoi toi plutôt que moi? se récria Sébastien. En voilà une façon d'arranger les affaires!

—Ne nous disputons point, interompit Joseph, c'est Marianne qui se chargera de convoyer les deux poulettes. Nous trois, nous demeurerons ici pour trinquer avec le lieutenant,—si, toutefois, celui-ci accepte.

—De grand cœur, mon camarade, fit joyeusement Philippe. J'aurais mauvaise grâce à refuser, quand vous venez d'ajouter un nouveau service sur la pancarte de ce que je vous dois...

—Bah! ça ne vaut pas la peine qu'on en parle. Trop heureux de vous obliger. Vous nous rendrez la pareille à l'occasion...

Et s'adressant à la grande fille:

—Tu as entendu, n'est-ce pas? poursuivit l'aubergiste. Va mettre le cheval à la voiture, et amène-les ici le plus vite possible.

La virago avait écouté tout ce qui précède avec distraction...

Aux derniers mots de son aîné, une lueur s'alluma sous ses paupières somnolentes,—une de ces lueurs jaunes et électriques comme en a la prunelle du chat qui aperçoit enfin la souris qu'il guette.

Sans répondre, elle s'éloigna rapidement dans la direction du *Coq-en-Pâte*. En marchant, elle réfléchissait. Son pas se ralentissait peu à peu:

—Cabri n'a pas eu, ce matin, son picotin, murmura-t-elle.

Et elle pensait que rien ne coûterait à la bête affamée et indisciplinée pour revenir à l'écurie, si, par hasard, la nourriture lui manquait, qu'elle était habituée à recevoir de sa main...

Nous avons indiqué que le Petit-Vair prend la place en écharpe. En traversant le pont qui l'enjambe, Marianne Arnould mesura d'un regard furtif la hauteur de la berge et la profondeur du courant. Puis, elle se dit en doublant le pas:

—Toutes les deux! Allons! C'est le diable qui me les livre!

III

CABRI

Il était approchant midi.

Denise et la Benjamine venaient de partir pour les Armoises, installées sur le siège de derrière d'un léger char-à-bancs dont Marianne occupait le devant, les guides et le fouet au poing, modérant ou activant, selon que le besoin était, l'ardeur à tous crins de Cabri,—le bidet que nous avons vu brûler d'un pas alerte la route de Charmes à Vittel, au commencement de ce récit.

Cheval, véhicule et jeunes filles avaient disparu au tournant de la montée que gravissait, pour sortir du bourg, le chemin du hameau et du château.

Sous la banne du *Grand-Vainqueur*, les tables étaient encombrées de buveurs.

Ici encore, Philippe Hattier ne cessait de confisquer l'attention à son profit.

Assis au milieu d'un groupe composé des trois frères Arnould, du juge de paix, du notaire, du médecin et de quelques autres notables, il avait entrepris—sur la prière de ces derniers—de raconter cette bataille de Marengo où son général Bonaparte avait achevé de «pulvériser» les *habits blancs*.

Il en était à énumérer les résultats de la victoire: les quatre mille cinq cents impériaux tués, les six mille prisonniers, les douze drapeaux enlevés, les trente pièces d'artillerie conquises...

Dans la chaleur de son débit et sous l'empire de ce triomphe oratoire, vous auriez juré qu'il avait oublié ceux qui lui tenaient tant au cœur: sa sœur Denise et le marquis Gaston. Il n'en était rien cependant. En effet, quelqu'un ayant demandé:

—Que diable le brigadier Jolibois peut-il avoir de si pressé qui le talonne, pour traverser la place ainsi trottin-trottant?

Le lieutenant interrompit immédiatement sa narration pour se lever et pour héler.

—Holà! hé! camarade, si c'est moi que vous cherchez, par ici! me voilà!

Le gendarme débouchait par la route de Mirecourt et allait prendre celle des Armoises. A l'appel de l'officier, il fit volter sa monture et la dirigea vers le cabaret. Puis, sans quitter la selle et la main au chapeau:

—Superlativement parlant, enchanté de vous rencontrer, mon lieutenant, dans le but officiel, instantané et péremptoire de vous intercaler la missive épistolaire, ci-incluse dans ma *botte* aux lettres, à votre adresse et sans retard...

Il tira de sa botte à l'écuyère une dépêche qu'il présenta à Philippe:

—De l'autorité judiciaire—dont on sollicite la réponse incontinente, verbale ou autre—administrativement parlant...

Le lieutenant fit sauter le cachet de l'enveloppe et prit rapidement connaissance de ce qu'elle contenait. Ensuite, se tournant vers ses compagnons de table:

—Compères, le service avant tout. Nous reprendrons, un de ces jours, la suite de mes racontaines, si tant est que vous y preniez goût. Pour le moment, j'ai besoin de me recorder avec le citoyen Thouvenel.

Celui-ci s'avança aussitôt:

—A votre disposition, mon cher Hattier.

Tous deux sortirent du cabaret et se promenèrent sur la place en causant à voix basse. Sébastien et François Arnould s'interrogeaient réciproquement d'un regard où perçait une vague inquiétude. Leur aîné interpella tranquillement Jolibois:

—Le brigadier ne refusera peut-être pas de se rafraîchir?

Riche-en-Bec dandina sur sa selle.

—Il est notoire, répondit-il, authentique et présupposable que je ne serais point fâché de me gargariser le canon de fusil avec un breuvage vinicole, modéré et facultatif, au choix du bourgeois qui régale.

Joseph remplit un verre, s'approcha du cavalier, et, d'un air d'intelligence:

—Vous venez pour la grande affaire, hein?

—Quelle affaire, nonobstant, citoyen aubergiste?

—L'affaire du marquis des Armoises sans doute... A-t-on appris ce qu'il est devenu, ou a-t-on découvert la trace des bandits qui l'ont mis à mal?...

Le gendarme secoua la tête:

—Je ne le présume point en mon for intérieur, vu que dans ce *tralala* majeur, inattendu et solennel, toutes les brigades du canton seraient sur pied—et *ibidem*, toute la *jugerie*: présidents, substituts, greffiers, jusqu'au dernier des cracheurs d'encre, gratte-papier et porte-plume...

—Eh bien?....

—Eh bien, mes hommes sont paisiblement à la caserne, à jouir des plaisirs inhérents au repos férié, dominical et hebdomadaire: jeu de drogue, cent de piquet, épouses légitimes et boissons variées,—sans compter, bouchonner Coco, astiquer le fourniment et veiller au maintien de l'ordre public...

—Vraiment?

—Pour ce qui est des citoyens de Bernécourt et Pommier, je les ai laissés tous les deux,—celui-ci, ce matin à Mirecourt, et celui-là, hier soir à Epinal,—en train de paperasser dans leur cabinet, où j'ai tous les jours le plaisir quotidien et réglementaire de leur communiquer le rapport de ce qui s'est passé dans mes juridiction, circonscription et dépendances...

Riche-en-Bec reprit haleine comme un plongeur qui sort de l'eau. Puis, élevant son verre:

—Ceci n'est pas tant histoire de me rincer la cornemuse que pour avoir l'honneur de vous saluer, bourgeois...

—A votre santé, brigadier. Voulez-vous redoubler? Que diable! on ne voyage pas sur une jambe...

—Tout de même: le liquide n'est pas intempestif pendant ces sacrées canicules de thermidor,—autrement dit juillet,—vieux style...

Il *redoubla*. L'aîné des Arnould poursuivit:

—Ainsi, vous pensez, camarade?...

—Je pense qu'on empoignera les brigands,—tôt ou tard,—dans un avenir subséquent, postérieur et indubitable... Mais, pour le présent actuel, ce n'est pas de cet atout-là qu'il retourne...

—Ah!

—Il est question, tout simplement, d'extirper de l'hospice du chef-lieu et de rapatrier dans son pays local, indigène et natif, un malade, impotent, aliéné ou infirme dans une voiture fermée, hermétique et sous bonne garde, à cette fin d'éviter qu'il s'échappe en chemin pour se livrer à des lubies fantasques et répréhensibles...

Le brigadier allait—probablement—en dévider plus long...

Mais, soudain, se redressant et rassemblant les rênes:

—Minute! attention! veille au grain! Voici mon supérieur qui *rapplique* de ce côté. Ouvrons l'œil et prenons l'attitude hiérarchique, subordonnée et militaire.

Philippe s'en revenait, en effet, vers Jolibois, dit *Riche-en-Bec*. Il semblait réfléchir en marchant. Mais rien ne trahissait à l'extérieur la nature de ses réflexions.

Joseph Arnould s'en fut se rasseoir près de ses frères.

—Ce n'était qu'une fausse alerte, leur murmura-t-il à l'oreille. Mais tenez-vous ferme, pour Dieu! Avez-vous donc envie de vous faire arrêter sur la mine?

Après avoir quitté le lieutenant, le citoyen Thouvenel avait appelé le médecin d'un signe et paraissait continuer avec ce dernier la conversation entamée avec le frère de Denise.

La place se repeuplait peu à peu. Avant que l'*Angelus* de midi ne sonnât le coup du dîner, l'on avait encore le loisir de tailler une bavette, de débattre un marché, d'échanger les nouvelles, d'ébaucher une partie et de lamper une rasade. On affluait au jeu de quilles. Déjà s'échangeait entre les parieurs le défi sacramentel: *Deux sous pas deux!* abréviation de la phrase: *Gageons deux sous que tu n'abattras pas deux quilles!* Et le chanteur et son pître vociféraient à qui mieux mieux leurs refrains populaires.

Hélas! il était fatalement décidé qu'en ce jour bourré d'incidents, ces deux artistes perdraient et leur temps et leur peine!...

Comme l'on finissait par s'amasser autour de leurs pasquinades, une grande clameur de détresse tomba au milieu de l'attroupement, du sommet de la côte qu'escaladait la route de Vittel aux Armoises...

Cette clameur était poussée par ceux des habitants qui regagnaient les maisons étagées le long de cette côte...

Elle fut répétée presque instantanément par tout ce qui circulait sur la place...

Philippe Hattier, devant le cabaret, le coude appuyé sur le garrot de la monture de Jolibois, donnait au brigadier des instructions que celui-ci écoutait, penché vers son chef...

Tous deux levèrent la tête au bruit...

Un cri d'angoisse terrible jaillit de la poitrine du lieutenant.

Cabri, le bidet des aubergistes du *Coq-en-Pâte*, descendait comme un tourbillon la rampe en pente courbe qui,—nous l'avons indiqué,—aboutissait au pont et, partant, à la rivière.

L'animal dévorait l'espace,—les yeux en flammes, les naseaux grand ouverts, la crinière hérissée...

Derrière lui, la frêle voiture qu'il emportait dans son élan vertigineux rebondissait comme un volant sur les inégalités du terrain.

Dans cette voiture, il y avait deux jeunes filles enlacées: Denise et Florence! Marianne n'était plus sur le siège du devant. La Benjamine, expirante d'effroi, se tenait pelotonnée contre son amie,—comme, dans un péril suprême, un enfant s'accroche à sa mère. Son visage se cachait dans le sein de la sœur de Philippe. Celle-ci l'enveloppait de ses bras. Le front haut, l'œil intrépide, une légère rougeur aux joues, elle regardait—sans faiblir—l'endroit où toutes les douleurs de la vie devaient infailliblement finir pour elle...

Cet endroit, c'était le Petit-Vair coulant au bas de sa berge en arête vive. Pour s'emmancher dans le pont étroit, la route,—qui déclinait de la côte, en passant à trente ou quarante mètres du seuil du *Grand-Vainqueur*, s'infléchissait d'une façon assez prononcée...

Or, Cabri, affolé, piquait droit devant lui...

Et devant lui, nous le répétons, la rivière s'encaissait dans la ravine profonde. Cheval, voiture et jeunes filles couraient vers ce véritable gouffre. Que si, d'aventure, l'animal faisait un coude pour enfiler le pont, le danger ne devenait pas moindre. A chaque bout de ce pont—qui avait juste en largeur la voie d'une charrette ordinaire,—se dressaient deux énormes bornes qui en rétrécissaient encore l'abord. Le véhicule se briserait sûrement contre l'une ou l'autre de ces masses de pierre. Ou bien il *accrocherait*,—comme on dit,— et verserait par-dessus le parapet...

Partout, c'était la mort certaine!...

Il y a des cascades d'événements si rapides que la plume n'en peut rendre la prestigieuse soudaineté: il ne fallut pas dix secondes pour accomplir ce que nous aurons peine,—moi, à tracer en un quart d'heure,—vous, à lire en deux minutes...

Sur la place, la foule s'était écartée avec précipitation pour ne pas être trouée et broyée par cette trombe roulante. Les femmes se voilaient le visage de leurs mains pour ne pas voir la catastrophe imminente. Les hommes entrecroisaient des exclamations éperdues. Mais personne ne bougeait...

Et c'eût été, du reste, une folie de se jeter en travers de ce malheur qui volait comme la tempête...

A leur table, François et Sébastien Arnould semblaient pétrifiés par l'épouvante. Joseph s'était levé. Sa gorge laissa échapper un râle rauque. Il fit mine de se précipiter. Un regard du lieutenant le cloua au sol...

Dans les fontes de la selle du brigadier Jolibois il y avait des pistolets. Philippe Hattier en saisit un et s'assura—d'un coup d'œil—qu'il était chargé et amorcé. Ensuite, d'un geste, il balaya les groupes qui papillonnaient entre lui et le char à bancs...

Celui-ci arrivait en face du cabaret,—lancé comme un quartier de roc qui tomberait du haut d'une montagne.

La fille du garde-chasse avait fermé les yeux. Non point qu'elle eût peur de voir le vide dans lequel elle allait s'abîmer. Mais elle redoutait d'apercevoir son frère,—son frère qu'elle savait là,—son frère qu'elle connaissait capable de se faire écraser sous les roues de la voiture pour l'arracher au sort affreux auquel elle s'était résignée. Ses lèvres, qui avaient terminé leur prière, murmuraient maintenant deux noms:

—Georges!... Gaston!...

Le cheval et la voiture arrivaient à la berge.

Soudain un éclair s'alluma dans la main du lieutenant.

Un coup de feu retentit.

Cabri manqua des quatre fers et s'abattit foudroyé.

On était accouru de toutes parts. On avait enlevé les jeunes filles du véhicule disloqué par la violence du temps d'arrêt. On achevait de dételer le bidet qu'une balle dans la tête avait tué raide.

L'officier, qui avait jeté son arme, serrait sa sœur entre ses bras.

Florence, assise sur la chaise du chanteur en plein vent,—que celui-ci s'était empressé d'approcher,—recevait les soins du docteur Huguenin. Les trois frères s'agitaient bruyamment autour d'elle.

Comme le lieutenant pressait Denise sur sa poitrine et la couvrait de baisers frénétiques, celle-ci demanda:

—Et Florence?...

—Elle est saine et sauve. Rassure-toi. La pauvre enfant a eu plus de peur que de mal.

En faisant cette réponse, Philippe cherchait du regard la fillette, que, dans son égoïsme fraternel, il avait presque totalement oubliée. La Benjamine semblait endormie. Dans le choc qui l'avait renversée, ainsi que sa compagne, au fond de la voiture, sa coiffe de mousseline s'était détachée,—et ses cheveux d'or ruisselaient de ses tempes sur ses épaules et de ses épaules le long de son buste aux contours gracieux, chastes et juvéniles.

Jusqu'alors, le lieutenant n'avait accordé qu'une attention restreinte à la petite amie de sa sœur. A cette heure, avec les lignes pures de son corps brisées par la faiblesse et ses deux blanches mains pendant sur ses genoux, elle lui paraissait aussi belle que Denise, dans un style tout différent.

Comme il l'examinait avec un intérêt étrange et dont il ne se rendait pas bien compte à lui-même, Florence ouvrit ses grands yeux, bleus comme l'azur profond du ciel d'été qui s'étendait au-dessus de cette scène. Ces yeux se ranimèrent pour faire le tour de l'assistance et s'arrêtèrent sur l'officier,— sollicités par ce magnétisme invincible qui force souvent à correspondre les regards comme les cœurs. Et sa voix faible balbutia:

—Merci!

—La crise est passée, dit le docteur.

Denise avait quitté son frère pour se suspendre au cou de sa compagne.

Cependant, le citoyen Thouvenel questionnait Florence et Denise sur les causes de l'accident. Les deux jeunes filles répondirent alternativement:

—Je ne sais pas...

—Nous n'avons rien vu...

—J'étais en train de sommeiller...

—Nous venions de tourner le dos au cheval, pour éviter d'avoir le soleil en face...

—Du diable, s'exclama Joseph, si je m'explique cette algarade de Cabri!... C'est vrai qu'il était un peu lunatique, ombrageux et rétif... Mais de là à s'emporter comme une soupe au lait...

—Avec cela, fit Sébastien, que Marianne est la prudence même...

—Et qu'elle manie une voiture mieux qu'un conducteur de patache, corrobora François avec conviction.

—Mais où donc est-elle, Marianne? interrogea le juge de paix. Qu'est-elle devenue, et pourquoi ne se trouvait-elle pas sur le char à bancs avec ses deux compagnes de route?...

Le brigadier Jolibois se chargea de satisfaire à la demande du magistrat. Du haut de sa monture, le gendarme dominait la foule des curieux.

—Tenez, annonça-t-il en étendant la main, voici qu'on la ramène, la citoyenne Arnould, et dans un état lamentable,—consécutivement parlant.

L'attention générale se porta aussitôt sur le point qu'indiquait *Riche-en-Bec*.

Marianne descendait la côte dans un groupe de paysans...

Ses vêtements et son visage étaient couverts de poussière et de sang. Une balafre d'un rouge vif entaillait son front blême. Elle marchait avec peine, et deux de ceux qui l'accompagnaient étaient obligés de la soutenir sous les bras...

Lorsque, de loin, au milieu du cercle que formait le populaire autour des principaux personnages de notre drame, elle aperçut sa jeune sœur et la fille du garde-chasse unies dans une étreinte d'amitié passionnée, elle fit un brusque haut-le-corps; ses paupières battirent, son sourcil se fronça, ses traits se contractèrent, ses dents grincèrent sous ses lèvres convulsivement serrées, et sa physionomie revêtit un effrayant caractère de colère sombre et haineuse...

Mais c'était une Mélusine aux visages multiples. Quand elle eut pénétré à l'intérieur du cercle, tout en elle ne respirait plus que la joie sans bornes de retrouver vivantes celles dont elle croyait les cadavres gisant mutilés au fond du Petit-Vair. Et ses premières paroles furent un énergique élan de reconnaissance envers cette Providence à qui elle devait le salut inespéré de sa chère Florence et de sa non moins chère citoyenne Hattier.

Le docteur ayant voulu la panser:

—Est-ce que c'est la peine? fit-elle. La Benjamine et la Denise n'ont rien de cassé, grâce à Dieu: eh bien, me voilà toute guérie. Une potée d'eau fraîche pour me débarbouiller, des compresses d'eau de sel sur mes égratignures, et demain je pourrai vaquer à mon ouvrage...

Puis, comme on l'assaillait de questions de tous côtés, elle avait expliqué d'une façon brève,—mais claire, nette et souverainement naturelle,—comment les choses s'étaient passées.

En abordant le plateau, qui, du sommet de la montée, s'étendait jusqu'au château, Cabri avait paru inquiet et tourmenté. La grande fille avait alors sauté à bas du véhicule pour s'assurer si quelque partie du harnais n'était point ajustée de manière à le molester...

Mais au moment où, sans défiance, elle lui visitait la ganache, l'animal,—pris d'une sorte de vertige dont elle ne pouvait deviner la cause,—l'avait, d'un furieux coup de tête, envoyée rouler à dix pas...

Le heurt du mors lui avait ouvert le front. Elle était restée sur la route, étourdie et comme assommée. Des gens des Armoises, qui s'en retournaient au hameau, étaient venus la ramasser...

Ces paysans, qui avaient tout vu,—à distance,—complétèrent le récit de la virago: une fois débarrassé de celle-ci, le cheval avait fait brusquement demi-tour. Le soleil, la chaleur l'avaient-ils rendu fou?... Ou avait-il été piqué par un insecte?... Toujours est-il qu'il était reparti,—comme une flèche,—dans la direction de Vittel...

Quand on eut appris à Marianne à quelle extrémité il avait fallu avoir recours pour l'arrêter au moment où il allait précipiter dans le courant le char-à-bancs et les jeunes filles:

—Pauvre Cabri! dit-elle, il a failli causer un grand malheur; mais c'est égal, c'était un brave serviteur.

—Hélas! citoyenne, répliqua Philippe, il n'a pas dépendu de moi de vous le conserver. C'est la nécessité qui a conduit ma balle. Le malheureux bidet, d'ailleurs, n'est déjà pas si à plaindre,—ayant eu une mort de soldat...

Le «brave serviteur» reposait sur la berge,—la tête dans une mare de sang...

L'androgyne s'en fut s'agenouiller auprès de ce corps encore chaud. Elle lui souleva la tête par les naseaux et sembla s'absorber dans un examen attentif de l'endroit frappé par le projectile. Mais il n'y avait pas que de la pitié dans cet examen minutieux...

Une inquiétude réelle s'y dissimulait sous l'abri des paupières rabattues et s'y trahissait dans le tremblement de la main.

Lorsque la grande fille se releva, vous vous seriez imaginé que sa bouche,—qui remuait imperceptiblement—adressait un adieu au malheureux bidet...

Il n'en était rien, cependant. Marianne se posait une question. Elle se demandait—intérieurement—avec surprise, avec stupeur:

—L'épingle n'y est plus. Qui a donc enlevé l'épingle?...

IV

DISSENSIONS INTESTINES

Ce dimanche-là,—fait sans précédent dans ses habitudes réglées à l'instar d'un papier de musique,—Vittel ne se mit guère à table qu'à deux heures de l'après-midi. Mais quoi! elles avaient pris du temps, les différentes péripéties que nous avons essayé de photographier!... Et la population du bourg avait tenu à vider jusqu'à la dernière goutte la coupe des surprises et des émotions.

Adonc, on avait vu l'officier et sa sœur reprendre le chemin du pavillon du garde dans le cabriolet du citoyen Thouvenel,—que celui-ci s'était empressé de leur offrir et que conduisait Dominique, son petit groom à toutes sauces,—tandis que le brigadier Jolibois repartait à franc-étrier dans la direction de Mirecourt.

On avait vu Florence et Marianne Arnould regagner l'auberge maternelle au bras de François et de Sébastien...

On avait vu l'aîné de la maisonnée, Joseph faire charger le cheval mort sur une charrette obligeamment prêtée par Mansuy,—le cabaretier du *Grand-Vainqueur*,—et une douzaine de polissons s'amarrer au char-à-bancs démantibulé pour le ramener dans les remises du *Coq-en-Pâte*...

Quand on avait vu tout cela, et que l'on s'était bien convaincu qu'il n'y avait plus rien à voir,—sinon la place où venaient de se succéder tant de mémorables incidents,—l'appétit et la tradition avaient revendiqué leurs droits, un moment abdiqués...

En conséquence, chacun avait réintégré le logis,—pour manger la soupe, d'abord,—pour apprécier ensuite *les événements* à sa manière...

Au *Coq-en-Pâte*,—où Florence s'était mise au lit, sur la recommandation expresse du docteur Huguenin,—l'on se disputait en famille. L'aîné des fils allait et venait, de long en large, par la cuisine, en jetant à la dérobée des regards irrités et investigateurs sur la grande fille en train de lotionner son front fendu avec un linge imbibé d'eau-de-vie de marc. Soudain, il s'arrêta devant elle, et brusquement:

—A présent, j'aime à croire, trésor, que tu vas nous donner la clef de ta mécanique?...

—Quelle mécanique?...

—Celle que tu as montée pour aguicher Cabri.

Agnès Chassard gémit sous le manteau de la cheminée:

—Une bête qui nous avait coûté cinquante pistoles, et dont l'équarrisseur,—un juif!—ne nous proposera pas tant seulement un petit écu!...

Joseph reprit avec impatience:

—Voyons, bijou, ne jouons pas au plus fin. Aussi bien, l'animal ne s'est pas emballé tout seul...

—Ah çà! demanda l'androgyne, ce n'est donc pas toi qui as retiré l'épingle?...

—L'épingle?...

Ici, François et Sébastien intervinrent bruyamment dans la conversation.

Les deux jumeaux avaient *pinté* copieusement au *Grand-Vainqueur*. Ils avaient bu davantage encore en dînant au retour, à la maison. Partant, ils commençaient à être ivres. Ajoutons que la veuve ayant eu la prudence de renfermer dans le bahut, après en avoir versé deux doigts dans une tasse pour le pansement de sa fille aînée, la dame-jeanne à l'eau-de-vie de marc, leur ivresse se montrait de fort mauvaise humeur. Cette mauvaise humeur éclata en récriminations à l'adresse de Marianne:

—Tonnerre! il s'agit bien d'épingle!... T'imagines-tu, par hasard, que nous avons été dupes de ton écorchure pour la frime?...

—Oui, et de tes jérémiades?...

—De tes *miserere?*...

—De tes singeries?...

La virago haussa les épaules et repartit sèchement:

—Est-ce que c'est pour vous qu'on les faisait, ces singeries? Non, n'est-ce pas? C'était pour les autres, pardi! Alors, puisque les autres s'y sont laissé prendre, qu'est-ce qu'il vous faut de plus?

François frappa du pied:

—N'empêche que tu as manqué de tuer la Denise et la Benjamine...

—Certes, et je m'en repens furieusement...

—Tu t'en repens?

La grande fille accentua:

—Je me repens d'*avoir manqué*...

Puis, d'une voix qui sifflait comme les serpents des Furies:

—Elles m'offusquent, ces péronnelles. La Denise surtout. Oui, je la hais, votre Denise. J'exècre ses menottes effilées, son teint de cire, ses airs de reine. Lorsqu'elle paraît dans un endroit, il n'y en a plus pour personne. Aussi, quand tout à l'heure tout ce tas de nigauds s'est flanqué à plat ventre devant ses défaillances; quand tu m'as forcée, toi, Joseph, de lui apporter un verre d'eau, comme si j'étais sa domestique; quand vous vous êtes disputé l'honneur de lui servir de cocher, et qu'il a été décidé que ce serait moi qui la reconduirais en équipage dans ce pavillon des Armoises qui est à nous et qu'elle nous vole,—oh! ma foi, j'ai pensé que je serais bien sotte de ne pas profiter de l'occasion pour nous délivrer de cette pimbêche et aussi, par le même voyage, de ce petit serpent de Florence, qui nous vendra, un beau matin, à la justice... Maintenant, le gendarme a fait rater mon plan, et je me suis abîmé la figure en pure perte... C'est bon: on lui revaudra ça, à ce grippe-jésus de malheur,—à lui et à sa *chipie* de sœur... Je leur garde à tous deux un chien de ma chienne... Seulement, on attendra que le chien soit grand et qu'il ait des crocs pour mordre...

L'aîné des Arnould, qui avait repris sa promenade, s'arrêta à nouveau:

—Veux-tu que je te donne un bon conseil, ma fille?

—Donne, ricana la virago. Ce sera la première fois de ta vie que tu m'auras fait un cadeau.

Joseph continua placidement:

—Je te le ferai avec d'autant plus de plaisir, qu'il ne me coûtera pas un rouge liard, bébelle...

—Eh bien?...

—Eh bien, garde-toi de toucher au lieutenant et à sa sœur...

François battit des mains:

—Notre aîné a parlé comme saint Jean-Bouche-d'Or,—et si, seulement, maman remettait sur la table la bouteille de brandevin, on boirait volontiers un coup à sa santé...

Et, comme Agnès Chassard ne fit pas mine de bouger, notre ivrogne, tournant sa colère contre Marianne:

—Tu as compris, hein, ma mie?...

—Quoi?...

—La Denise et son frère sont sous notre protection,—et si jamais tu t'avisais...

—Oui, renchérit Sébastien avec un geste menaçant, si jamais tu leur chantais pouille...

L'androgyne demanda résolument:

—Qu'est-ce que vous feriez tous les deux?

François lui montra le poing,—un poing de boxeur anglais et de boucher parisien:

—Je t'assommerais avec ceci.

Et Sébastien, crispant ses doigts, qui étaient comme des tenailles:

—Moi, je t'étranglerais avec ça.

Marianne leur lança un regard de défi:

—Venez-y donc un peu, pour voir!

La virago s'était levée, et le lourd escabeau de chêne sur lequel elle était assise tournoyait déjà comme une massue au bout de son bras nerveux. Ses adversaires cherchaient leur couteau dans leur poche. L'aîné de la famille pensait:

—Si je n'avais pas besoin d'eux, comme je les laisserais s'entre-dévorer!

Cependant, comme Agnès Chassard ne se pressait point de jeter son *quos ego* entre la querelle et la lutte,—absorbée qu'elle était, dans son coin, à calculer ce qu'il faudrait débourser au charron pour la réparation du véhicule endommagé,—Joseph jugea prudent de s'interposer entre les futurs belligérants au moment précis où les hostilités allaient s'ouvrir de part et d'autre.

—Patience donc, mes agneaux! fit-il, nous aurons pleinement le temps de nous détruire réciproquement lorsque nous serons riches et que nous serons sûrs de pouvoir l'être sans danger pour notre peau.

La grande fille et les deux jumeaux furent sans doute de l'avis du pacificateur, car ils se calmèrent aussitôt,—mais non sans grognements et sans protestations sourdes. Marianne maugréa, par exemple, en reposant son escabeau sur le parquet:

—S'il n'y a plus moyen de plaisanter!...

—Oui, ajouta François, qui laissa retomber son eustache au fond de son gousset, s'il n'y a plus moyen de plaisanter, du moment qu'on n'a pas une verrée de liquide pour se dessécher le goulot!...

—Je ne veux plus qu'on plaisante et je ne veux pas qu'on boive, prononça Joseph d'une voix ferme. J'ai à vous causer sérieusement. Il faut m'écouter de sang-froid... *Primo*, d'abord et d'un, apprenez que j'ai mûri ma combinaison de l'autre soir...

—Voyons ça!...

—Et, en la mûrissant, je l'ai modifiée...

—Bah!...

—Modifiée jusqu'à nouvel ordre,—*jusqu'à nouvel ordre*, entendez-vous?— en ce qui concerne la Benjamine et le gendarme...

—Par ainsi, demanda Sébastien, on va les *nettoyer* tout de suite?...

—Pour mon compte, je ne m'y oppose pas, déclara François complaisamment.

—Vous êtes des niais! dit Joseph froidement.

L'androgyne éclata de rire au nez des jumeaux stupéfaits. L'aîné des Arnould se tourna de son côté:

—Toi, l'amour, continua-t-il, je te pardonne ton invention de ce matin. La bonne intention y était...

Supérieurement montée, d'ailleurs, cette mécanique. Pas compliquée. Aucune espèce de rouages compromettants. Simple comme bonjour: le bidet qui s'emporte,—la voiture qui s'en va tout droit à la rivière, les deux particulières fricassées dans la chute, l'écorniflure au front pour la vraisemblance de l'histoire,—et sans le coup de pistolet du lieutenant...

Mais pourquoi as-tu oublié de me consulter auparavant? Suis-je le maître et m'avez-vous donné carte blanche,—oui ou non,—pour mener nos affaires à terme?

Au lieu de cela, tu vas de l'avant; tu obéis à tes rancunes; tu te mets en colère, tu tc venges,—ce qui est le comble de la bêtise, quand la vengeance ne rapporte rien,—et le résultat, le voilà: un cheval de moins à l'écurie et un char-à-bancs en compote!...

—Pourtant, balbutia Marianne, tu nous avais dit, il y a trois jours, à propos de Florence, que si un accident...

—Hé! ce qui était vrai il y a trois jours peut ne l'être plus aujourd'hui. Aujourd'hui, la Benjamine et la Denise sont indispensables à mes projets. Ce sont deux ficelles dans ma main, dont je me servirai pour lier pieds et poings au gendarme...

—Lier pieds et poings au gendarme? répétèrent les jumeaux qui se livraient à des efforts incroyables pour suivre leur aîné dans le développement de ses machinations.

Joseph les considéra avec une compassion méprisante:

—Mes pauvres enfants, m'est avis que vous n'avez pas inventé la poudre... Une supposition que le gendarme entrerait dans notre famille...

Il y eut une exclamation générale d'étonnement...

L'orateur appuya:

—Oui, puisqu'il faut vous mettre les points sur les *i*, supposez que Philippe Hattier devienne doublement notre beau-frère...

—Et comment?...

—Parbleu! en épousant notre plus jeune sœur et en mariant à l'un de nous la sienne,—la belle dentelière...

—Ah çà! s'écria la grande fille, tu ne goguenardais donc pas, dernièrement, en dînant, quand tu nous parlais de deux noces?...

—Je ne goguenarde jamais, répliqua l'aîné des Arnould, quand il s'agit d'assurer ma tête sur mes épaules. Même j'avais songé à toi pour convoler avec ce fringant des fringants. Mais j'ai renoncé à cette idée... Une gaillarde de ton caractère et un luron de son calibre ne valent rien pour le *conjungo*. Vous finiriez par vous avaler tous les deux comme le dogue et le loup que cite la légende. La Florence, au contraire, lui ira comme un gant. C'est friand, gentil, mignonnet. De tous temps, les tambours-majors ont raffolé de ces poulettes... Avez-vous remarqué, compères, de quelle façon notre officier mirait et admirait la minette, lorsque celle-ci, quasi-morte, se raidissait sur la chaise qu'avait approchée ce saltimbanque de la place?...

—Je l'ai remarqué, fit Marianne.

—La Florence, non plus, quand elle les a ouverts, n'a pas mis ses yeux dans sa poche. C'est une fine mouche, quoiqu'elle ne paie pas de mine: elle vous a gratifié le galant cavalier d'un *merci* qui lui a paru plus doux que miel. Ces petites filles à qui l'on donnerait le bon Dieu sans confession, un instant leur en apprend plus dans la science de notre mère Eve, que Catinette la blanchisseuse n'en sait depuis son premier gendarme!...

—Es-tu sûr de ce que tu avances? s'informa la veuve de son coin.

—Allez, la mère, on a de bons yeux: je vous dis que nos tourtereaux s'adorent. L'essentiel est qu'ils ne roucoulent pas trop longtemps. D'ailleurs, votre future bru m'aidera à abréger les bagatelles de la porte...

—Ma future bru?...

—Hé! oui, la sœur de votre futur gendre...

—Tu comptes sur la Denise?...

—Elle est à ma dévotion. A nous deux nous mènerons les choses tambour battant. C'est comme si M. le curé avait publié les bans au prône. Vous pouvez plumer les volailles et commander les violons... A présent, une fois les deux noces célébrées, nous dormons sur toutes nos oreilles... Si jamais le lieutenant découvre le pot-aux-roses, ce n'est pas lui qui conduira à la guillotine toute sa nouvelle famille... Je dis: *toute*,—et l'orateur souligna le mot avec une intention marquée,—parce que la Benjamine serait de la danse, bien entendu. Celle-là, nous ne ferions pas la bêtise de l'innocenter. Elle a vécu avec nous, elle mourrait avec nous... Qui diable prouverait qu'elle n'est pas coupable,—aussi coupable que vous et moi?...

—Sacrédienne! interrompit François avec enthousiasme, tu es un mâle! C'est superbe!...

—Possible, opina Sébastien; mais c'est égal, tu ne nous dis pas qui de nous épousera la dentelière...

—Celui qui lui plaira davantage. Elle choisira.

—Librement?

—Librement.

La grande fille hocha le front:

—Je connais la princesse du pavillon du garde...

—Eh bien?

—Elle vous rebutera tous les trois.

—Voilà où tu te blouses, mon ange, reprit Joseph d'un air narquois. Je me charge de la décider à faire un choix.

—Par quel moyen?

—Bichette, si quelqu'un t'interroge là-dessus, tu lui répondras que tu n'en sais rien.

Ensuite, s'adressant aux jumeaux, l'aîné des Arnould ajouta:

—Ainsi, c'est convenu: on ne se chicanera point après la décision de la fille de l'ancien houzard, et cette décision sera acceptée par les deux d'entre nous qui n'auront pas eu de chance, sans colère comme sans rancune...

Sébastien se pencha à l'oreille de François:

—Pas de bon Dieu! faut qu'il soit diantrement assuré que c'est lui qu'elle choisira.

—Va bien, repartit l'autre avec conviction, il arrivera un moment où on lui réglera son compte. Postérieurement, on s'arrangera à la poigne ou à l'amiable...

Joseph, qui n'eut pas l'air de s'apercevoir de ce colloque, insista:

—Est-ce topé?

Les cadets hésitèrent. Un coup d'œil de Marianne les décida:

—C'est topé, déclarèrent-ils à l'unisson.

Les trois frères se frappèrent dans la main comme des maquignons qui concluent un marché. Puis François hasarda:

—A présent que l'on est d'accord, si l'on buvait un coup, histoire de rire un brin?

Joseph ne releva point la proposition insidieuse.

—J'aurai besoin de vous, ce soir, commanda-t-il du ton d'un général d'armée. François surveillera la route de Neufchâteau et Sébastien celle de Mirecourt. Si l'on remarquait sur l'une ou l'autre un va-et-vient extraordinaire de cavaliers de maréchaussée, on m'avertirait aussitôt. La mère s'établira au chevet de la Benjamine. Marianne ira aux Armoises. Elle s'informera de notre part si la citoyenne Hattier est remise de ses deux assauts de ce matin. Marianne est une fille de ressources. Je ne lui recommande pas d'observer ce qui se passe au pavillon du garde... Vous, mes bibis, en attendant que vous vous mettiez en campagne, allez faire dodo dans le grenier à foin. On vous réveillera quand il sera question de souper. Est-ce entendu?

—C'est entendu.

Les deux cadets se dirigèrent vers la porte de la cuisine qui conduisait à la cour.

—Je vais avec vous, fit la virago. Cette écorchure me cuit tant, que je ne serais pas fâchée de l'endormir en me reposant une heure ou deux.

—C'est cela, filez, mes enfants, reprit leur aîné paternellement. N'ayez ni crainte ni souci et ne faites pas de mauvais rêves: votre frère est derrière vous.

—Hum! grommela l'androgyne en sortant, quand tu es derrière quelqu'un, toi, il n'y a pas de quoi se rassurer: on ne sait jamais si c'est pour donner un coup d'épaule ou un coup de pied.

Puis, poussant devant elle les «bibis» dans la cour:

—En route pour le lit de plume de Beauce! Ce sacré Joseph, c'est le diable. Mais le dicton a fièrement raison: il vaut mieux tuer le diable que d'être tué par lui.

V

NOUVEAUX VISAGES

Le premier et unique étage de la maison du *Grand-Vainqueur*—il n'y avait plus haut que le grenier et le toit—s'écartelait en quatre chambrettes, pourvues chacune d'un lit et de ce mobilier succinct qui fait du mot *garni* la plus cruelle des antiphrases. Avant la Révolution, le cabaretier Mansuy les louait d'ordinaire aux gens des villes voisines que leurs affaires appelaient à l'archidiaconat dont Vittel était le siège, et à qui la modicité de leurs ressources ne permettait pas de *descendre à l'hôtel,*—lisez: au *Coq-en-Pâte,* alors tenu par Jean-Baptiste Arnould. Mais, depuis une douzaine d'années, ces véritables *in-pace* n'avaient plus guère pour locataires que les saltimbanques, les rouliers, les marchands forains et les empiriques de passage dans la localité.

L'une de ces cellules,—celle dont la fenêtre s'ouvrait au-dessus de l'enseigne,—était occupée, pour l'instant, par les deux chanteurs ambulants que nous avons vus, sur la place, lutter avec plus de poumons que de bonheur contre la concurrence du couple Hattier. C'est là que nous les trouverons, le soir même de cette journée dont la matinée avait été le théâtre de si mémorables événements.

Nos bohêmes achevaient de souper. Faisant contre infortune bon cœur et bon visage, ils semblaient supporter gaîment le poids de ce que nous appellerions aujourd'hui leur *four* colossal du matin. Sur la table, en effet, un peloton de bouteilles, vidées avec conscience, s'alignait en face d'une ribambelle de plats non moins soigneusement nettoyés.

Mais, quoi! les recettes se suivent et ne se ressemblent pas. A défaut de celle du jour, celle de la veille avait dû être fructueuse. Car nos convives s'étaient somptueusement traités,—pain blanc, vin cacheté, viandes variées, dessert assorti, nappe et serviettes...

Saisissons, pour les *pourtraicturer* brièvement, le moment où un petit verre de ratafia coopère à leur digestion:

Celui qui paraissait le maître, le «marquis,» était un vieillard guilleret, rose de ton, vert d'allures, robuste et leste malgré l'âge, à qui sa perruque poudrée et son habit de gentilhomme donnaient un air tout à fait respectable.

Il avait la taille droite, la main potelée, le mollet ferme, la voix onctueuse,— le geste moelleux, étoffé, arrondi, théâtral.

Ajoutez le nez bourbonien, la bouche souriante et bien meublée, le teint frais, l'œil vif,—et pour l'ensemble rappelez-vous, à cela près du nez, que l'excellent comédien portait *à la Roxelane*, Samson dans ce rôle de hobereau de *Mademoiselle de la Seiglière* où il se montrait si adorablement *ancien régime*.

Son compagnon et paillasse,—un adolescent maigre et dégingandé,—gardait cette figure glabre et pâlotte qui fait de certains sauvages parisiens une race aussi nettement caractérisée que les Peaux-Rouges d'Amérique ou les Tsiganes d'Europe.

Le premier aspect ne lui était point favorable. On éprouvait un certain malaise à regarder ce masque sec, osseux et coupant, aux joues creuses, aux traits avachis, à la lèvre déjetée, flétrie et précocement cynique. Mais un tel esprit l'animait, que l'on finissait par s'habituer à cette laideur et par n'en plus apercevoir que les saillies originales et comiques. J'entends cet esprit hardi, gouailleur, effronté, trivial, que l'un de nos plus éminents écrivains a personnifié dans Gavroche. Gavroche est de toutes les époques. A toutes les époques, en effet, Paris a eu des ruisseaux, des pavés, de la boue, des vices, de la philosophie, de la misère et de la gaieté. Notre Gavroche arrivait de Paris, où il avait eu des peines de cœur en justice.

Il répondait au nom de Décadi Fructidor. L'autre convive s'appelait Pascal Grison.

Comme ce dernier cherchait dans le gousset de sa veste un objet qu'il se désespérait de n'y pas rencontrer:

—Vous avez égaré quelque chose, patron? demanda narquoisement le pitre.

—Décadi, mon ami, repartit l'interpellé avec humeur, je vous ai déjà recommandé de ne point m'appliquer ce terme de patron, qui empeste son atelier et sa boutique d'une lieue. Nous ne faisons ni du métier, ni du commerce: nous exerçons une profession libérale, dans laquelle l'art s'allie à l'administration,—la nouvelle administration, hélas! celle qui a bouleversé les grandes traditions du siècle précédent. Mais, enfin, ce n'est pas une raison pour me traiter comme si j'aunais du drap ou comme si je carrelais des escarpins... Vous êtes mon élève, et non mon apprenti; je suis votre professeur, et non votre patron... Avez-vous saisi?

—Oui, patron.

—Encore!...

—Pas ma faute. La langue m'a fourché. Je voulais dire: citoyen Grison...

Le «marquis» tressauta sur son siège:

—Hé! non, pas citoyen, bourreau!...

—Comment?...

—Les temps douloureux sont passés où les hommes de qualité étaient obligés de se saluer de cette appellation jacobine...

Le pitre prit une mine ahurie:

—Tiens! tiens! est-ce que nous ne serions plus en république?...

—Hé, mon Dieu, nous y sommes si peu, si peu, si peu, et nous allons, j'espère, cesser si tôt d'y être!...

—*Sacreloche!* patron, la France a donc bigrement d'habits d'Arlequin dans sa garde-robe pour changer de gouvernement plus souvent que moi de chemise?...

Le citoyen Grison continua:

—M. de Buonaparte est un malin. Nous l'avions deviné, Fouché et moi, la veille du *Dix-huit Brumaire*. C'est pour cela qu'il nous tient rancune. Ce qui ne nous empêche pas de lire sans lunettes dans ses cartes. Nous aurons une cour, petit...

Puis, se fouillant derechef:

—Nonobstant, je ne retrouve pas ma tabatière...

—Laquelle, patron?

—Celle dont M. le cardinal de Rohan m'a fait présent pour me remercier de la façon délicate dont j'avais procédé avec lui, lors de la fameuse *Affaire du Collier*...

Il étouffa un soupir:

—Au temps où j'avais l'honneur d'appartenir à l'ancienne administration...

Et se frappant le front:

—Corbiche! est-ce que ces paysans?...

Décadi Fructidor se leva avec dignité:

—Arrêtez, citoyen, et cessez d'outrager une population agricole et stupide! Ces innocents villageois sont incapables de *faire* le mouchoir à un enfant à la mamelle! Est-ce que ceci ne serait pas, par hasard, la bijouterie réclamée?...

Il déposa sur la table une boîte enrichie de brillants.

—Polisson! s'écria le bonhomme. A ton supérieur!... A ton professeur!... A ton bienfaiteur!...

—Avec bonheur, pour rimer en *eur*, patron... Histoire de me dérouiller les ressorts... D'ailleurs, du moment que je restitue, n'y a pas d'offense...

Il mit la main sous sa carmagnole:

—Après tout, si ce n'est pas celle-ci, ce sera peut-être celle-là,—ou cette autre,—ou bien ces autres...

Il exhiba aux regards étonnés du «professeur» une demi-douzaine de tabatières de toutes les formes et de toutes les dimensions:

—Voici celle du juge de paix, celle du notaire, celle du médecin, celle du citoyen maire...

Pascal Grison bondit:

—Vous auriez osé!... A ces fonctionnaires!... Dans un pays que nous sommes appelés à protéger!

—Je le protège en l'explorant jusque dans les poches de ses paisibles habitants... Affaire de m'instruire en voyageant... Maintenant, si, au lieu de vous farcir le *piton* de cette chicorée de Macoubac qui vous le métamorphose en gargouille à roupies, vous préfériez *en bourrer une*...

—Hein?...

—On serait à même de vous offrir une collection de *bouffardes*. Il n'y a que l'embarras du choix. Voilà la pipe turque du lieutenant, les pipes en racine de buis des trois frères du *Coq-en-Pâte*, le brûle-gueule du brigadier...

Le «bienfaiteur» leva les bras au ciel:

—Quand nous sommes envoyés en mission par l'Etat!... Coupable oubli des convenances! Tu mériterais que je te fisse embarquer pour les îles par le plus prochain bâtiment de correction!...

—Ne vous en avisez pas, patron: je trouverais le moyen de chiper le bâtiment en route!... Et toutes chargées les *bouffardes*!... Aimable attention à l'adresse de votre élève et serviteur!

Ce disant, le paillasse extrayait du fourneau des différentes pipes le tabac qu'elles contenaient et le roulait prestement en boule entre ses doigts:

—Pruneau de santé. Parfume l'haleine, blanchit les dents et réconforte l'estomac. Il y a à boire et à manger.

Il inséra le «pruneau» dans sa bouche. L'une de ses joues parut enflée comme par une fluxion subite. Puis, comme son interlocuteur se livrait à une pantomime énergique de dégoût:

—Ah! dame! que voulez-vous, patron? C'est la nouvelle administration...

—Drôle!...

—Si je ne vous écœure pas trop, daignez accepter ce flacon de sels... Dans la bagarre, quand tout le monde se bousculait autour du char-à-bancs, du cheval et des fillettes, je l'ai cueilli avec cet éventail dans le ridicule de l'épouse du juge de paix... J'avais promis à Chiffe, la bien-aimée de mon cœur, de lui rapporter un souvenir de mes pérégrinations... Je vous le demande, va-t-elle *crâner* avec tout ça au bal de la *Nouvelle Paphos*—barrière de la Chopinette,—quand elle sortira de la Salpêtrière!...

Grison le menaça du doigt:

—Je te réintégrerai à Bicêtre, d'où je n'aurais jamais dû te tirer...

Le pitre se campa en rodomont:

—Eh bien? Après? On peut y retourner sans rougir, à Bicêtre, n'y ayant fait de tort à personne!

Ensuite, prenant un ton câlin, caressant et attendri:

—Et puis, qui est-ce qui vous servirait de rabatteur et de limier? Qui est-ce qui regretterait avec vous ce bon temps de la vieille roche où les chats mettaient des mitaines pour attraper les souris? Qui est-ce qui avalerait sept fois par semaine, sans indigestion, le récit de cette fameuse *Affaire du Collier* où vous avez si galamment roulé Mgr de Strasbourg, la ci-devant comtesse de Valois et la citoyenne Oliva!... Vous séparer de moi? Allons donc! Vous n'y songez pas! Est-ce que saint Roch a jamais songé à se débarrasser de son chien, parce que celui-ci était un peu sauvage et saint Antoine à renvoyer à l'endroit où il l'avait pris son fidèle... Décadi Fructidor?

Grison tendit la main à son élève:

—Petit serpent, tu m'entortilles... Mais si Fouché apprenait...

—Connu, Fouché. Un failli merle. Avec ses vilains cheveux aplatis sur son front, sa redingote grise, ses gros souliers lacés et sa figure taillée dans un morceau de gruyère, et si maigre qu'il pourrait boire à un ruisseau sans se mouiller les joues... Le susdit Fouché, qui enrage que le citoyen Savary, ou le citoyen Dubois, ou le citoyen Cochon—un nom à coucher à l'étable—l'ait démoli dans la faveur de Bonaparte, vous a mandé—il y a huit jours—et vous a tenu ce langage:

«—Il existe en province, aux antipodes, dans les Vosges, un lopin de terre où les voyageurs disparaissent comme si on les donnait à six liards le quarteron...

»Or, parmi les bonnets et les chapeaux carrés préposés à cet effet, pas un n'a eu le fil de découvrir ni où, ni par qui, ni comment...

»Le Premier Consul, embêté, vient d'envoyer là-bas, pour percer le mystère, un homme à lui, un brave à trois poils, un ex-sous-officier de sa garde, dont il a fabriqué un lieutenant de gendarmerie. Celui-là fera fausse route... Il cherchera ouvertement, loyalement,—ce qui est le meilleur moyen de ne pas trouver...

»Vous, au contraire, vous pratiquiez le métier bien avant la prise de la Bastille. Vous avez des capacités, vous êtes le coq, l'aigle, le phénix de la rue de Jérusalem,—maître sur maître, maître sur tous... Voici de l'argent et des pouvoirs. Partez du pied gauche, et vivement. N'épargnez ni l'or ni les peines...

»Il s'agit de gagner le gros lot là où tant d'imbéciles ont perdu leur latin...

»Il s'agit de démontrer à mes successeurs que la police de Fouché dégommé est encore mieux faite que la leur...

»Il s'agit de prouver à ce petit Bonaparte que je suis indispensable à sa gloire, au salut de la société et au repos de son futur empire... Si vous réussissez, ce sera votre Marengo,—et je rentrerai au ministère... Si vous échouez, je penserai—tout bonnement—que vous êtes un âne, un *feignant*, un propre-à-rien, un ramolli, un *birbe*!...

»Adieu! Portez-vous bien! Bon voyage!...

»Au cas où vous laisseriez vos os en chemin, comptez sur moi: si vous êtes garçon, je pensionnerai votre veuve...

»Et si vous n'avez pas d'enfants, j'adopterai vos orphelins.»

N'est-ce pas à peu près ainsi, patron, que vous a amadoué le citoyen Fouché? Là-dessus, vous avez fait appel à mes faibles talents... Je ne vous les ai pas marchandés... Nous nous sommes insérés dans une diligence,—et, hier, nous débarquions ici...

—Hélas! gémit Pascal Grison, dans quel piteux accoutrement!...

—Bah! l'habit ne fait pas le paillasse! Vouliez-vous que l'on annonçât à son de caisse que nous descendions dans le canton tout exprès pour le purger des scélérats qui le chagrinent? *Sapristache!* c'eût été par trop jeune!

Nos scélérats, qui sont sans doute parmi ces honnêtes campagnards, se seraient empressés de se garder à carreau, et va-t'en voir s'ils viennent! C'était comme quand nous chantions—tout à l'heure,—sur cette place, où personne ne nous a étrennés de deux sous!...

Tandis que, sous le déguisement que je vous ai indiqué, nous avons pu étudier la localité, récolter nos renseignements, déchiffrer les physionomies sans éveiller l'attention...

—C'est égal, soupira l'ancien phénix de la rue de Jérusalem, avoir été le bras droit des défunts lieutenants-généraux Lenoir et d'Albert,—s'être trouvé mêlé à des intrigues souveraines,—avoir démêlé cet embrouillamini de cour qui s'appelait...

—La fameuse *Affaire du Collier*, pas vrai? Patron, je ne vous achèterai pas votre serinette. Elle joue toujours le même air!

—Et s'affubler d'oripeaux de charlatan! Se donner en spectacle en plein vent! Racler du violon sur un tréteau!...

—Bon, répliqua Décadi, vous vous consolerez si nous réussissons,—et nous réussirons, patron...

—Tu crois?

—J'en suis sûr: c'est déjà commencé.

Pascal Grison demanda vivement:

—Est-ce que tu saurais quelque chose?

L'adolescent mit ses coudes sur la table et baissa le ton:

—Je dis qu'il se passe dans ce bourg,—asile des vertus champêtres,—un tas de noirceurs auprès desquelles celles auxquelles j'ai assisté, dans le *Monastère abandonné* ou *la Malédiction paternelle*, à l'Ambigu, et dans la *Vallée ténébreuse* ou *le Pont du Torrent*, à la Gaîté, ne sont que d'aimables bamboches.

—Est-il possible?

—Dans la *Vallée ténébreuse*, la sensible Elodie, l'amante de Lucival, est en train de traverser le pont du torrent, quand le traître Wolmar enlève en tapinois la clavette qui boulonne la charpente de ce pont... Celui-ci s'écroule... Patatras!... Voilà la sensible Elodie qui pique une tête dans l'onde écumante du torrent...

— Eh bien?...

—Eh bien, la même scène s'est jouée ici ce matin...

—Bah!

—Il y avait une paire d'Elodies: les pauvrettes du char-à-bancs,—la citoyenne Denise Hattier et la citoyenne Florence Arnould, si l'oreille ne m'a pas corné... Le pont, c'était censément le bidet, qui répondait de son vivant au nom frétillant de Cabri, et la clavette, la clavette qui précipite dans l'abîme l'innocente victime de Wolmar, l'amante infortunée de Lucival...

—La clavette?...

—La voici!

Et Fructidor éleva triomphalement entre le pouce et l'index un objet qu'il venait de tirer de sa poche.

—Qu'est-ce que c'est que cela? interrogea son compagnon, et que signifient ces sornettes de théâtre?...

Décadi souffla dans ses joues:

—Cela, patron, c'est une épingle...

—Une épingle?...

—Oui, voyez...

C'était une épingle, en effet,—une de ces épingles d'acier, longues de dix centimètres environ, dont les paysannes vosgiennes se servaient alors pour fixer dans leurs cheveux la cornette à barbes flottantes que Charlotte Corday avait mise à la mode. Pascal Grison l'examina avec soin. Elle était souillée de sang dans toute sa longueur. Ensuite il s'informa:

—Où as-tu trouvé cet objet?

—Où?...

Le «patron» fit un signe affirmatif. L'adolescent répondit:

—Dans les naseaux du cheval abattu par le coup de feu du lieutenant... En aidant ces badauds de village à le dételer, j'ai aperçu de suite la chose,—œil de lynx et doigt de sage-femme,—et, avant que personne s'en doutât seulement, je l'ai retirée en douceur et subtilisée dans ma *profonde*...

Pascal Grison réfléchissait. Le paillasse continua:

—Etonnez-vous que l'animal soit devenu quasi-enragé!... Embroché dans la partie la plus sensible de son individu!... La douleur lui a mis la cervelle à l'envers,—et, si les deux demoiselles ne sont pas en capilotade au fond de ce sacré ruisseau dépourvu de quais et de parapets, ce n'est pas la faute de la main qui a éperonné Cabri...

Il ajouta en appuyant:

—Car l'épingle ne s'est pas enfoncée toute seule...

—C'est certain, opina son interlocuteur: mais qui l'a enfoncée, cette épingle?...

—Qui?... Est-ce que vous baissez, patron?... Avec ça que c'est difficile à deviner!... Tenez, suivez mon raisonnement:

Quand la voiture s'en est allée,—montant la côte d'un pas égal et naturel,—combien y avait-il de voyageuses dedans? Trois, n'est-ce pas?... La pâlotte, dont les airs sucrés me rappellent ces suspectes de l'ancienne cour, que j'ai vu expédier par les patriotes, à l'Abbaye, quand, *momignard*, je m'étais faufilé entre les jambes de Maillart, pour me régaler du spectacle... La petite blonde, qui ressemble à un Jésus de cire... Et la grande rousse, qu'on a appelée la citoyenne Marianne,—la sœur aînée de la petite,—une solide *garçaille*, celle-là!...

Or, la susnommée Marianne n'était plus sur le char-à-bancs quand celui-ci est redescendu, un peu plus vite qu'il ne fallait, roulant tout droit à la rivière...

Je vous le dis sur ma parole: c'est elle qui a fait le coup. Ses mamours à la brunette et à la blondinette; ses histoires aux gobe-mouche qui l'écoutaient; son estafilade sur le front, autant de couleurs qui ont leurré depuis ses victimes elle-mêmes jusqu'au gendarme, au médecin, au juge de paix et aux curieux...

Je ne dis rien de ses frères,—et pour cause... De singuliers olibrius! J'ai le flair. Vous connaissez la complainte de Cadet-Roussel, hein, patron?...

—La complainte de Cadet-Roussel?...

—Paroles du citoyen Aude...

Et l'adolescent entonna:

Cadet-Roussel a trois garçons;

L'un est voleur; l'autre est fripon;

Le troisième est un peu *ficelle*...

Puis, s'interrompant:

—Mais laissons là les aubergistes du *Coq-en-Pâte*. Ce n'est pas le moment de nous en occuper. Nous en recauserons tout à l'heure...

Revenons à leur grande sœur. Une superbe coquine. Pas moins de vices que d'appas. Vous l'avez entendue conter comme quoi elle avait quitté sa place sur le char-à-bancs pour rajuster le harnais de Cabri...

C'est à ce moment qu'elle a martyrisé la pauvre bête. Celle-ci s'est rebiffée,—et elle n'a pas eu tort. Mais sans la balle de l'officier...

Bref, en suite de sa comédie, notre particulière s'en est venue se pencher sur le corps de l'animal défunt, comme si elle avait envie de marmotter des *oremus* pour le repos de son âme. Elle cherchait—tout simplement—où était passée son épingle...

Et elle a dû s'imaginer qu'un de ses frères l'avait enlevée; car elle a jeté de leur côté une œillade en coulisse que j'ai saisie au vol... Ne vous impatientez pas, patron: mon *boniment* touche à son terme...

—Tu ne m'impatientes pas, mon garçon, répondit Pascal Grison. Au contraire, tu m'intéresses...

Et, d'un geste noble, il encouragea Décadi, qui reprit d'un ton doctoral:

—Si vous étiez versé dans la toilette des dames, j'entends dans celle des pastourelles et bergerettes,—moi, je ne dédaigne pas de respirer les fleurs des champs,—vous sauriez qu'il faut deux épingles pour attacher une cornette sur un chignon, au-dessus de l'oreille: l'une à bâbord, l'autre à tribord.

Or, j'ai examiné soigneusement la coiffure de toutes les commères et fillettes qui se trouvaient là. Toutes avaient leurs deux épingles... Marianne Arnould, seule, n'en avait qu'une. J'ai frôlé—dans la foule—cette succulente gredine:

«—Citoyenne, pardon, vous perdez votre bonnet...»

Palsembluche! si ses yeux avaient été des pistolets, je crois que je serais à présent où est le malheureux Cabri... Elle a fourré le bonnet dans sa poche... Mais voici la seconde épingle... Comparez-la à l'autre, patron... Et dites-moi, en vérité, si les deux ne font pas la paire.

VI

DÉCADI FRUCTIDOR ET PASCAL GRISON

Fils d'un plumitif subalterne au greffe du Châtelet, Grison était né policier comme Brillat-Savarin affirme que l'on naît rôtisseur. Enrôlé, dès l'extrême jeunesse, parmi les *mouches* de M. Lenoir, il avait rapidement essoré dans la carrière, aidé non moins par ses instincts et par son savoir-faire que par sa jambe bien tournée, par sa langue bien pendue, par sa physionomie avenante et par un tact, une discrétion, des façons de bonne compagnie, qui ne pouvaient manquer de plaire aux gens de l'ancienne cour. On l'avait employé plus d'une fois à débrouiller certaines intrigues—de paravent, de cabinet ou de ruelle—ourdies dans les salons de Versailles ou sous les ombrages de Trianon. C'était lui qui avait découvert la fille Oliva,—cette aventurière, sosie de Marie-Antoinette, dont la comtesse de Lamothe se servait pour duper les yeux enamourés du cardinal-prince de Rohan. C'était sur ses rapports qu'avaient été arrêtés tous les acteurs de cet imbroglio, désormais historique, et que s'était instruite cette «fameuse *Affaire du Collier*» qu'il aimait à rappeler comme l'une de ses plus éclatantes prouesses. A cette occasion, le roi, la reine et ses supérieurs ne lui avaient marchandé ni les éloges, ni les gratifications, ni l'avancement.

La Révolution coupa court à sa fortune.

Lorsque, plus tard, le Directoire reconstitua la police, dont il confia le ministère à Fouché, celui-ci, qui avait entendu vanter les mérites et les services de l'ex-confident des lieutenants-généraux, ses prédécesseurs, entreprit de le rallier à la «nouvelle administration» et le chargea de l'organisation d'un petit groupe d'agents secrets correspondant à ce que nous avons baptisé depuis: *la Brigade de Sûreté*. Pascal Grison professait, à cet endroit, l'opinion qui guida Vidocq, par la suite, dans la formation de cette brigade:

Il estimait que les coquins amendés doivent constituer la fleur des *détectives*,—pour user d'un vocable que le roman anglais a introduit dans notre langue. Il recruta donc ses futurs auxiliaires un peu partout, dans les maisons d'arrêt et de détention, à la Conciergerie, à la Force, aux Madelonnettes, à Bicêtre. Le jour qu'il visita ce dernier établissement,—alors spécialement affecté aux conscrits et aux vétérans du crime,—les détenus, en vertu d'un jugement rendu par eux-mêmes, se préparaient à administrer la savate à un de leurs compagnons de geôle...

Un incorrigible chenapan, celui-là!...

A peine âgé de dix-sept ans, voleur *à la tire* des plus habiles et des plus dangereux, ce Cartouche en herbe s'était fait enfermer correctionnellement jusqu'à sa majorité...

Par malheur, pour lui, il ne se bornait point à *barboter dans la fouillouse* (fouiller dans les poches) des bourgeois. Non; il dévalisait encore—littéralement—ses camarades, escamotant à celui-ci ses nippes, à cet autre son argent, à un troisième sa pipe et son tabac, à tous, leur ration de pain, de vin, de légumes et de viande. Aussi la «chambrée» avait-elle décidé de *faire un grand exemple...*

Ces sortes d'exécutions, tolérées à cette époque, avaient souvent pour résultat d'envoyer à moitié mort à l'infirmerie celui qui en était l'objet.

Figurez-vous une cinquantaine de gaillards, robustes, cruels et furieux, frappant, à tour de rôle, et à tour de bras aussi, les reins nus du patient de la lourde semelle de leur soulier ferré!...

Le pauvre diable, qu'on allait fustiger ainsi, était un dadais efflanqué qui paraissait n'avoir que le souffle...

Pascal Grison en eut pitié. Il s'adressa au directeur de la prison et le pria d'intervenir. Le fonctionnaire, répondit:

—Mes pensionnaires ont l'habitude de laver leur linge sale en famille. C'est une prérogative dont ils sont jaloux. Si je tentais de soustraire à leur justice le triste hère qui vous intéresse, et qui ne mérite, à mon avis, aucune espèce de commisération, ils seraient capables de l'assommer, pendant que les surveillants auraient le dos tourné. Si la chose vous tient tant à cœur, essayez de leur faire entendre raison. Ces sacripants ont, d'ordinaire, le respect de ceux qui les empoignent. Il se peut que vous obteniez d'eux ce qu'ils me refuseraient certainement.

Pascal Grison n'en voulut pas avoir le démenti. Il harangua la «chambrée» réunie, lui représentant la barbarie du procédé, lui déniant le droit de punir et se portant pour le coupable garant de son profond repentir et de sa vénération future envers la propriété d'autrui.

D'abord on l'accueillit par des sifflets et des huées. Puis on l'écouta, on s'attendrit peu à peu, on se laissa gagner. Le policier avait la parole abondante et entraînante. Les coquins sont de grands enfants. Avant la fin du discours, il n'était plus question de *savate*. L'auditoire pleurait à chaudes larmes...

L'adolescent, dont il plaidait la cause avec cette chaleur, sanglotait plus fort que tout le monde. A un moment, il s'était précipité aux genoux de «son sauveur,» en prenant le ciel à témoin, de son excellente conduite future et en protestant de ses remords avec des accents si émus que l'orateur s'en était senti remué de fond en comble. Ce dernier allait se retirer, enchanté des effets de son éloquence, quand ayant, par hasard, mis la main dans son gousset pour consulter sa montre, il s'était aperçu que celle-ci avait subitement disparu. Son client la lui avait *soulevée* en l'accablant des effusions de sa reconnaissance!...

Un autre eût fait jeter le drôle dans un cul de basse-fosse, en attendant que les tribunaux l'expédiassent sur les galères de l'Etat, à Rochefort, Brest ou Toulon. Pascal Grison l'emmena avec lui et le nomma son lieutenant. Ce jeune filou s'appelait Décadi Fructidor: un sobriquet fourni par le calendrier républicain, ses papiers de famille lui manquant! Des *grinches* de l'école de *Main d'Or,*—le surnom indique le genre de ce célèbre spécialiste—qui revenaient, en compagnie de leurs maîtresses, de manger à la Courtille le produit d'un *bon coup*, l'avaient trouvé, âgé d'une heure, sur le pavé du faubourg Saint-Martin et l'avaient ramassé, emporté, adopté, et, définitivement élevé dans les saines traditions de la cour des Miracles et de la Grande-Truanderie.

L'enfant avait profité de l'éducation. A dix ans, il se suffisait à lui-même, comme il le proclamait avec un noble orgueil, et vivait confortablement au détriment des poches de ses contemporains. A quinze ans, la justice entravait une carrière commencée sous d'aussi glorieux auspices: elle encageait le précoce tire-laine,—avec promesse de voyage aux colonies s'il ne modifiait complètement ses goûts, son caractère et ses agissements.

Nous vous avons appris de quelle bizarre façon le jeune pensionnaire de Bicêtre avait répondu aux espérances et aux menaces de la justice.

C'était un garçon maigre, mais coriace, qui avait peur de cent coups de *savate*, mais qui n'avait pas peur d'un coup de couteau; perverti dès l'aube de la vie, endurci dans le vice, plein de dangereuses facultés, et capable de mettre ces facultés, sa science du mal, son expérience des bas-fonds parisiens au service de cette société, à laquelle il avait déclaré la guerre, et de la loi qu'il ne pouvait s'empêcher de braver chaque fois qu'il en rencontrait l'occasion; très raisonneur et très raisonnable; très posé et très *poseur*, pour nous servir d'une expression de fraîche date; paresseux comme un loir et travailleur comme un castor, selon les circonstances; selon les circonstances aussi, sobre comme un chameau et gourmand comme un singe, dont il avait pareillement la malice, l'agilité et les grimaces: en somme, un divertissant escogriffe et un serviteur dévoué.

Initié par Pascal aux émotions et aux périls de la chasse à l'homme; apportant dans l'exercice de sa nouvelle profession la connaissance intime des mœurs, des ruses et des repaires des malfaiteurs au milieu desquels il avait grandi jadis et qu'il traquait maintenant avec les stratagèmes d'un Mohican de Cooper en quête d'un daim ou d'un bison; se passionnant aussi facilement pour ceci que pour cela et mettant désormais autant de vanité à *paumer marron* (prendre en flagrant délit) un gredin subtil qu'il en tirait naguère d'une *toquante* (montre) décrochée adroitement ou d'un mouchoir *fait* avec art, ce bandit déclassé fût devenu sans nul doute l'un des chefs d'emploi de la compagnie policière, n'eût été son penchant à collectionner les objets qui ne lui appartenaient point.

Ce défaut de jeunesse était passé chez lui à l'état de maladie. Ce *détective*, chargé de surveiller et de poursuivre nos *piqueurs de poche* français, volait lui-même, volait partout, volait toujours, non pour le profit ou pour l'aubaine, mais pour le plaisir, pour l'honneur, pour l'art. Il eût volé dans l'eau, dans le feu, devant les juges, à son lit de mort! Il eût volé *«avec des gants!»* comme disait Pascal Grison à Fouché: assertion qui établissait la dextérité phénoménale de ses doigts crochus, si l'on songe que, plus tard, pour leur éviter la tentation d'égarer leurs griffes dans des goussets étrangers et le désagrément d'être soupçonnés de le faire, Vidocq enjoignit à ses agents de ne sortir que *gantés.*

Nous avons vu que le sacripant ne se gênait pas pour détrousser jusqu'à «son patron» à l'occasion. Dieu sait pourtant s'il était attaché sincèrement à ce dernier. Fouché les appréciait fort tous deux; aussi les recommanda-t-il chaudement à ses successeurs, lorsque Bonaparte, à son retour de Marengo, l'appela au conseil d'Etat et installa, en ses lieu et place, Dubois à la préfecture de police,—créée en vertu d'une disposition spéciale,—et au ministère de la police le conventionnel Cochon, depuis comte de Lapparent. En agissant ainsi, l'ex-oratorien se conservait un œil et un bras dans la maison.

Vous savez déjà que Décadi Fructidor n'avait point perdu de temps depuis son arrivée à Vittel.

Maître Pascal l'avait écouté avec une attention et une satisfaction non équivoques. Nonobstant, quand il eut fini:

—Mon brave camarade, lui dit-il avec une douce majesté, personne plus que moi ne rend hommage à vos estimables qualités; mais je vous connais, vous êtes tous les mêmes: volontiers vous croiriez que vous m'avez appris un monde d'événements. Perdez cette illusion, mon cher: j'avais remarqué la majeure partie de ce que vous venez de raconter,—et vos conclusions étaient en germe là...

Il se toucha le front du doigt; puis, changeant de ton:

—Oui, il y a eu crime, ou plutôt tentative de crime, une de ces tentatives que la loi définit: *manifestées par un commencement d'exécution et qui n'ont manqué leur effet que par une circonstance indépendante de la volonté de leur auteur.* J'en suis persuadé comme toi. Mais qui est-ce qui l'établit cette tentative? Qui est-ce qui la démontre? Qui est-ce qui la prouve? Une épingle? Une épingle que tu aurais dû laisser dans l'endroit insolite où tu l'as découverte, sauf à prévenir qu'elle s'y trouvait le citoyen juge de paix que tu avais sous la main! On n'incrimine pas les gens pour une épingle. D'ailleurs, il y a des magistrats à Vittel comme à Berlin. Qu'ils surveillent leurs administrés! Est-ce pour nous occuper des *bisbilles* intérieures d'une famille de paysans qu'on nous a dépêchés dans ce trou? Non, n'est-ce pas? Eh bien, du moment qu'il n'existe aucune corrélation entre ces aménités rustiques—de sœur à sœur ou de commère à compagnonne—et ce que nous venons chercher...

L'adolescent se versa un petit verre de ratafia:

—Avec votre permission, patron... Ça illumine les idées,—et la mienne est que, quand on travaille dans une maison à faire passer le goût du pain à deux amourettes de poupées comme celles qui étaient dans la carriole, ma foi, on est capable de tout,—de tout et de beaucoup d'autres choses...

Il poursuivit après avoir humé une gorgée de liqueur:

—Car les trois frères *en sont*, pour sûr. J'en flanquerais mes dix doigts au feu, si j'étais incombustible...

—Il est certain, murmura le policier, que si l'on jugeait les individus par les impressions qu'ils vous produisent...

—Des figures claires comme des œufs brouillés, pas vrai, patron? Avez-vous *remouché* les deux cadets? Leur œil, qui regarde en Champagne si la Picardie brûle, n'annonce rien de bon, croyez-moi,—et, si l'aîné était coiffé des cheveux rouges de son dragon de sœur, il ressemblerait trait pour trait à feu Judas Iscariote...

Pascal Grison haussa les épaules:

—S'il fallait qu'on payât de mine...

—Eh bien?...

—Eh bien, mon pauvre Décadi, tu ne dînerais pas tous les jours...

Fructidor salua:

—Merci, patron. Les dames ne sont pas de votre avis. Succès partout, jamais de cruelles.

Il ajouta entre ses dents:

—C'est même là-dessus que je compte pour faire réussir mon joli coup de commerce...

Son interlocuteur dressa l'oreille:

—Quel coup de commerce?

—On vous l'expliquera tout à l'heure. Pour l'instant, dites donc, hé! patron, savez-vous que j'ai voulu voir quelle dégaîne elle vous avait, cette maison du *Coq-en-Pâte*?...

—Vraiment?...

Le limier appuya:

—Cette maison *qui est une hôtellerie*...

Il souligna de l'œil, du geste et de la voix:

—La seule de ce canton,—de ce canton où tant de voyageurs se sont perdus corps et biens...

—J'y avais déjà songé, fit le *détective* vivement.

Ensuite, secouant le front:

—Mais non, c'est impossible. J'ai pris des informations. La famille Arnould est au-dessus de tout soupçon...

—Pourtant, insista Décadi, il y a le chapitre de l'épingle...

—Un chapitre d'une autre histoire qui n'est pas de notre ressort. Nous jouons à Colin-Maillard. Tâchons d'éviter les casse-cou...

—Si ça vous va, moi j'y consens. Seulement, on ne m'ôtera pas de la caboche...

—Petit, interrompit Grison, tu n'as pas mal de qualités, mais tu as nombre de défauts, dont l'entêtement n'est pas le moindre... Voyons, raisonnons sérieusement; les autorités de ce pays ne sont pas tout à fait des oies...

L'adolescent protesta.

—Je ne le prétends point, patron, de peur d'humilier ce volatile...

—Elles ont dû avoir avant toi la pensée que tu viens d'émettre, et que j'ai partagée un moment,—et, si les aubergistes du *Coq-en-Pâte* n'ont pas été inquiétés, c'est qu'il n'y a jamais rien eu de suspect dans leur auberge: c'est mon avis...

—Ce n'est pas le mien, déclara péremptoirement Fructidor.

Puis il reprit, après un instant de silence:

—Pendant que vous récoltiez vos informations, j'ai poussé une reconnaissance du côté de l'auberge indiquée...

—Ah!...

—La bâtisse n'a pas mauvais air, ni la cuisine, que j'ai guignée par une croisée entr'ouverte...

—Après?

—Après?... Ah! voilà: vous allez vous fâcher, patron...

—Parce que?...

—Parce qu'à mesure que je m'approchais de ce nid de mystères et d'oiseaux de proie; qu'à mesure que je rôdais autour; qu'à mesure que je le dévorais avec une paire de lampions qui auraient voulu être des vrilles, une voix *fonçait dans ma sorbonne* (s'élevait dans ma tête) et me *bastringuait le palpitant* (me faisait danser le cœur), qui me criait: «Fiston, tu chauffes!... Tu brûles!... Tu touches!... *C'est là!...*»

Et je vous répète à mon tour: C'est là qu'on assassine les gens! C'est là qu'on les fait disparaître! C'est là que gîtent les misérables dont le châtiment marche dans la semelle de nos souliers!...

Ne cherchons pas ailleurs. Ce serait besogne perdue. Voici la tanière. La bête y est. Prenons l'affût.

. . . .

Décadi Fructidor s'était levé. Il allait et venait par la chambre, le nez au vent, ainsi qu'un limier en quête.

Pascal Grison rêvait.

Autrefois,—il y avait longtemps,—ç'avait été un bon des bons, un fin des fins, un *débrouillard des débrouillards*. Mais, hélas! il avait passé la cinquantaine,— et ce, à son amer regret. Ajoutons qu'il conservait des prétentions considérables, le respect des traditions, un culte profond pour la routine, un formalisme fatigant et la religion de l'ancienne administration,—de celle qui avait pour mission de pénétrer les secrets de boudoir, les conspirations de trumeau et les arcanes d'antichambre...

—Tout cela, prononça-t-il au bout de quelques minutes, est manifestement superbe, sensément pensé et mieux dit; mais on ne coffre pas des particuliers sur les impressions personnelles d'un quidam, et la justice ne se paye pas d'intuitions; la justice qui nourrit à l'endroit de la police cette bonne haine des voisins du même carré, implacable et éternelle... Et s'il n'y avait encore que la justice à indisposer!... Mais il y a les polices ennemies de celle que nous représentons: celle du préfet Dubois, d'abord, qui ne nous pardonnera de nous être mis aux ordres de son compétiteur Fouché que si nous arrivons à un résultat heureux; celle du grand-juge Régnier, qui ne badine pas avec les usurpations de pouvoir; celle de Bourrienne, au château, qui a l'oreille de Bonaparte, et celle de Savary, à laquelle, appartient notre lieutenant de gendarmerie... Tout ce monde-là, vois-tu bien, clampin, ne serait pas fâché de nous trouver en faute. Il faut de la circonspection, beaucoup de circonspection. Dans notre art, on ne travaille pas sur des idées. On sait ou on ne sait pas. Voilà.

—Moi, fit nettement Décadi, je ne sais pas, mais je suis sûr. Et s'il vous plaisait de me laisser agir seul, j'ai ma rocambole toute prête...

—Une rocambole?

—Huilée, graissée, suifée—qui ne demande qu'à fonctionner.

Le policier interrogea avidement:

—Et y a-t-il moyen de la connaître, ta rocambole?

—On va vous la narrer avec délices, patron... Car vous êtes toujours mon patron, encore que vous ne croyiez pas à mes mérites...

Pascal Grison rapprocha son siège,—et l'adolescent parla. Il parla longuement...

Quand il eut terminé:

—Morveux! tu vaux ton pesant d'or! s'écria le *détective* avec admiration.

—Garçon! des balances! fit Décadi joyeusement.

Ensuite, avec la fierté légitime du génie, un instant incompris, qui se voit à la fin accepté sans conteste:

—Ainsi, vous m'approuvez, patron?

—Si je t'approuve!...

Les deux interlocuteurs se serrèrent la main avec effusion... A l'annulaire du policier, il y avait un brillant d'une belle eau et d'un prix raisonnable, souvenir des victoires et conquêtes du passé. Dans cette étreinte confraternelle, ce brillant passa incontinent, sans que celui-ci s'en aperçût, du doigt du professeur dans le gousset de l'élève...

Puis, ce dernier, se levant:

—Patron, ne laissons pas bêler le mérinos. Il est temps de partir. En avant! Grenadiers! A la baïonnette!

VII

DANS LE PARC

Le parc des Armoises passait pour n'avoir pas son pareil à vingt lieues à la ronde dans une province où, cependant, les domaines princiers, dont les arbres n'ont point entendu le bruit de la hache depuis près d'un siècle, et les demeures seigneuriales, entourées de plantations artistiques, d'eaux courantes et de paysages d'opéra, abondent non moins qu'en Touraine ou aux environs de Paris. Son aménagement, qui datait du règne de Louis XIV, rappelait par plus d'un point notre Monceaux d'antan, tel que nous l'avons vu pendant nombre d'années avant que M. Alphand, coiffeur de dame Nature, ne promenât la houe, en guise de démêloir, à travers sa crinière inculte, que couronnaient toutes les poésies et toutes les mélancolies de l'abandon.

Watteau n'eût point rêvé un décor plus complet pour acclimater le carnaval de ses Gilles et de ses Arlequins, de ses Léandres et de ses Isabelles,—toute cette joyeuse bande bariolée qui semble s'être taillé des basquines et des manteaux dans le corsage des œillets et dans la jupe des tulipes.

Mais depuis le départ de la famille du marquis, aucun groupe de promeneuses ou de causeurs ne s'était égaré à travers les allées peu à peu envahies par les ronces et par les orties; aucun, sous les vieux arbres dont le tronc s'enveloppait de lianes qui s'étendaient de l'un à l'autre, et d'où le gui pendait à toutes les bifurcations des branches; aucun, dans les fourrés que défendait l'inextricable entrecroisement des végétations parasites qui naissent de la solitude, de l'incurie et de l'humidité.

Les jets d'eau avaient cessé d'envoyer aux voûtes de verdure leur aigrette de fumée irisée et transparente; les rivières artificielles de bondir sous l'arc des ponts rustiques ou chinois,—et les cascades taries, les ruisselets à sec, de danser et de bavarder sur le cailloutis blanc qui leur servait de lit.

Eh bien, par cette matinée de juillet où nous y introduisons le lecteur,—à la suite de Denise Hattier,—le parc des Armoises n'en était pas moins d'un aspect charmant et féerique. Le soleil dessinait des losanges de lumière sur l'émeraude de ses boulingrins; la rosée scintillait aux pointes de ses frondaisons comme des grelots d'argent aux cornes du bonnet d'un fou de cour; des flocons de brume bleuâtre s'accrochaient aux dents de ses buissons. L'air était plein d'effluves vivifiantes, de parfums caressants, de gazouillements d'oiseaux...

Hélas! toute cette joie de la nature faisait ressortir davantage l'abattement de la jeune fille, qui venait de s'asseoir sur un banc de gazon, non loin du pavillon du garde. Le visage de la sœur du lieutenant gardait la trace des émotions cruelles qui l'agitaient depuis cinq jours. Ses yeux avaient ce regard morne et fixe que laisse après soi la brûlante exaltation de la fièvre...

La fièvre, elle en avait souffert pendant toute une nuit sans sommeil, mêlée de rêves affreux et d'apparitions menaçantes où se confondaient dans un monde fantastique les événements et les figures qui faisaient de son existence un ricochet continuel de catastrophe en catastrophe...

Or, parmi ces figures et ces événements, deux surtout se détachaient dans l'esprit de la malheureuse avec une poignante intensité de terreur: le billet reçu à l'église, et la physionomie du fils d'Agnès Chassard...

Ce billet, froissé et souvent relu sans doute à la dérobée, depuis la veille, elle l'avait tiré de son sein pour parcourir à nouveau ces lignes brèves et énigmatiques, dont le sens plutôt deviné qu'approfondi enfonçait l'angoisse dans son âme comme la lame courte d'un stylet italien...

Un homme connaissait son secret! Et cet homme, c'était Joseph Arnould...

Mon Dieu, jusqu'à ce moment, la fille du garde-chasse s'était médiocrement occupée des aubergistes du *Coq-en-Pâte*. Jamais la Benjamine ne lui avait parlé de sa famille pour s'en louer ou pour s'en plaindre. Toutefois, ce silence même avait dû faire supposer à Denise que l'enfant n'était pas parfaitement heureuse dans ce milieu d'appétits vulgaires, d'instincts grossiers et de brutalité campagnarde...

Elle avait aussi bien entendu répéter que l'aîné des fils d'Agnès Chassard était encore plus âpre au gain que sa mère, plus violent que sa sœur Marianne, et plus dissolu, plus pervers, plus redoutable que ses deux frères,—sous ce rapport surtout, qu'il se montrait plus habile à recouvrir ses défauts ou ses vices d'une couche impénétrable de dissimulation et d'hypocrisie...

Mais que lui importaient ces cancans de village? Ayant toujours pratiqué le bien, elle se refusait à croire au mal. Les gens de l'hôtellerie, d'ailleurs, avaient rendu service aux hôtes du pavillon. Nous avons vu la jeune femme défendre Joseph Arnould et ses aboutissants contre les souvenirs de notre ami Philippe. Comment, du reste, aurait-elle pu penser que cet indifférent, sinon cet inconnu, interviendrait un jour d'une façon foudroyante dans son repos, dans la question de son honneur? Ce jour avait lui, cependant. Et voilà que de la vapeur de l'éloignement, du passé, de l'insignifiance, la figure du paysan se dégageait brusquement,—formidable,—avec son regard trouble, son front fuyant, sa parole mesurée, son sourire aigre-doux...

Annoncé par sa lettre ambiguë, ce personnage inspirait à Denise cette épouvante fascinatrice dont l'œil de certains reptiles éblouit et magnétise les oiseaux. Aussi, n'eut-elle pas un moment l'idée de manquer au rendez-vous qu'il lui avait assigné...

Philippe avait quitté les Armoises dès l'aube. *Affaire de service*, avait-il dit à la Gervaise en lui recommandant de ne pas réveiller sa sœur. Il ne reviendrait qu'assez avant dans la soirée. A peine debout, la fille du garde-chasse avait envoyé la petite servante à Vittel savoir des nouvelles de Florence. Ensuite, elle était descendue de sa chambrette dans le parc...

Elle était là,—sous un berceau,—sa tête pâlie dans sa main. Elle était là, depuis longtemps. Son intelligence flottait dans des espaces pleins de ténèbres: elle pensait comme on rêve...

Soudain, le feuillage s'écarta avec bruit, à quelque distance, et une lourde semelle fit crier le sable de l'allée. Denise leva les yeux et poussa un faible cri. Joseph Arnould était devant elle.

Au premier abord, l'aubergiste du *Coq-en-Pâte* n'offrait cependant rien qui fût trop redoutable. Sa face pleine et colorée, son nez court et charnu, ses grosses joues fraîches, sa bouche à pipe, tout cela aurait bien plutôt poussé au comique qu'au tragique, sans le regard de ses petits yeux, qui papillotaient de gauche à droite,—s'arrêtant rarement sur ce qu'ils voulaient voir, et s'éteignant ou se rallumant, selon les besoins de la cause, avec une inquiétante instantanéité.

Sans ses yeux, Joseph Arnould aurait été un paysan fort ordinaire, un peu avide, un peu madré, un peu chicanier, comme les autres, mais, en définitive, rempli d'un saint respect pour la propriété du voisin, du moment que celle-ci est ostensiblement gardée par la loi, la justice et la gendarmerie. Avec ses yeux, pour qui savait les étudier à l'occasion, ce pouvait être un charlatan déterminé, un maraud sans scrupules, un bandit cynique et cauteleux.

Notez que son costume, ses allures, ses façons étaient aussi loin que son masque débonnaire de prêter à l'épouvantail traditionnel dont l'imagination revêt si volontiers les brigands empoétisés par la hardiesse, l'originalité ou la férocité de leurs exploits.

Son habit de drap feutré à collet haut, à basques carrées, à larges boutons de cuivre, son ample gilet, sa culotte à *pont tombant*, ses bas de coton écru et ses demi-guêtres de toile ne ressemblaient guère en effet à cet uniforme de hussard—passementé sur toutes les coutures—sous lequel le fameux Schinderhannes venait de tenir en échec les forces de la République dans les départements, nouvellement annexés, de la Belgique et de l'Allemagne. Sa tournure pesante et bonasse ne rappelait qu'imparfaitement la désinvolture de gentilhomme de grand chemin, avec laquelle le non moins célèbre Morgan, habillé à la dernière mode du *Bal des Victimes*, avait fait récemment en Bourgogne et le long du Rhône, une guerre ouverte aux finances, aux fonctionnaires et à la police de l'Etat.

Et vous auriez vainement cherché autour de ses reins solides l'arsenal de pistolets et de poignards dont se hérissait la ceinture des *Ecorcheurs du Rhin* et des *Compagnons de Jéhu*.

Non, c'était un bourgeois de village à la mine placide, discrète et satisfaite, qui s'avançait d'un pas tranquille, les mains dans ses vastes goussets. Son sourire content avait une pointe d'ironie. La superbe Denise s'était humanisée. Elle était venue au rendez-vous. Elle acceptait le combat. Et notre paysan était si sûr de vaincre!

Ce combat, sans s'y être aucunement préparée, la jeune femme se sentait désormais prête à le soutenir contre l'ennemi qu'elle pressentait et qui approchait. Elle n'espérait pas triompher. Mais c'était la fille d'un soldat. Elle avait hérité de l'ancien chamboran la netteté dans la décision, la bravoure dans l'exécution. Avant toutes choses elle restait elle-même, elle agissait sans hésitation ni fausse honte, selon sa conscience et sa nature propres, pures et généreuses comme le sang de ses veines...

Voilà pourquoi sa taille harmonieuse s'était redressée de toute sa hauteur; pourquoi sa belle bouche se fronçait pour retenir la plainte qu'elle avait laissé échapper; pourquoi, enfin, dans son attitude comme sur son visage, il n'y avait plus qu'une fierté grave mêlée à une tristesse calme et à une héroïque résignation.

En l'abordant, Joseph Arnould toucha son chapeau avec respect—car la douleur noblement supportée inspire le respect aux plus vils, et, en face de certaines vaillances, les natures basses et tortueuses éprouvent ce malaise des chouettes et des hiboux saisis, hors de leurs trous, par la lumière de l'aube.

Denise lui rendit son salut froidement. L'aubergiste était à la gêne. Après un instant de silence:

—Enchanté, citoyenne Hattier, de vous trouver en bonne santé... Un peu faiblotte, hein, cependant?... Ah! dame, c'est excusable après les événements d'hier...

Puis s'interrompant brusquement:

—Mais, voyons, ma chère demoiselle, allons au plus pressé, pas vrai? Le temps, c'est de l'argent, dit-on. Or, nous n'avons le moyen d'en perdre ni l'un ni l'autre...

La fille du lieutenant fit un signe affirmatif. Le paysan continua:

—D'abord qui est-ce qui va commencer, vous ou moi?...

—Vous, si vous le désirez; moi, si vous le préférez, repartit la jeune fille avec sérénité. A votre volonté, citoyen Arnould.

L'embarras de celui-ci redoublait. Pour prendre contenance, il se baissa et ramassa, au pied du banc, un papier qui, quelques instants auparavant, avait glissé des doigts de son interlocutrice. Cette dernière dit en le regardant fixement:

—C'est le billet que vous m'avez remis à l'église. Vous plairait-il de m'expliquer ce qu'il contient?...

Joseph Arnould était furieux contre lui-même de s'être laissé dominer un instant. Mais il s'était reconquis par un violent effort, et voulant abréger les préliminaires de l'attaque:

—Citoyenne, répliqua-t-il d'un ton bourru, ce billet signifie que je sais bien des choses.

—Et ces choses me concernent, n'est-ce pas? questionna Denise avec un sourire amer.

—Cette malice!... Est-ce que sans cela je me serais permis de vous déranger? Est-ce que sans cela, du reste, vous auriez vous-même répondu à mon appel?...

Une ride se creusa sur le front de la fille du garde-chasse.

—Ces choses-là, dites-les, fit-elle résolûment.

—Vous voudriez?...

Elle était debout en face de lui et le menaçait presque. Son œil brûlait:

—Je voudrais, prononça-t-elle, être édifiée sur ce que vous savez, afin de mesurer l'étendue de ce que vous allez sans doute exiger de moi.

Le fils d'Agnès Chassard, élève de sa mère, eut un mouvement de bonhomie supérieurement joué:

—Hé! qui vous parle, s'écria-t-il, d'exiger de vous quoi que ce soit? Est-ce que j'ai l'air de vouloir vous mettre le couteau sur la gorge? On sait ce qu'on sait, voilà tout. Quand j'aurais appris, par hasard, qu'il y a eu entre vous et notre jeune seigneur,—le fils du défunt marquis,—une histoire d'amourette à la suite de laquelle un poupon est venu au monde, qui n'a pas attendu la parataphe du maire et la bénédiction de M. le curé!...

Denise ne leva point au ciel ces prodigieux regards que les comédiennes dardent vers le cintre, pour prendre le lustre à témoin de leur innocence. Elle ne cacha pas non plus son front «rouge de honte» entre ses mains.

Le paysan poursuivit avec une rondeur guillerette:

—Je ne vous accuse pas, pardi! Je ne vous reproche rien de rien. Ces choses-là arrivent tous les jours... On a vingt ans, on se convient, on s'adore.

Au diable les grands parents, le sacrement, toute la boutique! Les méchantes langues prétendraient que vous avez été tout simplement la maîtresse de ce damoiseau et qu'un mioche est né de ce commerce illégitime, que vous avez fait élever clandestinement à Valincourt, près de Chaumont.—Moi, qui n'ai pas le moindrement l'intention de vous offenser ni de vous nuire, je vous jure ici mes grands dieux qu'il n'en sera pas soufflé mot à âme qui vive,—si vous êtes gentille et raisonnable, s'entend.

—Citoyen Arnould, questionna Denise d'une voix mordante, est-ce que les honnêtes gens ne baptiseraient pas d'un autre nom ce que vous appelez: le *hasard*?

—Comment?...

—*Le hasard m'a appris*, disiez-vous tout à l'heure?...

—Eh bien?...

—Est-ce que ce hasard ne serait point ce qu'on nomme de l'espionnage?...

L'aubergiste était redevenu parfaitement maître de lui. Il supporta le sarcasme sans broncher.

—Bon, se contenta-t-il de riposter placidement, un propriétaire a bien le droit, je pense, de faire des rondes de nuit dans sa propriété. Ce parc est à moi. J'y étais venu, le soir du retour de Philippe, guetter un braconnier qui me tue mes lapins. En me retirant, je m'approche du pavillon; la fenêtre est ouverte; on parle haut à l'intérieur... Est-ce ma faute si j'ai entendu?...

—Vous voulez dire *écouté*...

—Ecouté ou entendu, peu importe, puisque le résultat est le même... Or, ce qui est encore plus bizarre, c'est que, sans les avoir écoutées ni entendues, je suis arrivé à connaître certaines particularités...

—Lesquelles?

—Tenez: vous avez, par exemple, laissé croire à votre frère que votre enfant était mort en naissant...

—Et cet enfant?...

—Cet enfant a vécu...

Le paysan appuya:

—*Il vit*... Il a grandi en paix dans l'ombre, chez les métayers de là-bas à qui votre vieille parente l'avait confié après sa naissance, tandis qu'ici vous jouissiez de tous les bénéfices inhérents à la vertu incontestée: estime, respect, considération, sympathie, *et cætera*...

—Citoyen!

—Révérence parler, citoyenne, je veux constater—et c'est tout—que vous êtes une personne de ressources, de talent et de caractère... Mais revenons à nos moutons:

Votre *fiot* a nom Georges. Il va approchant ses dix ans. C'est un garçonnet qui paraît d'une pâte plus fine que la nôtre... Soit *hasard*, soit *espionnage*,—un gros mot, entre parenthèses, dans une jolie bouche comme la vôtre,—vous comprenez que votre serviteur est suffisamment renseigné...

Mais ce n'est encore là que la moitié de mon sac...

Est-ce que l'idée ne vous a pas poussé, dernièrement, de rappeler le cher galopin aux Armoises? Le marquis venait de vous écrire pour vous annoncer son prochain retour, et vous étiez si loin, si loin de vous douter que votre frère, le lieutenant, allait vous tomber sur les bras! Votre amant vous était resté fidèle. Il vous épouserait certainement et reconnaîtrait son enfant. Le domaine, racheté aux nouveaux acquéreurs, aurait désormais une châtelaine accomplie...

—Monsieur!... essaya de protester Denise contre cette insinuation de calcul, d'intérêt et de cupidité...

Joseph la rabroua d'un geste paternel:

—Par malheur, l'événement a trompé votre espoir. A peine rentré en France, le ci-devant marquis semble s'être évanoui en fumée. Où diable a-t-il passé? Tout le monde l'ignore. Notre officier lui-même, que le gouvernement a expédié dans le pays exprès pour y faire la lumière, ne me paraît pas beaucoup plus avancé que moi au sujet de cette disparition, qui me frustre de cinquante mille livres...

Cependant, vous aviez mandé aux gens de Valincourt de vous renvoyer votre fils,—et ces gens s'étaient empressés de se conformer à cette injonction...

Par une lettre en date d'il y a environ quinze jours,—cette lettre que vous avez déchirée, la nuit de votre explication avec le citoyen Philippe, et dont vous avez essaimé les morceaux par la fenêtre,—on vous prévenait que l'enfant avait quitté la veille ses parents nourriciers, se dirigeant vers les Armoises, sous la conduite et sauvegarde d'un certain colporteur appelé Anthime Jovard...

Celui-ci s'en retournait chez lui,—en Franche-Comté... Par l'occasion, il vous ramènerait le petit Georges. Tous deux, en effet, étaient partis de Valincourt à l'époque indiquée...

Mais, voilà: ceux qui partent n'arrivent pas toujours. Vous attendez encore. Vous attendrez longtemps... A moins qu'un véritable ami—comme moi—ne vienne vous dire: «Denise Hattier, ne voulez-vous donc pas savoir ce qu'est devenu votre enfant?»

. . . .

La sœur du lieutenant avait d'abord écouté couler cette faconde alternativement doucereuse et brutale, debout, immobile, la main appuyée sur son cœur, dont elle s'efforçait de comprimer les battements impétueux. Mais, depuis qu'il était question de son enfant, cette armure d'impassibilité dont elle avait cuirassé sa douleur s'était brisée en tombant tout entière du même coup. La jeune femme, hautaine et forte, qui opposait aux assauts de la fatalité un front stoïque et un masque impénétrable, avait disparu pour faire place à la mère,—à la mère remuée jusque dans ses entrailles,—à la mère désolée, meurtrie, éperdue, pantelante, qui, lorsque l'aîné des Arnould s'arrêta, lui demanda, d'une voix dans laquelle frémissait une grande joie combattue par une grande crainte:

—Mon Georges!... Seigneur Dieu!... Vous savez ce qu'est devenu mon Georges?...

—Je le sais, répondit froidement l'aubergiste.

La prunelle de Denise éteignit ses éclairs dans les larmes. Sa taille se courba dans une attitude suppliante. La fille du garde-chasse ne luttait plus. Elle implorait:

—Oh! vous allez m'apprendre où il est, n'est-ce pas, citoyen? Au nom du ciel! Au nom de ceux que vous aimez! Il ne faut pas me tenir rancune de mon accueil de tout à l'heure. Je vous ai traité durement, je crois. J'étais folle, je me repens. Excusez-moi!... Vous n'êtes pas méchant. Votre père était un des amis du mien. Mon frère Philippe est votre camarade d'enfance, et votre sœur Florence a été comme ma fille... Vous me rendrez mon petit Georges...

La fille du garde-chasse fit deux pas vers Joseph, les mains jointes; lui se recula de deux pas, en grommelant de mauvaise humeur:

—C'est bon. Pas tant d'attendrissement. On vous le rendra, votre Georges.

—Quand? interrogea la jeune femme haletante.

—Quand nous aurons fait nos conditions, ma poulette.

—Nos conditions?...

—Hé! oui, parbleu. Dans tout marché il y a le tien et le mien. L'essentiel est de discuter et de s'entendre.

L'âme de la sœur du lieutenant se révolta à cette idée que l'on imposât des conditions à une mère qui réclamait son enfant, et elle s'informa d'un ton bref:

—Ces conditions, quelles sont-elles?

—On vous les expliquera quand vous serez plus calme, riposta Joseph sèchement.

Elle sembla se recueillir. Une terreur indicible lui serrait le cœur. Puis, après un moment, avec hésitation:

—Et pourtant, citoyen Arnould, ces conditions dont vous parlez, si je ne pouvais les remplir... Si je ne pouvais les accepter...

L'aîné des Arnould repartit:

—Ce serait tant pis pour vous, la belle.

Denise secoua le front:

—S'il ne s'agissait que de moi!...

—Oui, ricana le paysan, mais il s'agit aussi de votre jouvenceau. Celui-là, vous pourriez en faire votre deuil. Je vous signe mon billet que vous ne le reverriez jamais...

—Jamais?...

—Jamais!

Elle s'avança sur lui:

—Vous dites que je ne reverrais jamais mon fils?

—Jamais, répéta Joseph, qui la reçut de pied ferme.

Leurs yeux se brûlaient. Leurs bouches se touchaient presque. Vous auriez juré d'une lionne prête à se jeter sur un tigre. La femme fronça le sourcil et murmura:

—Prenez garde!

L'homme haussa les épaules et répondit:

—A quoi?...

—Il y a des lois, des juges qui vous arracheront l'enfant que vous prétendez me voler.

—Invoquez-les, si vous l'osez.

Denise baissa la tête.

Le paysan continua:

—Adressez-vous, si bon vous semble, au citoyen Thouvenel, qui est avec le commandant de la force armée de l'arrondissement comme la culotte avec la chemise,—ou mieux encore, au commandant de cette force armée lui-même, à Philippe Hattier, à votre frère, et tenez-leur quasi ce langage à tous deux:

«J'avais menti en affirmant que le bâtard de Gaston des Armoises était mort... Ce bâtard existe. Je suis sa mère. On me l'a pris. Je le redemande... Je le redemande à la face de tous... Qu'est-ce que ça me fait, ma honte rendue publique? Qu'est-ce que ça me fait que le nom que je porte,—qui était celui d'un brave soldat, qui est celui d'un brave officier,—soit couvert de la boue de ma faute, et que les éclaboussures de cette boue rejaillissent jusque sur une tombe?... Qu'est-ce que ça me fait, le bruit, l'esclandre, le scandale, les propos, les huées, les sifflets, le charivari? Un quidam a recueilli l'enfant illégitime: il le détient, il le cache, il prétend m'empêcher de produire cette preuve de mon déshonneur... J'exige qu'on arrête ce quidam, qu'on le poursuive, qu'on l'emprisonne...»

Il s'arrêta, couvant Denise du regard,—Denise défaillante, écrasée, anéantie...

Le paysan questionna:

—N'est-ce pas là ce dont vous avez envie d'entretenir les magistrats?

La sœur de Philippe ébaucha un geste d'horreur. L'aîné des Arnould poursuivit:

—Si telle était votre intention, il ne faudrait point vous gêner. Vous ne m'embarrasseriez nullement. Il me serait, en effet, aisé de répliquer:

«Que l'enfant réclamé par vous a été inscrit sur les registres de la municipalité et de la paroisse de Valincourt sous cette rubrique: *né de père et mère inconnus.*

«Que rien n'établit dans l'espèce qu'il vous appartienne plutôt qu'à la première venue et qu'il soit plutôt le fils du ci-devant marquis que le mien,—car je ne crains pas que ce gentilhomme revienne, pour me démentir, de l'endroit où il a émigré à nouveau...

«Qu'enfin, la loi seule a le droit—cette loi que vous invoquez—de revendiquer ces créatures sans famille et sans aveu...»

Voilà, encore une fois, ce que je serais en mesure de faire entendre à la justice... Mais voici ce que je vous dis, à vous,—et ça sera court, clair et précis, et je vous engage à le graver dans votre mémoire:

Le chérubin est en lieu sûr. Je vous défie de deviner le tiroir à secret où j'ai serré ce précieux trésor. Ce tiroir découvert, d'abord il faudrait en trouver la clé. Cette clé, je l'ai et je la garde. Or, je suis un individu qu'on ne crochète pas facilement... Quand vous vous ruineriez la cervelle à chercher; quand vous y emploieriez ce qui vous reste à vivre; quand vous révolutionneriez tous les tribunaux du département, toute la maréchaussée de la province, tous les mouchards de la République, vous n'aboutiriez qu'à un chou blanc!...

Nonobstant, je ne suis pas un Turc, et il me plaît de vous informer que l'innocent est sain, vif et gai,—*pour l'instant*. Mais c'est un gars si *maigriot*, si délicat et si *pâlot*! De la graine de grand seigneur, quoi! Il faut l'entourer de tant de soins, de ménagements et de prévenances! Son existence a tellement l'air de ne tenir qu'à un souffle! Et puis, les enfants, c'est sujet à des maladies si subites! C'est si variable et si casuel! Un jour, ça se porte comme un charme: crac! le lendemain plus personne!

S'il vous advenait, par hasard, de jaser à n'importe qui de ce dont nous venons de causer ce matin; s'il vous advenait de tenter la moindre démarche pour retrouver le petit sans ma permission; s'il vous advenait de tramer quelque complot à mon endroit,—soit seule, soit aidée par votre frère l'officier, soit avec l'assistance de toute autre personne,—je vous répéterais, à mon tour, ces deux mots avec lesquels vous comptiez si bien m'intimider tout à l'heure: «—Prenez garde!...» Votre fils a fait peu de tapage pour entrer dans ce monde... Eh bien! je vous donne ma parole qu'il en ferait encore beaucoup moins pour en sortir.

. . . .

Denise avait compris. Elle retomba sans force, brisée, à demi morte, sur le banc de gazon qui se trouvait derrière elle:

—Monsieur, balbutia-t-elle, que voulez-vous de moi?

VIII

DEMANDES EN MARIAGE

Quand il vit sous ses pieds la fille du garde-chasse:

—A la bonne heure! reprit Joseph du ton câlin dont on se sert pour flatter un enfant rétif qui vient de se soumettre enfin, à la bonne heure, chère demoiselle! Vous voilà sage comme une image. Gageons que cette conversation, qui avait commencé comme de chien à loup, va finir entre une paire d'amis...

Denise réitéra sa question:

—Monsieur, que voulez-vous de moi?

—Ce que je veux de vous, mignonne?

Il sourit et se frotta les mains:

—Rien que d'agréable, à coup sûr, pour deux estimables familles: la vôtre et la mienne. Y êtes-vous?... Non, n'est-ce pas?... Eh bien, je veux que vous m'aidiez à faire le bonheur de quatre personnes...

—Le bonheur de quatre personnes?...

—Celui, d'abord, de notre vaillant officier; celui de Florence, ma sœur chérie; le mien, ensuite; et puis, ma foi, aussi le vôtre, par-dessus le marché...

La jeune fille murmura:

—Je ne comprends pas...

—Bon; on va s'expliquer catégoriquement. Il s'assit sans façon auprès de sa victime:

—Votre frère Philippe cn tient pour la Benjamine...

La figure de Denise exprima la surprise sans bornes que lui causait cette communication inattendue. L'aubergiste appuya:

—Il en tient pour la petite, j'en suis certain; mais je n'ai pas le loisir de m'emberlificoter dans un écheveau de détails... De son côté, je penche à croire que Florence ne le voit point d'un œil indifférent. Confessez-les si vous voulez. Moi, je leur donne l'absolution... La fille d'un hôtelier à l'aise vaut le fils d'un garde-chasse qui n'avait pas le sou. Pauvreté n'est pas vice. Or, si l'ami Philippe a gagné l'épaulette d'argent, il héritera de quoi en redorer les fils quand nous aurons eu la douleur de perdre la maman Arnould...

—Cependant...

Le masque et la voix de Joseph ne changèrent point sensiblement. Pourtant, un frisson courut dans les veines de son interlocutrice, quand il repartit avec une douceur froide:

—Ah! pas de *cependant*, de grâce, citoyenne. J'ai horreur des objections. Si votre frère hésite, vous le déciderez. Je prétends que cette affaire soit menée rondement. En revanche, je vous promets de vous faire embrasser le *petiot*— en bonne santé—dès le lendemain des deux noces.

Denise, dont l'effarement allait croissant, répéta machinalement:

—Des deux noces?...

—Dame! après avoir assuré la félicité de nos deux amoureux, m'est avis qu'il est temps de songer à la nôtre...

La sœur du lieutenant, pour qui cette phrase n'était qu'un vain son, répéta à nouveau:

—La nôtre?...

Le paysan lui tapa sur le genou avec une familiarité amicale:

—Voyons, qu'est-ce que vous penseriez d'une situation qui vous permettrait de garder votre bambin auprès de vous, et de le choyer, de le dorloter, de le manger de caresses à bouche que veux-tu,—sans que personne eût le droit d'y trouver à reprendre et sans que votre frère y vît autre chose que ce qui vous plaira?...

—Mon frère?... Près de moi?... Mon enfant?...

—Oui, votre enfant, qui grandirait ainsi, qui se fortifierait, qui s'élèverait dans votre giron,—*amignotté* des baisers de votre tendresse et entouré des soins de votre sollicitude...

—Expliquez-vous.

—Et tout cela, je vous le récidive, sans le moindre accroc à votre réputation, sans que Philippe soupçonnât que vous l'avez trompé, sans que le monde cessât jamais de vous estimer, de vous respecter, de vous honorer, comme il vous estime, vous respecte, vous honore présentement; tout cela, ouvertement, franchement, au grand jour; tout cela, non pas seulement pour une semaine, pour un mois, pour une année, mais pour toutes les semaines, pour tous les mois, pour toutes les années que le ciel vous réserve, à vous et à ce mignon garçonnet...

—Seigneur! est-ce possible?...

—Ça l'est, déclara l'aubergiste avec rondeur; mais *donnant, donnant*, par exemple. Je n'ai pas le moyen de faire des cadeaux. Il s'agit de savoir de quel prix vous paieriez le particulier ingénieux qui vous arrangerait cette situation *à la papa...*

Il s'interrompit avec un gros rire:

—A *la maman* serait plus juste, pas vrai, puisque vous êtes la mère?

Denise s'était soulevée, transfigurée par l'espérance:

—Celui-là n'aurait qu'à demander!... Tout ce que je possède ici-bas!... Ma reconnaissance, mon sang, mon âme,—toute ma vie!...

Puis, se laissant retomber par un revirement soudain, et secouant la tête avec découragement:

—Mais non, ce serait trop de bonheur!... Je dois subir la peine de la faute commise... Vous vous abusez, citoyen, ou vous cherchez à m'abuser...

Joseph Arnould lui prit la main, et d'un ton persuasif:

—Ma chère petite, je ne m'abuse que lorsqu'il y a cause majeure, et vous êtes trop en mon pouvoir pour que je cherche à vous abuser. Rien de plus simple et de plus facile que ce que je viens de vous proposer. Suivez plutôt mon raisonnement:

Vous êtes demoiselle,—je suis célibataire,—nous sommes libres et majeurs. Nous nous marions le même jour que Philippe et la Benjamine. Et, sitôt la double cérémonie terminée, j'extrais votre Georges de la retraite où je l'ai provisoirement consigné; c'est un enfant orphelin que nous adoptons et que je fais nôtre; il s'assied à notre foyer, il devient de notre famille, et je l'institue mon légataire universel, au cas où la bénédiction de la sainte Providence ne s'étendrait point sur notre union...

—Moi, votre femme! s'exclama la fille du garde-chasse, en retirant sa main avec une horreur non déguisée.

Joseph demanda doucement:

—Y connaissez-vous quelque obstacle ou vous y sentez-vous quelque répugnance?

Sa voix ne haussa point la note, mais se fit plus aiguë et plus dure:

—Dans cette dernière hypothèse, je vous engagerais charitablement à prendre votre parti en brave et à subir de gaieté de cœur ce que vous ne sauriez empêcher...

Il se toucha le front du doigt:

—Je ne renonce pas aisément à ce qu'une fois j'ai décidé. Or j'ai mis là-dedans que je serais votre mari, et il faudrait briser la cage pour faire s'envoler l'oiseau.

La sœur du lieutenant s'était dressée,—chancelante...

—Mais, songez donc, s'écria-t-elle, songez que je ne m'appartiens plus! Mort ou vivant, je suis toute à Gaston. J'ai été sa maîtresse, disiez-vous tout à l'heure; eh bien, si je n'ai pu être sa femme, ayez pitié et laissez-moi rester sa veuve!...

L'aîné des Arnould brossait maintenant avec la manche de son habit les longs poils de son chapeau évasé en tromblon:

—Bah! fit-il, il y a des veuves qui se remarient. Vous n'en amènerez point la mode.

Denise sanglota:

—C'est atroce!... Monsieur, oh! monsieur, vous n'avez pas mesuré ma torture! Je ne pourrai jamais vous aimer: j'en aime un autre, un mort! Je ne vous aime pas!...

—Moi, je vous aime, articula Joseph lentement.

—Vous!...

Elle le regarda sans le croire.

Pas une ligne n'avait bougé du masque du paysan. Mais ce masque se glaçait d'une telle couche de résolution que la jeune femme comprit qu'autant vaudrait prier un de ces mascarons de pierre ou de marbre sculptés au fronton de certains monuments.

Notre homme s'était dégagé de l'étreinte suppliante de la malheureuse. Il tira sa montre, la consulta et reprit:

—Voici que nous marchons sur midi. La famille et la soupe m'attendent à la maison. Je vais avoir le déplaisir de vous tirer ma révérence... Je vous accorde huit jours pour décider votre frère Philippe à demander la main de la Benjamine et pour vous décider à accepter la mienne... Si tout finit comme je prétends, votre repos est établi solidement et à jamais. Vous serez heureuse, considérée, tranquille, et votre fils partagera votre avenir de fortune et de bonheur. Si, au contraire, vous ne vous résignez point à agréer mes offres; si vous refusez d'agir dans le sens indiqué, ou si vous commettez quelque inconséquence, n'accusez que vous-même de ce qui vous atteindra. Adam et Eve furent chassés du Paradis pour une pomme. Songez au galopin. Nous sommes tous mortels. Sur ce, je vous souhaite le bonjour...

Denise demeurait affaissée sur le banc. Elle ne pouvait plus penser. Elle ne pouvait plus pleurer...

Son Georges idolâtré existait!...

Oui, mais la chère créature était au pouvoir de ce misérable...

Et sa pauvre mère ne trouvait dans son cerveau endolori aucun moyen pour l'arracher au sort, aux bras qui le menaçaient!...

Nous savons, nous, que l'aubergiste avait menti effrontément. Nous savons qu'il ignorait de la façon la plus absolue ce qu'était devenu l'enfant que nous avons rencontré au *Coq-en-Pâte* la nuit du double assassinat, en compagnie du colporteur Anthime Jovard. Nous savons que tous les efforts des gens de l'hôtellerie sanglante pour découvrir la trace de cet enfant étaient restés complètement infructueux.

Mais la fille de l'ancien houzard ne savait rien de tout cela, elle! Et le fils aîné d'Agnès Chassard, expert en l'art du mal et de la feinte, avait greffé sur cette ignorance de la jeune femme l'habile comédie qu'il venait de jouer:

—Marions-nous d'abord, s'était-il dit dans ses infernales rubriques. Nous aviserons ensuite...

L'idée de ce mariage n'épouvantait pas moins la sœur du lieutenant que la mort suspendue sur la tête de son Georges. Car l'homme lui était instinctivement odieux.

Il y avait autour de cet immense désespoir un silence que traversaient seuls les battements d'ailes et les pépiements des oiseaux. La journée s'avançait. Le soleil allait baissant. Une voiture roulait, au lointain, sur la route...

Ce roulement s'enfla peu à peu, comme si cette voiture se rapprochait du parc; puis il s'éteignit brusquement, comme si elle venait de s'arrêter. Denise l'entendit à peine. Elle ne prêtait, du reste, aucune attention aux différents bruits que le soir ramenait, en tombant, autour d'elle.

Soudain, une voix s'éleva par devers le pavillon du garde...

Cette voix était celle de la Gervaise, en quête. La petite servante criait:

—Où donc êtes-vous, demoiselle?

Presque aussitôt, la fillette apparut sous les arbres, et, apercevant sa maîtresse, courut vers elle tout d'une traite:

—Moi qui vous cherche depuis ce matin! Sainte Vierge! S'il y a de la raison à demeurer ainsi toute la journée sur un banc, en sa société à soi toute seule,— sans une personne avec qui tenir un brin de conversation!

Puis considérant la jeune femme, et joignant les deux mains avec compassion:

—Sans bouger, sans manger, sans parler!... Quelle lubie!... C'est ça qui ne me surprend pas, que vous ayez l'air si malade!...

—Vous êtes allée à Vittel? demanda Denise faiblement.

—Oui, citoyenne, et j'y ai vu la citoyenne Florence Arnould, qui ne se porte point plus mal, qui vous envoie ses compliments et qui viendra demain aux Armoises...

Ensuite, passant sans transition du *Coq-en-Pâte* au pavillon:

—Votre frère, le lieutenant Philippe, est de retour à la maison. Il vous attend, il vous désire, il vous réclame...

—C'est bien, ma fille, je vous suis.

La jeune femme se mit debout avec effort et prit péniblement le chemin du logis.

La Gervaise, qui sautillait à ses côtés, donnait un libre cours à sa démangeaison de parler:

—Il est certain que le citoyen officier doit avoir fièrement besoin de vous... Et de moi *itou*, ne lui déplaise... Avec ce qu'il nous a ramené tout à l'heure, dans son carrosse...

Elle regarda Denise, à la dérobée, pour juger de l'effet produit, et appuya:

—Ce carrosse à deux chevaux—fermé comme une armoire—contre la roue duquel trottait le brigadier Jolibois. C'est moi que l'on a rembarrée quand j'ai essayé d'approcher... N'empêche que j'ai vu tout de même...

Et tirant sa maîtresse par la robe:

—C'est pour lui, n'est-ce pas, demoiselle, que le lieutenant m'a ordonné de dresser un lit dans votre chambre?...

—Pour lui?

—Pour ce gentil marmot qu'ils ont descendu de la voiture...

—Un marmot?

—A croquer tout cru, avec ses jolis cheveux dorés qui frisottent tout autour de sa petite figure blanche comme ma guimpe des dimanches et que je jurerais plus douce qu'un satin. Et si menu, si chétif, si miévrot, si fragile! Vous auriez cru qu'ils avaient peur de le casser en le touchant, tellement ils ont pris de précautions pour le déposer dans le grand fauteuil du défunt citoyen Hattier, votre père!

L'intelligence de Denise flottait dans un milieu obscur. Les dernières paroles de Gervaise y ressuscitèrent la pensée, comme une secousse imprimée à un vase agite et fait remonter les objets submergés. Elle s'arrêta pour questionner:

—Un enfant?... Vous dites que mon frère a ramené un enfant?...

—Vous n'étiez donc pas prévenue? Ah! bien, en voilà une farce!... Un vrai bijou de dix ou onze ans, qui vous dévisage avec quelque chose de si *braque* qu'on s'imaginerait volontiers qu'il a reçu un coup de marteau...

—Un enfant qui semble souffrir?...

—Sûrement qu'il n'a pas la mine à la gaieté... Un convalescent, quoi!... Comme si la maison était un hôpital!

On arrivait au pavillon.

Devant celui-ci stationnait une de ces antiques berlines, poudreuses, massives, haut montées sur ressorts, closes de glaces étroites et de rideaux de serge, comme l'on en emploie encore pour les mariages et les baptêmes dans les chefs-lieux de canton des provinces les plus éloignées de Paris, et comme, dans le rayon de ce dernier, l'on n'en rencontre plus que par les avenues désertes de Versailles et sur le pavé pointu des rues de Saint-Germain.

Sur le siège de ce véhicule, un solide luron était assis, qu'en dépit de son chapeau rond recouvert d'une toile cirée, de sa blouse de cotonnade bleue et de ses houzeaux de postillon, on reconnaissait, à ses cheveux taillés en brosse, à sa moustache militaire, à sa figurc énergique, pour l'un de ces troupiers que l'on peut baptiser de ce surnom de *dur-à-cuire* fourni par la cuisine du bivouac, où il s'est plus d'une fois trouvé des haricots réfractaires.

Ce cocher,—un soldat travesti, sans nul doute,—s'occupait, pour l'instant, à retourner ses chevaux, afin de leur faire reprendre la route par laquelle ils étaient venus. Le brigadier Jolibois, planté sur son *poulet d'Inde*, se disposait à l'accompagner. Tous deux prenaient congé de Philippe Hattier, debout au seuil du pavillon.

—Ainsi, disait notre officier, vous êtes certains, mes camarades, que nous n'avons pas trop éveillé l'attention dans les diverses localités que nous avons été obligés de traverser?

—Aucune espèce d'attention indiscrète, offensive ou rédhibitoire,— toutes les populations rurales, agricoles et cultivatrices vaquant au diable, dans les champs, à leurs occupations rustiques, respectives et particulières, si j'ose m'exprimer ainsi.

—Personne n'a éventé le déguisement de notre conducteur?

—Chopin?... Ah bien, oui!... Voilà deux jours qu'il a débarqué du train des équipages à la brigade, et il n'a pas encore fait de service, approximativement parlant.

—A merveille: vous rendrez compte au citoyen Bernécourt des résultats de notre voyage et vous l'informerez que sitôt qu'il se produira du nouveau, je l'en instruirai sans retard.

—Oui, mon lieutenant.

—Vous aurez soin de tourner Vittel, comme nous l'avons fait tout à l'heure.

—Oui, mon lieutenant.

—Enfin, à quiconque vous questionnerait,—à *quiconque*, vous entendez,— sur le contenu de la voiture que vous étiez chargé d'escorter, vous répondrez que cette voiture reconduisait à son domicile un pauvre fou dont la famille a tenu à cacher le nom. C'est ce qui a été convenu avec le directeur du jury d'accusation. Vous m'avez compris?

—Oui, mon lieutenant.

—*Rompez*, alors, et *motus*! Vos galons de maréchal-des-logis sont au bout de votre silence. Je vous les attacherai moi-même sur la manche le lendemain du jour où vous m'aurez aidé à arrêter ceux que nous cherchons.

. . . .

En ce moment, Denise et Gervaise rentraient au logis par la porte latérale qui ouvrait du *poêle* dans le parc.

Au milieu de cette pièce, dans le vaste fauteuil de canne et de tapisserie affecté jadis à l'usage du vieux garde Marc-Michel, un enfant se tenait, pâle, immobile, ses deux mains exsangues appuyées sur le bras du siège, et plus semblable, dans sa contemplation muette, à quelque figure de cire qu'à une créature vivante.

C'était un garçon d'une dizaine d'années, maigre, d'aspect souffreteux, vraiment beau, avec ses traits réguliers, son nez fin, sa bouche sérieuse, son teint mat et sa chevelure blonde, crespelée autour d'un front large, correct de dessin, mais hélas! déjà sillonné de rides visibles et précoces.

Le malheur et la maladie avaient touché de leurs ailes noires ce jeune front au-dessous duquel deux grands yeux rêveurs étincelaient dans un cercle de bistre, et l'avaient fait pencher sur une poitrine étroite que soulevait une respiration courte, sifflante et saccadée.

Une poésie étrange, un charme puissant, ce je ne sais quoi d'attirant que donne la douleur physique et morale, se dégageait de ce pauvre être dont le regard nageait triste, tranquille et doux, quand il ne s'allumait point d'une sorte d'égarement ou quand il ne se chargeait point d'une expression de folle terreur.

Cet enfant était revêtu de l'uniforme sombre des petits orphelins.

IX

L'ENFANT

A sa vue, un choc soudain se produisit au dedans de la sœur du lieutenant. Son cœur vibra, palpita, s'élança vers ce petit être inconnu. Elle songea que son enfant, à elle, aux mains de celui qui le retenait, devait avoir cette pâleur étrange, cet accablement morne, cette apparence de faiblesse et de souffrance,—cet enfant que Joseph Arnould lui avait montré «si *pâlot* si *miévrot* et si *faiblot*,» n'ayant que le *souffle d'un souffle*.

Puis, de cette comparaison, de cette assimilation, cette idée surgit subitement dans son pauvre cerveau ébranlé qui ne pensait plus que comme on rêve:—Si ce n'était pas seulement là une ressemblance!...

Si c'était son fils qu'elle avait devant les yeux!...

Si un miracle avait enlevé l'innocent au misérable qui le gardait captif loin de sa mère!...

Quelque chose d'inconcevable et d'irrésistible persuadait celle-ci que ce miracle s'était accompli...

Comment, quand et par qui? Elle n'aurait su le dire. Mais ce cri montait de sa poitrine à ses lèvres:

—Mon Georges! C'est mon Georges! Je le reconnais! Vous qui me le rendez, soyez béni, Seigneur!...

La voix de Philippe arrêta à la fois et ce cri prêt à s'échapper et l'élan de tendresse insensée qui poussait la jeune femme vers l'enfant.

—Ma Denise, prononça gravement le lieutenant, voici l'hôte dont je t'ai annoncé la venue. Voici le cher et précieux malade à qui tes soins rendront, j'espère, et la raison et la santé. Voici le malheureux orphelin à qui je te demande en grâce de tenir lieu de la famille qu'il a perdue...

La fille du garde-chasse refoula en elle-même le sentiment qui l'entraînait, et, s'efforçant de maîtriser son émotion:

—Cet orphelin, Philippe, quel est-il, je vous en prie? D'où vient-il et pourquoi se trouve-t-il ici?

—C'est ce que je t'expliquerai dans cinq minutes, ma sœurette. Car la consigne est levée, Dieu merci! Le citoyen Bernécourt m'a délié la langue, ce matin.

Ensuite, se tournant vers Gervaise, dont la prunelle écarquillée et l'oreille tendue recueillaient avidement ce qui se passait autour d'elle, l'officier intima d'un ton de bonne humeur:

—Avancez à l'ordre, vous, ma mie! Fixe! attention! et tâchez d'inculquer le mot d'ordre dans votre tête de linotte!...

La servante s'approcha.

—J'ai le plus grand intérêt, poursuivit Philippe, à ce que tout le monde ignore que cet enfant,—au service duquel vous allez être attachée désormais,—est le fils d'un de mes anciens compagnons d'armes...

—De votre régiment?...

—De mon régiment.

—Tué à la guerre peut-être?...

—Tué à la guerre, précisément... Maintenant écoutez, ma fille: Vous allez prendre ce petit homme, qui ne pèse pas lourd, hélas! et que j'ai tiré, ce matin, de l'hospice des orphelins d'Epinal pour achever de le rétablir—par l'air salubre de la campagne—d'une longue, cruelle et bizarre maladie... Vous le porterez là-haut, dans la chambre de votre maîtresse; vous le coucherez dans le lit que vous avez préparé, et vous veillerez à son chevet jusqu'à ce que ma sœur vienne vous remplacer. S'il paraît agité, vous nous avertirez tout de suite. Comportez-vous convenablement avec lui: le malheureux ne vous fatiguera point de ses exigences. Il est muet...

—Muet! s'exclama la servante.

—Muet! répéta la jeune femme.

—Si ce n'était que cela encore!...

Philippe toucha du doigt son front avec un geste tellement significatif, que Gervaise s'écria en joignant les mains:

—Muet et idiot? Pauvre chou! Foi d'honnête fille, je m'y intéresse et vous pouvez compter sur moi pour le *dodiner* comme il faut.

—Muet et idiot! redit Denise, frappée au cœur.

Elle ajouta, si bas qu'aucune des personnes présentes ne put l'entendre:

—Ce n'est pas mon Georges!

L'enfant,—probablement fatigué du voyage,—s'était assoupi dans le grand fauteuil. Philippe fit signe à la servante de l'enlever entre ses bras et de l'emporter au premier étage.

Puis, lorsque la Gervaise et son fardeau eurent disparu dans l'escalier, il vint s'asseoir près de sa sœur, et baissant le ton d'une octave:

—J'ai dit à cette fille ce qui me convenait et ce que je voulais qu'elle répétât au dehors. Mais tu vas tout apprendre, toi, ma brave Denise. Aussi bien, nous avons besoin que tu nous aides...

Et, d'abord, cet enfant, qui n'est pas celui d'un de mes ex-camarades,—cet enfant, dont la justice n'a pas encore pu parvenir à découvrir le nom, le pays, la famille,—cet enfant n'est point muet... absolument du moins...

Avec les gens, il se renferme dans un silence complet, persistant et obstiné, dont rien au monde ne saurait le forcer à se départir...

Mais il parle, il parle dans les accès de fièvre ou de folie qui succèdent à la torpeur dans laquelle tu l'as vu plongé, qui brûlent son sang, tourmentent son sommeil et travaillent sa cervelle impressionnée jadis par quelque spectacle terrible...

C'est en épiant son délire, c'est en recueillant, en rassemblant les lambeaux de phrases incohérentes qu'il laisse échapper au cours de ces heures agitées par mille visions sinistres, que nous avons abouti, M. de Bernécourt et moi, à nous convaincre de ceci: que le malheureux s'est trouvé mêlé à une épouvantable catastrophe...

Cette catastrophe, tout dénonce qu'il a failli en devenir la victime...

C'était la nuit... Une femme le sauva... Cette nuit-là, deux hommes durent être assassinés...

Où? quand? dans quelles circonstances?...

Il semble l'ignorer ou l'avoir oublié,—tant la terreur qui s'abattit sur lui en ce moment paraît avoir troublé, paralysé ses sens!... Mais à Vittel certainement, ou dans les environs; car c'est de Vittel qu'il nous a été amené... Et, certainement encore, la nuit qui précéda son arrivée à Epinal...

Mais c'est ce qu'il nous dira plus tard, lorsque le temps, le calme, une sollicitude de tous les instants auront rendu la vie à son intelligence et les forces à son corps...

Les médecins qui l'ont assisté attendent les meilleurs résultats de sa jeunesse pleine de ressources et d'un repos réparateur, dont l'action s'activera de l'air et de la vue des champs, au milieu desquels tout nous fait supposer que s'est écoulée son enfance. Moi, ma Denise, j'attends tout de ton bon, de ton vaillant cœur...

Veux-tu servir de mère à l'orphelin? Veux-tu ramener la lumière dans cette intelligence dont le trouble assure l'impunité aux bandits qui ont frappé Gaston?...

—Les bandits qui ont frappé Gaston! s'écria Denise, qui se leva droit sur ses pieds à cette révélation inopinée.

Philippe poursuivit avec énergie:

—Ou je me trompe fort, ou ce sont les mêmes que ceux aux coups desquels une intervention étrangère a seule soustrait cet innocent...

—Vous croiriez?...

—J'en suis sûr; tout l'indique—et voilà pourquoi je t'adjure de te consacrer tout entière à la tâche de faire renaître chez ce pauvre être la lucidité et le souvenir qui vengeront ceux qui sont morts. Cet enfant, c'est l'instrument de la justice, que celle-ci te confie pour que tu le lui rendes capable de la servir. C'est la manifestation de la vérité. C'est le châtiment des coupables...

—J'agirai comme vous le désirez, mon frère, prononça Denise lentement.

Le lieutenant l'embrassa avec effusion:

—Merci, sœurette. J'avais répondu de toi au citoyen de Bernécourt. A l'œuvre donc! Dieu nous protège, et j'ai le ferme espoir que nous réussirons. Par exemple, il faut que nous jouions serré. Le crime manqué peut être tenté de nouveau, et la première précaution dont nous devions couvrir notre hôte, c'est un secret absolu et une sévère retraite...

Puis, s'interrompant:

—Ah çà! à propos de notre hôte, je m'aperçois que je ne t'ai pas encore communiqué un tas de choses qu'il est nécessaire que tu saches pour le succès de notre entreprise. Ainsi...

—Attendez! fit la jeune fille vivement.

Son geste impérieux défendait toute réplique.

Les pistolets de l'officier étaient déposés sur un meuble. Denise en prit un, l'arma, ouvrit la porte du *poêle* qui conduisait dans le parc et se glissa dehors.

La nuit était tombée. La lune neigeait sur les massifs, blêmissant le tronc des arbres qui baignaient dans les hautes herbes et les broussailles, éclairant les allées, argentant les clairières, secouant des poignées de paillettes à la surface des eaux dormantes, et faisant, par ses jeux de lumière, paraître plus sombre et plus épaisse l'ombre des fourrés, des lointains, et celle que projetait le pavillon sur la zone de terrain le long de laquelle nous avons vu naguère évoluer Joseph Arnould.

Ce fut sur ce point, surtout, que se portèrent les investigations de la sœur de Philippe. Elle sonda de l'œil et de la main l'épais manteau de lierre qui renflait autour du bâtiment et ne rentra qu'après s'être convaincue que personne n'était caché à l'intérieur.

—Qu'est-ce donc? interrogea le lieutenant, et pourquoi ces précautions?...

—Parce que, la dernière nuit que nous avons passée à nous entretenir...

—Eh bien?...

—Il m'avait semblé que quelqu'un marchait sous la croisée, dans le parc...

—Quelque chevreuil bondissant sur les pelouses ou quelque maraudeur de bois mort ou de gibier mettant à profit l'absence de toute espèce de garde et de surveillant dans les propriétés de nos nouveaux seigneurs.

Et le brave gendarme souligna en riant:

—Nos nouveaux seigneurs, *les marquis du Coq-en-Pâte...*

Denise étouffa un soupir. Puis, elle fut s'assurer si les fenêtres de la chambre étaient hermétiquement fermées. Puis encore, revenant à son frère:

—Maintenant, vous pouvez parler, Philippe; je vous écoute.

X

L'ABBÉ BROSSARD ET LE CITOYEN DE BERNÉCOURT

Substituons-nous à l'ami Hattier pour raconter—succinctement—ce que ce sympathique personnage est en train de narrer par le menu à sa sœur, et complétons son récit de nombre de détails que l'excellent garçon ne peut connaître et dont il est indispensable que nous informions le lecteur.

Retournons donc en arrière et reportons-nous à la matinée qui suivit la nuit dont le voile prêta son aide aux sanglants agissements des hôtes du *Coq-en-Pâte* et à l'œuvre de salut en partie accomplie par la vaillante Benjamine.

Il était huit heures environ. Le soleil, éveillé depuis quatre heures, avait effacé toutes les traces de l'orage et «criblait de sagettes d'or» la campagne animée par maint groupe de travailleurs. Ici, les moissons encore sur pied tranchaient—blondes—sur le vert vif des grandes prairies. Là, le parfum des foins récemment fauchés se mêlait à la sauvage senteur des bois qui fermaient l'horizon.

Un cabriolet léger, attelé d'un cheval *de réforme*, mais au trot sec, allongé, persistant, sortait de Vittel, courait sur la route de Mirecourt jusqu'à l'endroit—près de Velotte—où cette dernière s'amorce à celle d'Epinal, puis, tournant à droite, s'engageait dans la direction du chef-lieu, en traversant Dompaire, Darnieulles et les Forges.

Le cheval allait allègrement par les vallons et les collines.

Sur la banquette du véhicule, dont la capote était à moitié rabattue, s'asseyait un ecclésiastique de solide encolure et de physionomie vénérable, que les paysans qu'il rencontrait, vaquant à leurs occupations dans les villages où il passait, ou courbés sur la besogne ordinaire, dans les cultures, aux bords du chemin, saluaient d'un coup de chapeau respectueux et de cette question déguisée:

—Serviteur, monsieur le curé. Hé, hé! si tôt dehors ce matin! Nous avons donc besoin *quèque* part?

Ce à quoi le bon abbé Brossard, desservant de Vittel, répondait amicalement:

—Bonjour, mes chers enfants, bonjour. Le grand vicaire de l'évêché m'attend à goûter chez mon confrère d'Epinal...

—Bon voyage et bon appétit, monsieur le curé.

—Merci, mes enfants, et vous de même. Hop là! hop là! hé! Muscadin!...

Et l'animal filait!...

Et la figure du digne prêtre, tout à l'heure si claire et si riante, devenait sérieuse et pensive, comme si la solution de quelque grave problème embarrassait à la fois son intellect et sa conscience...

Et quand il était sûr de ne pas être épié, aux revers de la route, par quelque ouvrier abandonnant sa houe, par quelque vigneron redressant son dos voûté, ou par quelque gardeuse de chèvres, d'oies, de vaches ou de moutons grimpant dans un saule pour mieux dévisager les rares voyageurs, alors il se retournait à demi, sans cesser de tenir les rênes à Muscadin, pour considérer avec une anxieuse pitié un corps étendu derrière lui, sous la capote de la voiture, et qu'il masquait entièrement à la curiosité des passants.

Ce corps était recouvert d'un manteau, que, par moments, l'ecclésiastique soulevait avec précaution. Et l'on apercevait—inerte sur un coussin—un garçonnet, blême et hagard, dont le visage empreint, à l'état normal, d'une mélancolique douceur, revêtait, pour l'instant, l'expression de l'un de ces épeurements intenses qui vont jusqu'à l'abêtissement.

Il ne dormait point. Non certes. Car ses prunelles roulaient de ci de là, farouches, sous ses paupières relevées, et ses membres grêles se tordaient, secoués par une série intermittente de soubresauts. Cependant, aux paroles affectueuses du prêtre, qui s'efforçait de le rassurer, de le consoler, et qui l'exhortait au courage, à la patience, à la résignation, il opposait une insensibilité morne, un mutisme opiniâtre, un anéantissement stupide, ou ne répliquait que par des plaintes faibles, vagues, sourdes et inarticulées.

. . . .

A Dompaire, l'abbé Brossard fit donner le picotin à son cheval et mangea lui-même un morceau sans se déranger de sa place.

Ensuite, il repartit en hâte.

Bientôt, du plateau de Chantereine, il vit émerger sous les pieds de Muscadin la grosse tour carrée et la petite tour ronde de l'église d'Epinal, autour desquelles les toits de la ville s'accroupissaient dans le bas-fond, et, par delà celui-ci, en face, se dresser, comme des pains de sucre dentelés de sapins, les collines du Château, de la Justice et de Lanfromont.

Le cabriolet dégringola, en dansant, le faubourg de Mirecourt. Il franchit le pont dit *des Quatre-Nations* et enfila la rue Léopoldbourg.

Trois heures clochaient au *Boudiou*,—*boudiou* est un mot du patois vosgien qui signifie *menteur*, et l'on a ainsi baptisé l'une des plus anciennes horloges d'Epinal, à cause des irrégularités de sa sonnerie,—comme il roulait sur le pont de bois, à cette époque seul trait d'union entre la *Grande* et la *Petite-Ville*.

Il traversa la place des Arcades, où l'arbre de la Liberté—qu'on ne devait abattre qu'en 1814,—était planté vis-à-vis de la vieille fontaine écussonnée aux armes de la ville, *une tour d'argent sur champ d'azur*,—infléchit légèrement à gauche, laissa les halles de côté et s'arrêta, derrière la paroisse, sur une autre petite place, contre le perron du bâtiment où l'on venait d'installer la prison, la cour d'assises et les différents services du parquet.

Au bruit insolite du cabriolet *stoppant* devant «le tribunal,» les deux huissiers, qui sommeillaient sur un banc dans le vestibule, se présentèrent sur le perron en se détirant et en bâillant à se décrocher la mâchoire.

—Mes amis, dit l'abbé Brossard, veuillez tenir mon cheval en bride et veiller à ce que personne n'approche de ma voiture.—M. de Bernécourt donne toujours audience jusqu'à quatre heures, n'est-ce pas?—C'est bien; je me rends près de lui, et lorsque je vous ferai signe en frappant à la vitre de son cabinet, vous prendrez avec précaution et vous transporterez dans ce cabinet l'enfant malade qui est là sous la capote, enveloppé de mon manteau....

—Mais, objecta l'un des huissiers du ton rogue d'*un fonctionnaire* que l'on dérange, le citoyen directeur du jury d'accusation est occupé, en ce moment, avec le nouveau commandant de la gendarmerie,—et nous ne savons s'il pourra....

—Il faudrait préalablement que l'on annonçât M. l'abbé, appuya l'autre en toisant le voyageur.

Le prêtre supporta cette œillade sans broncher:

—Ne prenez pas cette peine. Je m'annoncerai tout seul. M. de Bernécourt m'a déjà fait plusieurs fois l'honneur de me recevoir.

Il sauta lestement en bas du véhicule et gravit le perron d'une façon encore fort alerte pour son âge; puis, avant de disparaître dans le vestibule:

—*Ne laissez approcher personne...* Je vous renouvelle cette recommandation formelle... Votre maître vous l'adresserait comme moi...

. . . .

Le cabinet du directeur du jury d'accusation et les divers services qui en dépendaient absorbaient alors le local où sont aménagés actuellement les bureaux des différents greffes, au rez-de-chaussée, en face de l'escalier qui conduit à la cour d'assises.

Ainsi que l'avait annoncé l'huissier, M. de Bernécourt se trouvait, pour l'instant, en conférence avec le lieutenant Philippe Hattier. Notre officier, arrivé la veille à Epinal, de Charmes, où il avait quitté le marquis des Armoises, procédait aux visites d'usage aux autorités du pays.

Ancien collègue au bailliage de Mirecourt, puis secrétaire particulier, à l'intendance générale de Lorraine, de François de Neufchâteau, son compatriote,—Bernécourt est un bourg sur les confins de la Meuse, dont le fief appartenait autrefois à ses ancêtres,—le directeur du jury d'accusation avait été rallié à l'ordre de choses existant par l'éminent homme d'Etat, devenu plus tard ministre de l'intérieur. Plus tard encore, François de Neufchâteau l'avait énergiquement appuyé près du Premier Consul, lors du remaniement en province des fonctionnaires des ordres administratif et judiciaire. Bonaparte se connaissait en gens de mérite et d'action. Aussi s'était-il empressé de placer M. de Bernécourt à la tête de la magistrature militante des Vosges.

Ce dernier était un personnage d'une cinquantaine d'années, d'une coupe de visage aquiline, l'œil sagace, la bouche fine, le front développé, portant la poudre, le costume noir et les dentelles comme les portait la noblesse de robe avant la Révolution, et chez lequel la sévérité de l'abord s'adoucissait par l'aisance et la courtoisie, qui sont comme la seconde nature de l'homme du monde.

Il avait accueilli Philippe Hattier avec une cordiale déférence,—la déférence que commandait l'un des plus héroïques soldats de ces armées qui avaient suivi le futur César à la victoire, et dès le début de l'entretien:

—Les notes les plus flatteuses vous ont précédé ici, mon cher lieutenant, et je suis heureux de saluer en vous un collaborateur dont l'activité, le dévouement et le courage ne peuvent manquer d'amener les meilleurs résultats...

—Le citoyen directeur me comble...

—Le cas que vos chefs font de vous me suffit, en attendant que vous m'ayez donné l'occasion de vous apprécier... Puissiez-vous réussir mieux et plus vite que nous dans la tâche dont je n'ignore point que vous ont spécialement chargé le Premier Consul et le général Savary: celle de découvrir les mystérieux auteurs des nombreux attentats qui, depuis si longtemps, épouvantent ce pays! Nul ne se réjouirait plus que moi d'y coopérer avec vous. Mais je le souhaite sans l'espérer...

D'ordinaire, quand une série de crimes de cette nature se perpétue sur une si minuscule parcelle de terrain,—où tout le monde se fréquente, se connaît, se sait par cœur, pour ainsi dire,—à défaut de certitudes, de preuves, la vigilance, l'obstination de la justice, de la police, finissent par obtenir des soupçons, des indices...

Ici, ni soupçons, ni indices...

Les coupables n'ont pas laissé derrière eux un fétu compromettant...

A Vittel, l'opinion publique, si généralement prompte à accuser les gens, n'incrimine personne au monde. Aucun voisin ne suspecte son voisin. Cette voix du peuple se tait, qui est parfois la voix de Dieu! Le citoyen Thouvenel, le juge de paix, un homme perspicace et un honnête homme...

—Je le connais, citoyen directeur. Vittel est mon pays. Je suis né aux Armoises.

—Le citoyen Thouvenel me répond de ses administrés. De son côté, le citoyen Pommier, mon confrère de Mirecourt, me garantit les habitants des communes environnantes. Ces deux fonctionnaires sérieux, devant les convictions desquels je suis obligé de m'incliner, ont minutieusement étudié les lieux et les individus soumis à leur juridiction: les lieux gardent le secret qu'on leur a confié, et les individus mènent une vie si limpide, si unie, si exemplaire, qu'on se demande, en vérité, si l'Arcadie n'a pas émigré des rives de la Grèce idéale, pour venir s'encastrer dans ce coin de la Lorraine!...

—L'Arcadie?... C'est possible... Je ne connais point ce département...

Et le brave gendarme chiffonnait sa moustache, peu ferré qu'il était sur la géographie ancienne!...

Le magistrat continua:

—Eh bien, en dépit des affirmations des citoyens Thouvenel et Pommier, en dépit des rapports de mes autres agents, en dépit de l'évidence, je persiste à penser que les misérables dont il s'agit ne sont point étrangers au canton, ou tout au moins à la province...

—C'est l'avis du général Savary; c'est aussi celui du Premier Consul...

M. de Bernécourt fut intérieurement flatté de se trouver en communauté d'idées avec deux des principaux personnages de l'Etat. Il poursuivit avec chaleur:

—Nous sommes en face d'un petit groupe de malfaiteurs résidant, depuis nombre d'années, dans l'endroit où ils fonctionnent, ne s'en écartant point, employant les mêmes procédés, procédés et endroit toujours restés dans l'ombre. Parfois ces malfaiteurs chôment... Alors, la contrée respire... C'est ainsi que, depuis près d'un an, nous n'avons eu aucune disparition à constater... Nos criminels se sont-ils amendés? Leur bras s'est-il lassé de frapper? Ou bien, enrichis par leurs précédentes et copieuses rapines, ont-ils renoncé à leur sanglante industrie?... C'est ce que j'inclinerais à croire...

—Et vous vous tromperiez, citoyen directeur, prononça une voix grave.

M. de Bernécourt se retourna vivement:

—Quoi! c'est vous, monsieur l'abbé! s'exclama-t-il avec surprise en apercevant le desservant de Vittel sur le seuil de la porte que, tout entier à son discours, il n'avait pas entendu ouvrir.

L'ecclésiastique s'avança dans le cabinet:

—Excusez-moi de me présenter ainsi *ex abrupto*; mais le motif qui m'amène...

—Quel que soit le motif qui vous amène, vous n'en êtes pas moins le bienvenu.

Puis, désignant le prêtre et l'officier l'un à l'autre, le directeur du jury d'accusation ajouta:

—Le citoyen Brossard, curé de Vittel, chez lequel j'ai reçu la plus cordiale hospitalité, lors de mes différentes visites dans cette localité... Le citoyen Hattier, notre nouveau lieutenant de gendarmerie à la résidence de Mirecourt...

L'ecclésiastique tendit la main au frère de Denise:

—Le citoyen Hattier est un de mes enfants, dit-il.

—Parbleu! monsieur l'abbé, repartit Philippe joyeusement, c'est vous qui m'avez fait faire ma première communion.

Les deux hommes échangèrent une chaleureuse étreinte.

—Le brave fils d'un brave père, appuya le desservant, et je ne suis pas fâché de le rencontrer ici, eu égard à la communication importante qui est le but de mon voyage...

—C'est vrai, reprit M. de Bernécourt, que nous disiez-vous en entrant?... Que je me trompais...

—En espérant que certains scélérats avaient interrompu leur sinistre besogne hélas! oui, monsieur le directeur...

—Comment?... Que signifie?...

—Un crime a dû être commis, cette nuit, à Vittel!...

—Un crime?... Cette nuit?... A Vittel?

—Ce n'est malheureusement que trop probable...

—Et qui peut vous faire supposer?...

Le bon curé s'assit et exposa ce qui suit:

Il avait veillé tard, la nuit précédente, pour préparer une homélie dont il comptait régaler ses ouailles l'un des dimanches prochains. L'orage, qui avait éclaté au début de la soirée, s'était apaisé peu à peu. Il était approchant deux heures du matin. L'ecclésiastique allait se coucher. Soudain, un violent coup de sonnette avait retenti à la porte du presbytère...

Persuadé qu'un de ses paroissiens venait réclamer les sacrements pour un malade en danger de mort, le desservant s'était empressé de descendre et d'ouvrir...

Sur les degrés du perron, un enfant gémissait...

Et dans l'ombre, une forme blanche,—une femme s'enfuyait,—disparaissait au tournant d'une ruelle...

L'abbé prit l'enfant, le monta dans sa chambre, et le déposa sur son lit. Le pauvre petit était en proie à une horrible crise nerveuse, pendant laquelle jaillissaient de ses lèvres des exclamations et des lambeaux de phrases qui témoignaient de la plus profonde terreur...

Il avait échappé à un péril immense, dans une maison où il était question de tuer deux hommes...

C'était du moins ce qu'en le soignant et en s'ingéniant à le calmer, l'ecclésiastique avait cru comprendre dans ses divagations confuses...

Puis, le malheureux garçonnet s'était endormi du sommeil de la prostration. Et l'abbé s'était demandé s'il garderait chez lui l'hôte qui lui arrivait d'une si étrange façon. Il s'était demandé s'il informerait simplement les autorités locales,—le maire, le juge de paix et le citoyen Pommier. Mais, dans ce cas, Vittel et tous les environs seraient instantanément en émoi. Les coupables, prévenus, fuiraient ou prendraient leurs sûretés. Qui sait? peut-être tenteraient-ils d'achever ce qu'ils avaient commencé, et de supprimer par un nouveau crime l'innocent qui pouvait mettre la justice sur leurs traces?

Sous l'empire de cette idée, et après y avoir sûrement réfléchi, le digne prêtre s'était décidé à n'ébruiter en rien l'événement bizarre, et à en saisir directement le parquet d'Epinal, qui aviserait à faire la lumière alentour et qui saurait prendre les mesures nécessaires pour protéger celui dont les renseignements seraient si précieux à son action.

En conséquence, avertissant sa vieille servante qu'une affaire pressante l'appelait au chef-lieu, et l'envoyant en commission, avant qu'elle entrât dans sa chambre, il avait attelé lui-même son cheval au cabriolet et avait transporté dedans le garçonnet, qu'une fièvre intense ne cessait de tourmenter et qui, pendant la route, avait obstinément refusé de répondre à ses questions...

—Et cet enfant? interrogèrent l'officier et le magistrat.

—Il est ici. Je vous l'amène. Vous allez le voir.

L'abbé s'en fut à la fenêtre et frappa aux carreaux. Quelques minutes plus tard, les deux huissiers plaçaient sur un canapé, dans le cabinet, le petit compagnon d'Anthime Jovard.

M. de Bernécourt et Philippe l'examinèrent avec intérêt. Il dormait dans le manteau de l'ecclésiastique. Sa bouche ouverte laissait passer une respiration affreusement oppressée, parfois des soupirs et des plaintes, souvent un mot, des phrases inachevées, des espèces de cris arrachés par la peur et par la souffrance. La sueur collait ses cheveux blonds sur son front.

M. de Bernécourt s'adressa sévèrement à ses huissiers:

—Que rien de ce qui se passe ici ne transpire au dehors. L'un de vous défendra ma porte. L'autre ira quérir le docteur Drapier.

—C'est cela, reprit l'officier avec énergie. Ramenez-nous le docteur et qu'il sauve promptement cette infortunée créature. C'est le ciel qui nous l'a envoyée dans le cabriolet du citoyen abbé...

Et, comme celui-ci et le magistrat le questionnaient du regard:

—Hé! oui, n'est-ce pas elle qui tient dans ses mains la clef du mystère que nous brûlons de pénétrer?

—Je le pensais comme vous, opina le directeur du jury d'accusation, et M. le curé l'a pensé avant nous. Mais tout dépend de l'arrêt que va rendre le médecin.

—Tout dépend de Dieu, prononça le prêtre gravement, de Dieu qui fera un miracle si ce miracle peut servir sa justice et celle des hommes.

Un huissier annonça:

—Le docteur Drapier.

Ce dernier était le premier praticien de la ville. Comme il habitait à deux pas,—sur la place de l'Atre,—il n'avait pas été longtemps à accourir. M. de Bernécourt le mit brièvement au fait de ce dont il s'agissait.

Le médecin s'approcha du malade. Il considéra avec attention ce visage altéré par la fièvre, ces grands yeux maintenant clos, mais dont on devinait l'éclat sinistre sous les paupières abaissées, ces lèvres frémissantes, ces membres raidis; puis, d'un air soucieux:

—Le sujet, déclara-t-il, me paraît affecté d'un système nerveux excessif, dont l'irritabilité a reçu un choc formidable. Il y a eu chez lui ébranlement cérébral complet. La méningite est imminente. Seulement, peut-être est-il encore possible de la conjurer par une médication énergique... Mais il serait urgent de le transporter sur-le-champ à l'hospice des orphelins...

—J'aurais vivement désiré, reprit M. de Bernécourt, que ce transport s'effectuât sans que personne s'en aperçût par la ville...

—Pourquoi, demanda l'ecclésiastique, ne pas employer le moyen dont j'ai usé pour vous amener l'intéressante créature? Mon cabriolet est à la porte, et l'on m'a vu assez souvent visiter ou conduire à l'hospice Saint-Maurice quelque orphelin de ma paroisse, pour que je puisse y déposer notre malade sans éveiller l'attention.

La proposition fut adoptée avec empressement et mise immédiatement à exécution.

Moins d'un quart d'heure plus tard, le garçonnet était installé dans une chambre particulière de l'établissement de charité que nous venons de désigner, et après avoir transmis aux religieuses chargées de l'assister les instructions spéciales de M. de Bernécourt, le médecin, sans perdre une minute, prescrivait, appliquait les remèdes qui devaient combattre le mal.

De son côté, avant de regagner sa cure, où une plus longue absence aurait été remarquée, le desservant de Vittel prenait congé du directeur du jury d'accusation, qui le remerciait, qui le félicitait énergiquement du précieux concours apporté à la justice par son idée, par sa démarche. Il lui recommandait, en même temps, de continuer à garder le silence le plus absolu au sujet de cette démarche et de l'aventure nocturne qui l'avait motivée.

En effet, le magistrat avait tenu conseil avec le lieutenant Hattier, et, de leurs réflexions, de leurs combinaisons, de leurs calculs était née la résolution de ne rien porter à la connaissance du public du fait révélé par le digne abbé Brossard. Les deux huissiers, le docteur et les bonnes sœurs de l'hôpital avaient été stylés en conséquence. L'enfant inconnu serait soigné en secret.

Si le ciel lui accordait la grâce de se rétablir, si la science lui rendait l'exercice de ses facultés, alors il parlerait sans doute...

Au besoin, on le transférerait à Vittel...

Il faudrait bien qu'il retrouvât le théâtre du drame dans lequel il avait joué un rôle: Philippe l'accompagnerait...

A peine débarqué dans les Vosges, l'infatigable soldat brûlait de marcher à l'ennemi, à la bataille, aux brigands qu'il avait mission de poursuivre. Pour atteindre ceux-ci, il comptait sur le pauvret, qui, en cet instant, se débattait contre l'affreuse maladie...

La méningite s'était déclarée,—et le lieutenant ne pouvait se résoudre à quitter Epinal avant de savoir quel en serait le dénouement. Il semblait avoir oublié que quelques lieues à peine le séparaient de sa Denise,—de sa Denise qu'il n'avait pas embrassée depuis tant d'années!... Il semblait avoir oublié que le marquis Gaston lui avait donné rendez-vous aux Armoises!...

Prétextant que le malade était le fils d'un de ses anciens compagnons d'armes, il s'était introduit à l'hospice,—avec l'assentiment de M. de Bernécourt,—s'était fait dresser un lit de sangle près de la couchette du garçonnet,—et c'était une chose touchante que de le voir aider les religieuses dans les soins qu'elles prodiguaient à ce dernier et veiller à son chevet, sans repos ni trêve, une larme tombant parfois de son œil ému par tant de souffrances, roulant le long de sa joue hâlée et se perdant dans son épaisse moustache.

C'était en écoutant les monologues sans suite,—interrompus par les exclamations, par les sanglots, par les syncopes,—auxquels le petit malade se livrait dans ses insomnies et ses crises, que le lieutenant était parvenu à reconstituer, pour ainsi dire, presque entièrement, la scène qui avait influé avec des conséquences si déplorables sur le système nerveux et cérébral du malheureux enfant.

Cet enfant était arrivé, la nuit, dans un bourg dont il ne se rappelait plus le nom...

Le nom de l'homme qui le conduisait, il ne se le rappelait pas davantage...

Le tonnerre, les éclairs d'un violent orage, s'entre-choquant dans les ténèbres, avaient commencé par lui faire peur. La pluie, qui tombait par torrents, l'avait transi dans les bras de son conducteur. On avait heurté à une porte...

Cette porte s'était ouverte... On avait pénétré quelque part où il y avait des hommes et des femmes...

Ensuite il s'était endormi au coin d'une vaste cheminée...

Quand il s'était réveillé, il était étendu—tout habillé—sur un lit dont les courtines étaient tirées...

Une main avait brusquement écarté ces courtines. Une forme blanche se dressait devant le lit. Ce fantôme l'avait saisi...

Il se rejetait en arrière, il se débattait, il criait:

—Laissez-moi!... Grâce!... Vous me faites mal!...

Mais le fantôme lui avait mis la main sur les lèvres...

—Tais-toi!... Au nom du ciel! tais-toi!... Ils te tueraient!...

Puis, l'enlevant malgré sa résistance:

—Tais-toi! te dis-je... S'ils t'entendaient, ils te tueraient, comme ils veulent tuer celui qui est dans la chambre à côté!... Comme ils vont tuer celui qui t'a conduit ici!...

Puis encore, le serrant à l'étouffer contre sa poitrine, la femme—le fantôme était une femme—avait enjambé l'appui d'une fenêtre qu'elle venait d'ouvrir, et il s'était senti descendre dans le vide. Le sol une fois atteint, la femme avait hésité un instant. Ensuite, elle avait murmuré:

—Oui, oui, au presbytère!... Courons!... Seigneur, soutenez-moi!... C'est assez, c'est trop de victimes!...

Elle s'était élancée au moment où un grand gémissement s'échappait de la chambre qu'ils venaient de quitter...

. . . .

La jeunesse du malade triompha de la maladie. Alors, seulement, l'officier songea à partir pour la maison paternelle. Nous vous avons dit quelles épreuves l'y attendaient.

Parmi ces épreuves, celle qui frappa le plus vivement son imagination, à défaut de son cœur,—de son cœur tout entier au malheur de Denise,—ce fut la disparition de l'émigré.

—On ne m'ôtera pas de là, se répétait le brave garçon en se cognant le front, que le fils de nos seigneurs est un de ces deux hommes qui ont dû être assassinés la nuit où M. le curé a recueilli le petit gars.

Le directeur du jury d'accusation lui avait promis de le tenir au courant des progrès de la convalescence physique et morale de celui-ci. Cette convalescence était lente et pénible. En suprême ressort, le docteur Drapier avait prescrit le changement de lieu,—l'air, la vue, le repos, le calme de la campagne.

En prévision de cette décision, Philippe, pendant son séjour à Epinal, avait proposé à M. de Bernécourt de recevoir le convalescent au pavillon du garde et de le confier à la sollicitude de sa sœur.

La dépêche apportée par le brigadier Jolibois, quelques moments avant la tentative de Marianne Arnould pour se débarrasser de la fille de l'ex-chamboran et de la Benjamine, annonçait à notre officier que son offre était acceptée et que le garçonnet lui serait expédié le lendemain, sous la conduite de *Riche-en-Bec*, avec les précautions dont nous l'avons vu entouré.

Il importait, en effet, de ne pas «mettre la puce à l'oreille» des gens du pays, parmi lesquels devaient se trouver certainement les auteurs du crime présumé;—et c'est ce qui n'eût point manqué de se produire si ces misérables avaient reconnu, sous l'escorte de la force armée, l'innocent échappé à leurs coups.

De là l'histoire du fou ramené à sa famille, la berline fermée et le déguisement du conducteur.

Philippe s'était porté au-devant du véhicule jusqu'à mi-chemin d'Epinal.

Or, à l'heure même où il lui faisait contourner Vittel,—que son passage eût émotionné outre mesure,—une autre voiture, une chaise de poste, effectuait, au galop de deux chevaux vigoureux et à grand tintamarre de roues, de grelots et de claquements de fouet, son entrée dans le bourg par la route de Neufchâteau, et s'arrêtait avec fracas devant l'auberge du *Coq-en-Pâte*.

XI

MYNHEER VAN KRAECK ET MASTER JOË BLAGG

Cet équipage était crotté d'un long voyage et derrière sa caisse se bouclait une pyramide de malles. La famille Arnould tout entière, à l'exception de la Benjamine retenue au lit par les émotions, les commotions de la veille, était accourue au bruit,—Agnès Chassard et son aîné en tête.

En descendant de son porteur, le postillon trouva moyen de leur glisser rapidement:

—C'est un étranger, «un mylord,» qui va de Paris à Plombières prendre les eaux pour son plaisir. Un accident arrivé à son domestique le force à s'arrêter ici... *Angliche*, Espagnol, Hollandais, on se *fiche* pas mal du baragouin, pourvu que le bourgeois parle en espèces sonnantes! Et celui-ci est riche, généreux, bon enfant, qu'on le *trimballerait* jusqu'aux Grandes-Indes! Dix francs de guides et la fiole cachetée au relais! Un Crésus, quoi! Y aura *mèche* de verser la salière sur la note!...

Joseph se découvrit avec respect; la veuve grimaça un sourire, et Marianne se prépara à faire feu de toutes ses œillades.

Sébastien et François s'étaient précipités pour ouvrir la portière et abaisser le marchepied.

Un personnage d'une rondeur majestueuse sortit de la chaise en soufflant.

Sa figure bouffie et cuivrée s'encadrait de favoris violents, de la nuance dite *poivre et sel*, qui rejoignaient une *titus* épaisse, frisée et grisonnante. De larges anneaux d'or pendaient à ses oreilles; des bagues brillaient à ses doigts; un diamant considérable étincelait au foulard qui lui servait de cravate; une chaîne, qu'on eût cru formée de petit lingots assemblés, serpentait de son abdomen à son gilet, où elle s'engouffrait dans un gousset gonflé par la présence d'un *oignon* excessif.

Cette bijouterie exorbitante et son costume de basin blanc,—pantalon large s'évasant sur les bouffettes d'un soulier décolleté et ample habit, flottant autour d'une chemise de madras à carreaux,—lui donnaient l'apparence d'un de ces trafiquants d'outre-mer qui ont fait fortune dans les cotons, les épices et le *bois d'ébène*. D'une main, ce voyageur s'appuyait sur un rotin flexible ct solide à la fois. De l'autre, il s'éventait des ailes d'un immense chapeau de paille.

—Qui est, demanda-t-il avec un accent exotique des plus prononcés, qui est le maître de cette hôtellerie?

—C'est moi, citoyen, répondit Agnès Chassard en s'avançant.

—C'est moi, fit Joseph pareillement.

—C'est nous, dirent à l'unisson Marianne, François et Sébastien.

D'un geste de commandement, le voyageur groupa tout ce monde autour de lui:

—Bons villageois, commença-t-il, je ne ferai malheureusement qu'une courte pause parmi vous...

Il y eut un mouvement général de désappointement.

L'étranger poursuivit:

—Je comprends, j'apprécie, je partage vos regrets. Corbiche! l'on n'a pas tous les jours à écorcher un Mondor comme mynheer Van Kraëck, d'Amsterdam...

Il se sourit complaisamment:

—C'est moi qui suis mynheer Van Kraëck, d'Amsterdam. Denrées coloniales, exchange-office, poudre d'or, plumes d'autruche, défenses d'éléphant. Spécialité de nègres et négresses du Congo, livrés sur place au-dessous du cours...

Les trois fils de la veuve s'inclinèrent profondément. La grande fille dessina une cérémonieuse révérence.

Agnès Chassard interrogea:

—Comme cela, Votre Seigneurie ne nous fera pas la grâce de se rafraîchir à la maison?

—Ma chère dame, apprenez que chacune de mes minutes vaut une quadruple au bas mot. On m'attend demain à Plombières. Un des hommes influents de votre république. Affaire importante à conclure. Un lot de cinq cents amazones noires, provenant de la succession du feu sultan de Zanzibar, à céder au Premier Consul, qui s'en fabriquerait une garde, quand vous l'aurez nommé empereur. Superbe occasion! Solde dans les prix doux! Vingt-cinq pistoles l'une dans l'autre!

Mynheer Van Kraëck tira de sa poche une tabatière enrichie de brillants:

—Mais je toucherai ici, en repassant dans quinze jours, pour reprendre mon valet de chambre...

—Votre valet de chambre?...

—Hé oui, un drôle à qui je suis fort attaché, qui s'est foulé le pied au départ de Paris, et qui ne peut m'accompagner jusqu'à destination, les secousses de la voiture lui causant, assure-t-il, des douleurs insupportables...

Une plainte prolongée émergea du véhicule. Le Hollandais massa une prise de tabac entre le pouce et l'index et continua avec flegme:

—Le pauvre Joë Blagg doit souffrir cruellement dans cette boîte. Le médecin que j'ai consulté, en relayant à la dernière poste, m'a affirmé que le lit lui était nécessaire, mais qu'avec une ou deux semaines d'immobilité, de repos, de nourriture saine et abondante...

—Monseigneur peut être tranquille, interrompit la virago, le *Coq-en-Pâte* est renommé pour les égards et la cuisine...

Un nouveau gémissement sortit de la voiture.

—Master Joë s'impatiente, reprit mynheer Van Kraëk. Çà, braves gens, finissons-en, et fixez-moi le chiffre de la pension de ce drôle. J'entends payer comptant, largement, et en or...

La veuve, déridée, proposa:

—Si le citoyen voyageur daigne se donner la peine d'entrer?...

—La maison est modeste, ajouta Marianne, mais elle est toute à son service...

—Volontiers, bonne dame, volontiers... Mais il faudrait auparavant voir à tirer de la voiture mon fidèle serviteur...

L'aîné des Arnould ordonna:

—François et Sébastien, allons, un coup de main, houp!...

Le fidèle serviteur fut extrait de la chaise.

C'était un garçon efflanqué à l'instar de certains chiens de chasse, basané comme son maître, le nez camard, la bouche narquoise, l'air froidement insolent d'un valet de nabab, coiffé d'un buisson de cheveux jaunes, et vêtu d'une livrée d'un somptueux mauvais goût: le frac bleu-de-ciel galonné, la culotte de panne amaranthe, la veste et les guêtres de chamois.

L'une de ses jambes était enveloppée de flanelle. L'une de ses joues se signalait par une protubérance que vous n'eussiez point manqué d'attribuer à une fluxion. Le respect de la vérité nous oblige à vous déclarer que cette fluxion provenait d'un copieux morceau de tabac en carotte. La *chique* est, paraît-il, excellente pour les foulures.

—Transportons-le au numéro 1, dit Joseph Arnould à ses frères.

Le domestique ne cessa de geindre pendant cette opération.

Par exemple, si, en descendant d'installer Joë dans sa chambre, il était advenu aux trois aubergistes de fourrer la main dans leurs poches, ils auraient été tout pantois de n'y plus retrouver, qui son couteau, qui son briquet, et qui sa bourse.

Le Hollandais disait à Marianne et à Agnès Chassard:

—Je prétends qu'on ne lui refuse rien. Le pendard est un peu gourmand, un peu joueur, un peu ivrogne; mais le valet d'un homme tel que moi a le moyen d'avoir tous les vices. Voici vingt-cinq louis de provision pour les dépenses supplémentaires auxquelles il pourra se livrer. S'il dépasse cette somme, à mon retour, je m'empresserai de parfaire la différence.

Quelques instants plus tard, la chaise de poste—lancée à toute volée—remportait notre nabab qui fredonnait avec satisfaction:

Ah! laissez-moi déraisonner!

C'est le seul plaisir de mon â... â... âge...

Ariette de *Coradin* ou le *Tyran corrigé.*

XII

CHAPITRE DES CONFIDENCES

Le lendemain de l'installation au *Coq-en-Pâte* de ce pensionnaire inattendu,—installation et pensionnaire qui avaient défrayé bien avant dans la soirée la conversation des maîtres de l'hôtellerie et les commérages des voisins,—Florence Arnould, ainsi qu'elle l'avait annoncé la veille à la Gervaise, se rendit, dès le matin, au pavillon du garde.

Nous savons que sa famille ne l'entravait en rien dans le libre exercice de ses sympathies. Ce jour-là, moins que tous les autres, son frère aîné l'eût empêchée de faire le voyage des Armoises. Ce voyage servait trop bien les projets de notre aubergiste. Il se disait que la question du mariage de la Benjamine et du lieutenant Hattier,—ce mariage qu'il avait imposé à la sœur de celui-ci d'arranger dans un bref délai, car son union, à lui, avec la fille de l'ancien houzard en était le corollaire,—serait certainement débattue, voire peut-être résolue, au cours de l'entrevue des deux amies.

Ce jour-là, pareillement, l'officier de gendarmerie devait quitter le logis paternel pour la résidence que son grade lui assignait à Mirecourt.

Comme la Benjamine sortait du *Coq-en-Pâte*, le brave garçon faisait ses adieux à sa sœur dans la chambre du premier étage que, depuis douze heures, la jeune femme partageait avec le convalescent.

Dans cette chambre,—où l'on montait du rez-de-chaussée par un vieil escalier de bois à balustres qui prenait naissance dans le *poêle* même,—tout était clair, net, propre, gai, et la rusticité modeste de l'ameublement se relevait de je ne sais quel soupçon d'élégance.

Quatre grandes croisées,—deux en face de la route et deux *en retour* sur le parc,—y laissaient pénétrer à flots l'air, la lumière, la vie,—toutes les odeurs fortifiantes de la campagne et tous les bruits rassurants de ses travaux.

La tapisserie de papier dit *écossais* et les rideaux de mousseline brodée,—la mousseline en Lorraine est un luxe commun à tous,—réjouissaient les yeux par le contraste de la blancheur de celle-ci avec les tons vifs de celle-là. Les clavures en fer de la vaste armoire de noyer, aux panneaux historiés de guirlandes de fruits, étincelaient comme de l'argent, et les cuivres de la commode au ventre renflé, à la tablette formée d'un placage représentant des feuillages et des oiseaux, semblaient faits de rayons de soleil métallisé.

Ajoutez, sur la cheminée de plâtre, peinte en façon de marbre, et au-dessous d'un miroir de Saint-Quirin dans ses baguettes de sapin verni, ajoutez une pendule d'albâtre, cadeau de noces du défunt châtelain à l'ex-trompette de Chamboran, entre deux flambeaux recouverts d'une gaze et accompagnés de deux vases de fleurs artificielles dans leur cage de verre; puis encore un *bonheur du jour* et une toilette d'acajou,—présents de feu la marquise à sa petite protégée,—quelques chaises, une table ronde; aux murs, des images de la fabrique de Pellerin, dont la naïveté enfantine du dessin n'avait d'égale que la violence du coloris...

Enfin une manière de panoplie accrochée à l'endroit le plus apparent: le sabre rouillé du vieux houzard, sa carabine de garde-chasse et une paire d'immenses pistolets, des *Kuchenreiters*, enlevés par lui à un cavalier allemand....

Et vous aurez cet intérieur, semi-virginal, semi-militaire, que l'on considérait, à Vittel et dans les environs, comme l'expression suprême du luxe asiatique et qui n'avait pas peu contribué à déchaîner contre la sœur du lieutenant la meute des convoitises, des jalousies, des suppositions malveillantes et des propos désobligeants.

Pour l'instant, tout y souriait,—excepté l'énorme lit carré comme la couche de nos rois, qui, de l'usage de Marc-Michel Hattier, était passé à celui de la jeune fille. Ce lit, démesurément haut sur pieds, se reliait par des colonnes annelées à un baldaquin de serge verte découpant le long du plafond les dents rondes de ses festons. C'était dans sa large ruelle que l'on avait établi la couchette du nouvel hôte du pavillon. Mais, aussitôt levée, Denise s'était empressée de placer ce dernier dans le lit qu'elle venait de quitter, afin qu'il fût plus près des fenêtres derrière lesquelles l'aube montait, rafraîchissante et salutaire.

L'enfant dormait. Il dormait sans trop de fièvre. Le matin avait mis en fuite les fantasmagories qui peuplaient ses rêves nocturnes. Sa tête fatiguée reposait sur l'oreiller. Sa respiration semblait boire à longs traits l'air pur qui lui venait par les croisées ouvertes.

La fille du garde-chasse, assise à son chevet, disait au lieutenant sur le point de partir:

—Vos recommandations sont des ordres pour moi, Philippe. Nul n'entrera dans cette chambre et n'approchera notre malade. Cependant...

—Cependant?...

—Il est une personne pour laquelle je n'ai jamais eu de secret et à qui il me serait pénible, même en cette circonstance grave, d'avoir à cacher quelque chose. Cette personne viendra ici ce matin. Elle y vient chaque jour depuis bien des années. C'est pour moi une amie sincère, vaillante, dévouée, à toute épreuve...

L'officier demanda avec une espèce d'hésitation:

—Et cette amie sincère, cette vaillante, cette dévouée, c'est?...

Denise le regarda en face et interrogea à son tour:

—N'avez-vous pas deviné?

—Moi?

—Oui, mon frère.

Il y avait de l'embarras sur la mâle figure du lieutenant.

—Deviné? Ma foi, non! fit-il. Au régiment, pour ce qui est de deviner les rébus, charades, logogryphes et autres coq-à-l'âne comme j'en ai vu en Egypte sur le granit des obélisques, je passais pour aussi bouché qu'une bouteille de Champagne. Mais si tu m'aidais, ma chérie...

La jeune femme prononça avec une lenteur grave:

—Je parle de Florence Arnould,—de celle qui a pleuré notre père avec moi.

Le soleil entrait à pleins rayons par les fenêtres et coupait la chambre de lignes horizontales dans lesquelles dansait une impalpable poussière rousse, toute chargée d'atomes d'or. Ces lignes s'allongeaient jusqu'au lit où sommeillait le convalescent. Pour qu'il ne fût point réveillé par la lumière, par la chaleur, Denise tira les courtines. Ensuite, elle fit signe de se rapprocher d'elle à son frère, qui s'était mis à se promener par la pièce pour cacher son émotion.

—Asseyez-vous près de moi, lui dit-elle.

Il obéit. Elle reprit:

—Revenons à Florence Arnould, à celle qui m'appelait autrefois sa mère et que j'appelle aujourd'hui ma sœur.

Juste en ce moment, la Benjamine arrivait au pavillon... Elle pénétra dans le *poêle* et n'y rencontra personne. La maîtresse de Gervaise avait envoyé celle-ci au hameau chercher du lait chaud pour le déjeuner de leur hôte. La fillette était accoutumée à aller trouver son amie dans sa chambre. Elle monta donc l'escalier. On causait au premier étage. Mais ce n'était pas la voix de la petite servante qui répondait à la voix de la jeune femme. C'était celle du lieutenant. La Benjamine, qui atteignait le palier, s'arrêta brusquement. Son pas était si léger, que les deux interlocuteurs n'avaient pu l'entendre.

—Ah! oui, faisait le lieutenant, Florence Arnould, la blondinette du *Coq-en-Pâte*,—une jolie fille, sacrodioux!

—Une honnête fille, appuya Denise, et qui fera une honnête femme.

Le rouge monta vivement à la figure du brave garçon, qui questionna:

—Pourquoi diable me dis-tu cela, sœurette?

Le regard doux et mélancolique de Denise ne le quittait pas...

La jeune femme répondit:

—Parce qu'on m'a affirmé que vous l'aimiez, Philippe...

Florence était venue plus vite que de coutume. D'ordinaire, c'était d'un pas assez lent qu'elle faisait la route de Vittel aux Armoises. Ce trajet—de l'hôtellerie maternelle, où elle se mourait, pour ainsi dire, du sentiment qu'elle habitait côte à côte avec le crime,—au pavillon du garde que la sœur de Philippe emplissait d'une atmosphère de tristesse à peine éclaircie par instants, était pour elle comme une trêve où son front, chargé de soucis, s'allégeait dans la solitude, et où ses grands yeux bleus pensifs s'égayaient au spectacle de la nature en fête.

D'où vient donc que, ce matin, la fillette courait si légèrement sur le chemin poudreux des *Armoises,* sans s'attarder aux pâquerettes qui étoilaient la verdure des taillis, aux harmonies du paysage et au gazouillement des fauvettes, des merles et des pinsons? D'où vient qu'en montant l'escalier qui conduisait du rez-de-chaussée du pavillon à la chambre de sa compagne, sa joue de pâle devint rose, lorsque la voix du beau gendarme éclata à son oreille? D'où vient qu'elle s'appuya, haletante, contre la porte de cette chambre, en entendant la question de la jeune femme à son frère, et qu'elle parut prête à défaillir en écoutant la réponse de ce dernier à cette question?

. . . .

—Moi, amoureux de la Benjamine? répliquait Philippe bruyamment. Comme tu y vas, ma Denise! Sacrodioux! si c'est ton petit doigt qui t'a soufflé ce gros mensonge, il faut le fouetter d'importance,—car c'est un impudent hâbleur...

Le cœur de Florence se gonfla à l'étouffer, et sa paupière se mouilla de larmes...

L'officier continua avec gaieté:

—D'ailleurs, est-ce que je sais ce que c'est que d'être amoureux? Où diable l'aurais-je appris? La guerre m'a-t-elle jamais laissé le loisir de m'amuser à ces bagatelles de la vie?...

—Mon frère, interrompit Denise avec une fermeté douce, je vous supplie de me répondre comme je vous questionne: sérieusement... Est-il vrai que vous ayez remarqué Florence?

—Je le crois, parbleu! bien, que je l'ai remarquée. Qui est-ce qui ne la remarquerait pas? Elle est charmante. Dimanche, après les incartades de ce damné bidet auquel il m'a fallu loger du plomb dans la cervelle, quand j'ai vu la pauvre mignonne si froide, si blanche, si immobile, que l'on aurait juré que l'âme s'était envolée de son corps, je me suis senti retourné comme un conscrit qui étrenne le feu...

Puis, quand la vie s'est rallumée dans sa prunelle, j'en suis demeuré ébloui, comme si le soleil se mettait à la fenêtre pour me regarder!—Elle m'a remercié,—et j'ai été intérieurement aussi fier que si le Premier Consul m'embrassait, devant le front du régiment, pour avoir pris un drapeau...

Ne m'as-tu pas annoncé qu'elle allait venir tout à l'heure?...

Eh bien, ma foi, je vais l'attendre. Nous ferons plus ample connaissance. Je ne suis pas à une minute près... Ensuite, plus tard, on ne sait pas...

—Pourquoi plus tard? interrogea la jeune femme, pourquoi plus tard, puisque vous aimez ma Florence?

—J'aime ta Florence!...

Le brave garçon restait confus et comme abasourdi de la découverte. A la fin, avec une résignation joyeuse:

—Si c'est cela l'aimer, je l'aime... Du diable si je m'en doutais!... Mais du moment que tu me l'affirmes, je suis trop poli pour donner un démenti à une dame.

Derrière la porte, le cœur de la Benjamine bondissait. Denise reprenait en ce moment:

—A quoi bon éloigner le bonheur? Il est à portée de votre main. Je veux que vous soyez heureux, Philippe.

En pressant ce dernier, la fille du garde-chasse n'obéissait pas seulement aux injonctions de Joseph Arnould: elle suivait ses propres inspirations. Sa petite amie était la femme qu'elle avait toujours destinée au lieutenant. Le lieutenant était le protecteur qu'elle souhaitait pour Florence. Et elle ne désirait rien tant que d'assurer, avant de mourir, la félicité des deux seuls êtres qu'elle chérissait sur terre, puisque Georges et Gaston étaient au ciel.

Nous écrivons: *avant de mourir!*... En effet, Denise songeait à mourir.

—Ah çà! s'exclama l'officier, ces châteaux de cartes sont superbes. Mais un souffle peut les renverser. Si ta petite amie allait ne pas m'aimer?...

On entendit comme un soupir. La jeune femme étendit le doigt vers la porte:

—Il y a quelqu'un là, fit-elle.

Le lieutenant courut à la porte et poussa une exclamation de surprise.

La Benjamine était debout, chancelante, sur le palier. Son œil humide remerciait le ciel. Ses lèvres priaient.

Lorsque Philippe parut brusquement devant elle, ses genoux fléchirent. Pour ne pas tomber, elle se retint à la rampe de l'escalier. L'officier la prit dans ses bras et la déposa dans la chambre, sur un siège, près de Denise...

La pauvre enfant n'avait point de paroles, parce qu'elle était trop heureuse...

Elle considérait en silence le soldat, qui, de son côté, l'examinait à la dérobée, dans une attitude gauche, gênée, presque craintive. Cette attitude était une question muette.

Denise prit la main de son amie et la mit dans celle de son frère. Puis, elle se retira à l'écart pour ne pas entraver leurs expansions. Peut-être aussi le spectacle de cette joie ravivait-il en elle de navrants souvenirs? Les deux amoureux ne parlaient point. Ils se regardaient et se souriaient. Il y avait un échange d'aveux et de promesses dans ces sourires et ces regards.

Tout à coup la voix de la Gervaise emboucha la caisse de l'escalier:

—Demoiselle, c'est Aubry, le meunier des Armoises, qui amène le cheval du citoyen lieutenant.

Celui-ci se leva:

—A quand la noce? demanda-t-il doucement.

Et une idée soudaine rembrunissant sa physionomie, il ajouta:

—S'il y avait des empêchements...

Denise se rapprocha:

—Il n'y aura point d'empêchements, déclara-t-elle. Partez tranquille, Philippe. Je ferai ce qu'il faudra faire pour obtenir le consentement des parents de Florence.

—A la bonne heure, s'exclama gaiement le brave garçon. Je te nomme mon envoyé extraordinaire et plénipotentiaire près de ma future belle-maman et de son auguste famille. Et menons les choses tambour battant, sacrodioux! Comme mon général Bonaparte a mené les ambassadeurs de Sa Majesté l'empereur d'Autriche. Aussi bien, j'ai hâte de signer mon engagement dans le régiment des maris!

Il salua militairement la Benjamine:

—A bientôt, ma *colonelle*!...

Puis, allant embrasser sa sœur:

—Toi, je te dis merci sur les deux joues... Ah! finaude, qui a compris mon cœur quand j'en étais encore à l'entendre jaser!... Méchante, qui m'a prouvé que je suis un homme, quand je ne me croyais qu'un soldat!...

Il lui désigna le lit:

—Surtout, je te recommande...

Et, comme Florence avait suivi le geste d'un air étonné:

—Sœurette vous mettra au courant, chère petite femme improvisée! Celui qui dort sous ces rideaux tient mon avancement dans ses menottes. Hé! hé! il se pourrait que notre premier-né fût le fils d'un capitaine!

Il était revenu auprès de la fillette. Ils restaient l'un et l'autre, les mains enlacées, échangeant de ces mots que les amoureux savent seuls et qui n'ont plus de sens sur le papier. Au dehors le cheval piaffait. L'organe aigrelet de la servante glapit du rez-de-chaussée:

—Citoyen lieutenant, la bête s'impatiente des quatre pieds...

L'officier s'élança dans l'escalier.

—Au revoir tout ce que j'aime!

De la fenêtre, les jeunes filles le virent sauter en selle...

Il leur envoya un baiser, piqua des deux et disparut dans la direction de Vittel.

Florence et Denise restèrent seules. La Benjamine s'était jetée au cou de son amie. Ces mots, mille fois répétés, chantaient au milieu des baisers:

—Ma sœur!... Ma bonne sœur!... Ma sœur chérie!...

—Tu l'aimais donc? interrogea Denise du ton que prend la mère avec l'enfant qu'elle gâte.

La fillette secoua la tête.

—Ne me gronde pas... Je suis comme lui... Est-ce que je m'en doutais hier?...

Le front de la veuve de Gaston devint plus triste: moins que personne elle ignorait combien vite la passion conquiert l'âme d'une vierge.

Tout à coup un faible gémissement se fit entendre...

—Qu'est-ce que cela? questionna Florence.

—C'est notre nouvel hôte, répondit la jeune femme.

Les rideaux du lit remuaient. La sœur du lieutenant fit un mouvement pour les relever. La Benjamine l'arrêta:

—Au nom du ciel, quel est cet hôte?

Denise eut un sourire triste:

—Tu vas le savoir.

Et elle raconta brièvement ce que Philippe lui avait appris. A mesure qu'elle avançait dans son récit, les nuances rosées qui allumaient les joues de Florence s'éteignaient peu à peu. La Benjamine avait fermé les yeux. Elle écoutait, raidie sur son siège, incapable de se remuer ou de prononcer un mot. Seulement, lorsque la fille du garde-chasse parla du parti que la justice comptait tirer des indications, des révélations de l'enfant inconnu, un sanglot s'échappa de sa poitrine brisée...

—Qu'as-tu donc? demanda Denise, stupéfaite, alarmée de ce trouble envahissant.

Une plainte plus accentuée sortit de dessous les courtines.

Celles-ci s'agitèrent de nouveau.

La jeune femme les releva vivement et jeta un cri, auquel la Benjamine répondit par un grand soupir.

Le convalescent s'était dressé à demi. Son oreille se tendait comme pour percevoir le son d'une voix déjà entendue. Appuyé sur ses poings, il se penchait hors du lit, et ses prunelles inquiètes faisaient le tour de la chambre...

Quand elles rencontrèrent la Benjamine, elles s'arrêtèrent brusquement et devinrent fixes. La coloration de la fièvre empourpra ses pommettes. Ses lèvres frémirent. Des paroles semblaient monter de sa gorge oppressée à sa bouche entr'ouverte. Mais un spasme le saisit. Sa tête retomba sur l'oreiller.

Florence Arnould avait reculé comme devant une apparition. Denise lui toucha le bras:

—Mon Dieu! Seigneur! s'exclama-t-elle, on dirait qu'il t'a reconnue!

Puis, regardant la fillette blême, épeurée, anéantie:

—Et toi aussi, tu le connais! ajouta-t-elle.

Rejetée violemment dans la réalité, Florence se prit à balbutier des dénégations éperdues:

—Le connaître?... Moi?... Tu te trompes!...

La sœur du lieutenant poursuivit avec une véhémence croissante:

—Non, je ne me trompe pas... L'impression que ta voix, que ta vue lui ont causée... Celle que tu as ressentie...

La fillette essaya de sourire:

—Ma pauvre Denise, tu es folle...

La jeune femme eut un geste farouche:

—Folle! C'est possible. On le serait à moins. Mais il est des délires lucides...

Elle saisit le bras de son amie et le serra nerveusement:

—Cette enfant parle d'une femme,—d'une femme qui le sauva, la nuit où fut commis le crime dont le souvenir l'épouvante...

La Benjamine repartit faiblement:

—Cette femme, ce n'est pas moi, je te le jure... Par pitié!... Je ne puis comprendre...

—Comment! tu ne comprends pas que ce sont les assassins de mon Gaston que nous cherchons, Philippe et moi! Tu ne comprends pas que je suis veuve! Tu ne comprends pas qu'on m'a tué mon mari, qu'on m'a volé mon fils, et qu'il faut que je retrouve celui-ci et que je venge celui-là!

La jeune femme semblait oublier que son Georges était—du moins à ce que celui-ci lui avait affirmé—au pouvoir de Joseph Arnould. Elle secouait avec colère la fillette, qui soupira:

—Calme-toi, de grâce!... Tes doigts me meurtrissent!... Je souffre!...

—Ah! fit Denise avec éclat, je souffre bien autrement! C'est mon âme qui est meurtrie!

Elle lâcha la Benjamine, se couvrit le visage de ses mains et se répandit en sanglots. Florence l'enlaça. Leurs larmes se confondirent. La Benjamine protestait:

—Si Dieu n'exigeait que mon sang pour te rendre ce que tu as perdu!...

L'enfant, cause de ce débat, ne paraissait pas l'entendre, replongé qu'il était dans son énigmatique insensibilité.

La fille de l'ancien houzard reprit à travers ses pleurs:

—Si tu veux devenir la compagne de Philippe, si tu veux que je continue à t'appeler ma sœur, oh! avoue-moi la vérité, dût cette vérité être encore plus horrible que le doute qui me torture!...

Puis, passant sans transition de la prière à la menace:

—Ta raison n'est pas égarée comme celle de ce malheureux enfant. Prends garde. La justice saura t'arracher ce que tu refuses de m'apprendre.

Les dernières paroles de Denise montrèrent brusquement à Florence les conséquences inévitables et terribles d'un aveu.

Son parti fut pris en une seconde. Elle se dégagea de l'étreinte de sa compagne. Sa figure s'était empreinte d'une incroyable résolution:

—Soit, fit-elle avec fermeté, romps mon mariage; brise mon cœur; fais-moi arrêter, si bon te semble, par celui à qui tu me fiançais tout à l'heure...

Toutes les deux se regardaient en face.

La Benjamine poursuivit sans l'ombre d'une hésitation:

—Pas plus que toi, les juges n'obtiendront de moi autre chose que ce serment: je ne sais rien de ce qu'on me demande, et l'enfant qui dort sur ce lit m'est absolument étranger.

Denise fut-elle convaincue par ce visage, par cet accent d'apparente sincérité? Ou bien entrevit-elle le sentiment pieux qui dictait à sa petite amie et sa réponse et son mensonge? Toujours est-il qu'elle considéra la fillette avec une pitié profonde, et que, l'attirant dans ses bras:

—Viens, lui dit-elle, plus que jamais nous sommes sœurs, par le malheur qui nous accable!

Elles se tinrent un instant embrassées. Ensuite, la fille du garde-chasse poursuivit:

—Je vais tenir la promesse que j'ai faite à Philippe. Si le ciel veut que vous soyez heureux dans l'avenir, je n'aurai pas à me reprocher d'avoir entravé d'un moment votre bonheur.

Elle s'assit près de la table, traça rapidement quelques lignes sur une feuille de papier, et tendant ce papier à Florence:

—En rentrant à la maison, remets ceci à ton frère aîné. C'est le chef de ta famille. Je l'informe de ce qui s'est passé ce matin, et le prie de venir demain s'entendre avec moi à ce sujet. Tu resteras donc à Vittel. Il faut que nous causions seul à seul, moi et le citoyen Arnould.

XIII

L'ULTIMATUM DE DENISE HATTIER

Lorsqu'au retour de Florence au *Coq-en-Pâte*, Joseph Arnould eut parcouru la missive de la sœur de l'officier, il s'adressa d'un air vainqueur à la famille réunie en conseil autour de lui:

—Qu'est-ce que je vous disais, mes bichons? Voilà l'affaire du mariage de la Benjamine bâclée, conclue et arrangée. Par la présente, dont vous pouvez prendre connaissance si le cœur vous en dit, la citoyenne Hattier nous fait l'honneur de nous demander la main de notre chère petite sœur pour son frère le lieutenant.

—Sans dot? interrogea avidement Agnès Chassard.

—Sans dot, naturellement: est-ce qu'on a besoin d'argent quand on s'idolâtre à la réciproque? Et vous vous idolâtrez tous les deux, pas vrai, hein, la minette?

—Philippe m'aime et je l'aime, répondit la fillette simplement.

—Bravo! je donne mon consentement.

Dans toute assemblée délibérative, il y a une opposition: cette opposition était représentée par Marianne dans le conciliabule Arnould. La virago riposta.

—Ça marche trop bien, j'ai défiance. Un grain de sable sous les roulettes et patatras! nous versons dans le sein de la maréchaussée!

Son aîné la foudroya d'un geste de ministre à la tribune écrasant un contradicteur:

—Pas d'observations. Je réponds de tout. On tient les ficelles.

Sébastien frappa un grand coup de poing amical dans le dos de son frère François:

—Attrape, la Marianne!

On était gai, du reste, ce jour-là, au *Coq-en-Pâte*. Le matin, en pénétrant dans la chambre occupée par master Joë Blagg, pour s'informer si celui-ci avait besoin de quelque chose, la virago avait trouvé le fidèle serviteur de mynheer Van Kraëck en train de battre très allègrement la semelle. Et comme elle lui manifestait son étonnement de cette agilité en contradiction avec l'accident accusé par le négociant hollandais:

—La belle, lui avait répondu le domestique en se campant, *fourrez-vous* d'abord *dans le coco* que je ne suis pas plus étranger que vous n'êtes Parisienne. Pantinois de Pantin, natif du faubourg Germain, renommé dans l'univers entier pour le langage harmonieux et le talon rouge des manières.

Il pirouetta et reprit:

—La jambe se porte comme votre langue. Mais voici la chose en deux mots: un des patrons que je servais avant le marchand de chair humaine qui m'a déposé dans ces murs, ayant eu l'indélicatesse de se formaliser d'un bijou qui traînait dans son secrétaire et que j'avais rangé dans ma poche, je lui ai flanqué son congé et nous nous sommes séparés assez mécontents l'un de l'autre. Or, figurez-vous que ce citoyen susceptible doit se rencontrer à Plombières avec mon despote actuel...

Vous comprenez que j'ai dû décliner l'occasion de le forcer à rougir de ses procédés avec moi. J'ai donc simulé une foulure. Mon maître *a coupé dans le pont*. Et me voici votre pensionnaire jusqu'à ce qu'il me cueille en repassant...

Par ainsi, jeunesse, l'air des champs me creusant l'estomac comme un puits, je vous serai reconnaissant de me monter à déjeuner,—avec huit bouteilles du meilleur.

—Huit bouteilles!

—Pour commencer.

—Pour commencer?

—Dame! puisque nous serons quatre. Est-ce que vous n'êtes pas acoquinée de trois frères?

—Eh bien?

—Eh bien? je les invite, *palsembluche*! Un gentilhomme ne boit jamais seul. Plus on est de soûls, plus on rit.

Quelques minutes plus tard, les trois fils d'Agnès Chassard festoyaient gaiement avec leur hôte, lequel roulait, ivre-mort, sous la table, au quinzième ou seizième flacon.

—Enterré! fit François en le voyant tomber.

—Honneur au courage malheureux! ajouta Sébastien, qui décoiffa une nouvelle fiole.

Le premier reprit avec un sourire de dédain:

—Ces Parisiens! quelles mazettes! Pas seulement fichus de porter une misérable douzaine de verres de vin!...

Leur aîné fronça le sourcil:

—Je me défie de ce gaillard-là. Il est trop généreux, trop liant, trop bavard. Il faudra que je le surveille...

Les deux jumeaux se récrièrent en alternant:

—Un garçon qui fait si joliment marcher le commerce!

—Plus amusant qu'un charlatan avec les *turlutaines* qu'il raconte de la capitale!...

—Et si ce qu'il a dit à la Marianne est vrai, un coquin fini dans son genre!

—La poule aux œufs d'or, quoi! C'eût été grand dommage de lui ouvrir le ventre!...

—A sa santé!...

—A la nôtre!...

—Silence! interrompit Joseph, impérieusement. Assez de boisson comme ça! Qu'on se tienne prêt à m'aider!...

Il souleva la nappe, se baissa et examina avec une soupçonneuse attention le prétendu Joë Blagg, qui dormait sous la table.

Celui-ci était étendu sur le dos. Il ronflait à casser les vitres. De pénétrantes odeurs d'ivrognerie se dégageaient de ses hoquets. L'aîné des Arnould s'agenouilla et lui posa la main gauche sur la poitrine. Ensuite, il demanda d'un ton bref:

—Un couteau!...

On lui passa l'un de ceux qui se trouvaient sur la table. Joseph en appuya la pointe sur le cœur du dormeur...

—Que fais-tu? questionnèrent ensemble François et Sébastien.

L'autre repartit froidement:

—Je cherche la place favorable pour enfoncer mon ustensile, au cas où ce Parisien ne serait venu chez nous qu'à cette fin de s'occuper de ce qui ne le regarde point.

Le domestique ne bougea pas: respiration et ronflement ne cessèrent de sortir de ses lèvres vineuses avec une même sonorité et une égale conscience...

Tout en se préparant à prêter assistance à leur aîné, s'il en était besoin, les deux jumeaux avaient tourné la tête pour ne pas voir saigner leur amphitryon ainsi qu'un porc ou qu'un mouton. Mais Joseph n'enfonça point son ustensile. Il se releva au bout d'un instant, remit le couteau sur la table et dit en reprenant sa place:

—Il n'a pas fait un mouvement; rien n'a tressailli en lui; son cœur n'a pas battu plus vite... Allons, il dort *pour tout de bon*, et nous pouvons avoir confiance...

Et comme Marianne entrait pour desservir:

—Où est la mère? questionna-t-il.

—La mère, répondit la grande fille, elle a profité de ce que vous étiez en train de faire bombance pour descendre à la cave rajouter à son trésor les jaunets du voyageur d'hier.

Les deux cadets interrogèrent:

—Et tu ne l'as pas suivie pour tâcher de découvrir l'endroit de la fameuse cachette?

La virago haussa les épaules:

—Allez vous y frotter! Son chien Turc est sur ses talons. Et puis elle a refermé la porte à triple tour derrière elle...

—N'importe, proposa Sébastien, que les libations avaient rendu d'humeur batailleuse et cruelle, malgré la porte et le chien Turc, on pourrait essayer de lui bailler un coup de main...

—Ou un coup de pouce, ajouta François avec un rire significatif. Houp! les enfants, est-ce entendu? Elle a assez vécu, la vieille. Tordons-lui le cou une fois pour toutes et enfouissons-la à la place de son magot...

—Ouais! fit Joseph ironiquement, et qu'est-ce que vous répliquerez demain à ceux qui vous demanderont ce qu'elle est devenue? Saprédienne! ne jamais entreprendre une affaire avant de s'être arrangé pour que les conséquences n'arrivent pas à tourner à votre détriment... Celle-ci est faisable. Je n'en disconviens point; mais il faut attendre le moment...

—Et ce moment, quand viendra-t-il? s'informèrent les trois autres avec la même avidité.

—Je vous le dirai ce soir, lorsque la Benjamine sera de retour des Armoises. Pour l'instant, il s'agit de porter ce piètre buveur sur son lit et de vaquer à nos occupations habituelles: la maman ne doit pas avoir vent que nous nous sommes concertés en vue de lui assurer un sort.

Florence était donc revenue au *Coq-en-Pâte* et y avait apporté le message de Denise.

Après une seconde lecture de celui-ci, et, tandis que la fillette se retirait dans un coin, impatiente de donner cours aux pensées que soulevaient en elle les événements de la matinée, l'aîné des aubergistes s'approcha de ses frères:

—La citoyenne Hattier me prie de me rendre demain au pavillon du garde, pour traiter de la communication qu'elle m'adresse. Je saisirai cette occasion pour l'inviter à faire son choix entre nous trois. Pour ce dont nous avons parlé tout à l'heure, là-haut, à table...

—Eh bien?...

—L'affaire aura lieu dans la nuit qui suivra les deux noces: le marié seul, quel qu'il soit, ne mettra pas les doigts à la pâte...

François poussa Sébastien:

—Quand je te répète, murmura-t-il, qu'il est certain que c'est lui qu'on préférera!...

—Bah! riposta l'autre sur le même ton, qui boude au travail boude au gain, et s'il épouse la dentelière, on s'arrangera pour qu'elle soit bientôt veuve.

Marianne, qui était derrière eux, leur souffla:

—Hé! godiches, il y a un moyen fièrement simple de s'assurer s'il vous met dedans...

—Un moyen?

—Lequel?...

—C'est de l'accompagner demain à sa visite...

—Demain?...

—A sa visite?...

—Oui, de l'accompagner,—à distance—sans qu'il s'en doute, et de voir, sinon d'entendre, tout ce qui se manigancera entre lui et la belle Fleur-de-Dentelle...

—Allons donc! Est-ce que c'est possible?

L'androgyne les considéra avec une commisération narquoise:

—Faut-il que vous soyez innocents! Il y a des arbres dans le parc, vis-à-vis des fenêtres du pavillon du garde...

—Ensuite?

—Ces fenêtres seront ouvertes à cause de la chaleur.

—Après?

La virago se mit à discourir à voix basse; quand elle eut terminé:

—Tu es tout de même une rude gaillarde, déclara François avec une conviction bien sentie.

Sébastien appuya, toujours dans les notes basses:

—Et qu'il ne nous manque pas de parole, ou, cré nom! mon fusil ne le ratera pas!...

Joseph était allé à Agnès Chassard, et rapidement, avec de prudentes sourdines:

—Vous avez tort, maman, de rester à la cave aussi longtemps dans la journée...

—Comment?

—Hé, oui: on pourrait supposer que vous vous y oubliez à ranger autre chose que des bouteilles...

—Tu dis?...

—Je dis que Marianne, François et Sébastien étaient comme des enragés, aujourd'hui, pour savoir... J'ai eu toutes les peines du monde à les retenir... Et, ma foi, un jour qu'ils seraient enluminés, un jour ou une nuit de noces par exemple... Dame! on défoncera les tonneaux pour celles de la Benjamine...

L'hôtelière scruta d'un regard dur et perçant la physionomie de son interlocuteur. Celui-ci conclut:

—Vous voilà avisée. A bon entendeur salut. Un homme averti en vaut deux,—et vous êtes un mâle, vous, la mère.

Agnès Chassard lui mit ses doigts secs sur le bras:

—Merci, Joseph, mon fils aîné. C'est toi qui seras mon héritier.

—Pardi! je l'espère bien, pensa le rusé compère, et plus tôt que tu ne le penses encore!...

La veuve grommela entre ses dents en guignant du coin de l'œil le groupe formé par Marianne, François et Sébastien:

—On prendra ses précautions.

Le paysan eut le rire silencieux que Cooper prête à Bas-de-Cuir:

—C'est comme cela que je l'entends, fit-il.

. . . .

Pendant ce temps, master Joë Blagg se promenait, sans trébucher, sur le carreau, qu'il mesurait, dix minutes avant, de la longueur de son corps.

Il était frais et frétillant. Il avait le pas ferme, l'œil clair, le visage songeur et soigneusement débarbouillé. Un de ses vêtements, étendu, recouvrait la serrure de la porte, et ses pieds, chaussés de pantoufles sans semelle, ne faisaient aucun bruit en marchant.

—*Sapristache!* ruminait-il, ces paysans sont de fameux lapins et de plus fameuses éponges!...

Si les trois quarts de ce que j'ai liché n'avaient pas passé entre ma chemise et ma veste!...

C'est égal, j'ai fièrement manqué d'*écoper* tout de même! Ce grand jésuite avec son eustache! La pointe me chatouillait les côtes! Connu le *truc* du poignard pour s'assurer si un particulier *pionce* réellement ou non! Ça date de l'ancienne administration!...

Oui, mais ce que je suis venu chercher m'a sauté au nez tout d'abord. On m'en a servi, Dieu merci, à tire-larigot, des scélératesses de toutes les noirceurs et de tous les calibres, jusqu'à *estourbir* la maman pour avoir son trésor. Mais où se cache-t-il son trésor? Où est le caveau? Où est la porte? Où est la clé?

—Jeune homme, êtes-vous malade? interrogea du palier la voix de Marianne Arnould. Dormez-vous, ou vous plairait-il de descendre pour le souper?

Joë Blagg ne répondit que par des vocalises nasales qui durent persuader à la virago qu'il était encore en train de cuver son vin sur son lit.

—Allons, murmura-t-elle. En voilà pour jusqu'à demain matin. C'est pitié qu'un gentil garçon comme celui-là ait si peu de fond pour le liquide...

Elle s'éloigna. Lorsque notre «gentil garçon» eut entendu ses pas se perdre dans l'escalier, il se frappa le front et battit silencieusement un entrechat *à six*, que le danseur Trénitz n'eût point désavoué.

—*Sapristache!* s'écria-t-il, voilà ma clé toute trouvée, comme dans *Zulamé et Mesrour* ou *la Tribu des Abencerages*, des citoyens Caignez, Léopold et Cuvelier!...

. . . .

Denise Hattier reçut Joseph Arnould au rez-de-chaussée du pavillon. Gervaise veillait près du convalescent à l'étage supérieur. Sa maîtresse avait pris son ton et son visage les plus sévères pour lui adresser cette recommandation:

—Sous quelque prétexte que ce soit, à moins que je ne vous appelle, ne quittez pas le chevet de notre hôte...

Et, afin que la petite servante, qu'elle savait curieuse à l'excès et babillarde à l'unisson, ne pût entendre et répéter ce qui allait se dire et se passer, la fille de l'ex-chamboran avait indiqué au visiteur un siège à l'extrémité du *poêle* opposée à celle d'où émergeait l'escalier.

Il était trois heures de l'après-midi. La chaleur pesait, accablante; comme l'avait prévu, la veille, la diabolique sagacité de Marianne, toutes les croisées étaient ouvertes. Seulement on avait fermé les persiennes de celles qui donnaient sur la route du hameau.

Or, la chaise de l'aubergiste ne confinait point à celles-là. Elle s'adossait, par hasard, à cette fenêtre sous laquelle nous avons vu, une certaine nuit, le fils aîné d'Agnès Chassard se cacher dans le lierre qui drapait la muraille pour écouter la conversation de Denise et de son frère et pour surprendre le secret dont il avait su si habilement tirer parti. Ainsi placé, le visiteur tournait le dos au parc, dont les feuillages touffus se dressaient de l'autre côté de l'allée qui faisait le tour du pavillon. Debout devant lui la sœur du lieutenant avait en face d'elle ces massifs.

La jeune femme paraissait tranquille et décidée. Les belles lignes de son visage se reposaient et semblaient taillées dans le marbre. Mais on devinait qu'elle avait combattu, qu'elle forçait sa douleur à se taire et qu'elle voilait son angoisse sous le calme de son orgueil. On le devinait au sourire amer qui errait autour de ses lèvres et répondait au feu sombre de son regard.

Joseph Arnould avait ses habits des dimanches et sa mine de tous les jours: béate, désintéressée, chattemite, avec les éclairs contenus de sa prunelle amortie et l'ironie sournoise qui guettait sa proie, tapie dans la bonhomie de son sourire. Il s'était assis sans embarras ni raideur et avait attendu un instant que Denise portât la parole. Puis, celle-ci ne se pressant pas de commencer, il avait lui-même entamé sur un mode cérémonieux, compassé et doctoral:

—Citoyenne Hattier, la recherche, dont nous a informés votre honorée d'hier, de la main de ma sœur Florence par le brave lieutenant, votre frère, nous a flattés sans nous surprendre... Défunt votre père et feu le mien avaient longtemps nourri l'espoir que cette union resserrerait les liens d'estime et d'affection qui rattachent nos deux familles.

Le drôle mentait effrontément: jamais il n'avait été question de rien d'approchant entre l'ex-trompette de Chamboran et l'ancien aubergiste du *Coq-en-Pâte*. Mais quoi! l'orateur était sûr que ni feu Marc-Michel Hattier, ni défunt Jean-Baptiste Arnould ne se lèveraient pour le contredire! Il poursuivit en arrondissant la période:

—Ai-je besoin de vous annoncer que la demande de l'ami Philippe a été agréée avec satisfaction par mes frères, ma mère et moi, et que nous n'avons plus qu'à fixer, entre nous, à la bonne franquette, l'époque où la tendresse de nos chers tourtereaux recevra la consécration de la municipalité et de l'église...

Son interlocutrice coupa court à ces lieux communs:

—Notre entretien s'égarerait, citoyen, prononça-t-elle d'un ton bref et précis. Laissez-moi, je vous prie, le conduire moi-même.

Le paysan dodelina de la tête en manière d'affirmation:

—A votre aise, citoyenne, à votre aise!... Enchanté de vous être agréable!...

La jeune femme continua:

—Si j'ai obéi à vos ordres...

—Oh! mes ordres! Des avis,—de simples avis,—dictés...

Denise l'interrompit avec une conviction froide:

—Si j'ai obéi à vos ordres, en ce qui concerne le mariage de Philippe et de la Benjamine, c'est que, cette fois, vous ne m'avez pas trompée...

—Cette fois?... Vous supposeriez donc?...

La dentelière lui ferma la bouche d'un geste et passa outre:

—Votre sœur et mon frère s'aiment, et ç'a toujours été mon vœu le plus ardent que Philippe ait une compagne et ma Florence un protecteur. Marions-les donc, s'il vous convient, dans les délais voulus par la loi et réclamés par la paroisse. Mais il s'agit d'une chose plus grave. Vous avez, dites-vous, dessein de m'épouser?...

—C'est ma volonté, en effet, appuya Joseph sèchement.

—Je ne tenterai pas de vous en faire changer, reprit la jeune femme avec découragement. Mes prières et mes larmes n'y ont point réussi. J'avais été de longues années sans vous connaître: une heure a suffi, l'autre jour, pour me convaincre qu'en invoquant votre cœur, autant valait m'agenouiller devant un caillou de la route. Je n'essayerai pas davantage de me soustraire à vos projets. Vous me tenez en votre pouvoir. Vous m'avez volé mon secret, vous m'avez volé mon enfant, et vous les employez tous deux à me dompter et à m'asservir. Il n'y a pas de lutte possible entre nous. Je suis désarmée et vaincue. Je ne résiste plus, je ne supplie plus, je me résigne. Soit, je deviendrai votre femme...

—Ah! saprédienne! s'exclama l'aubergiste en tapant de joie sur son genou, saprédienne! la minette, voilà qui n'est pas bête. Vous êtes décidément une fille d'esprit! Topez là en guise d'accordailles!...

Il fit un mouvement pour se rapprocher d'elle et lui saisir la main.

Denise se recula en jetant un cri...

Ce n'était pas toutefois la démonstration du campagnard qui lui arrachait cette exclamation. Droite vis-à-vis de son interlocuteur assis, ses yeux plongeaient en plein dans le parc des Armoises, à travers la baie de la fenêtre. Or, dans le bouquet de futaie qui regardait cette fenêtre, quelque chose avait remué et quelque chose avait relui. Vous auriez juré d'une forme humaine se glissant avec précaution parmi les branches enchevêtrées des chênes, des tilleuls et des hêtres, et tenant une arme dont le soleil faisait étinceler l'acier. Denise arrondit sa main au-dessus de ses paupières,—instinctivement,— pour mieux voir dans la lumière crue, intense et aveuglante de cette après-midi de juillet...

Ce geste machinal et l'espèce d'étonnement qui se peignit sur son visage donnèrent l'éveil à l'aubergiste. Il se retourna sur son siège. Son œil inquiet franchit rapidement la croisée et fouilla le rideau de verdure qui allait s'étendant au delà. Mais ce rideau était redevenu immobile, et l'éclair de l'acier venait de s'éteindre dans le feuillage.

Joseph Arnould fit volter sa chaise.

—Qu'est-ce donc, ma chère demoiselle? demanda-t-il d'une voix câline.

Au lieu de répondre directement à la question, la sœur du lieutenant releva le débat sur le dernier mot du visiteur:

—Pour qu'il y ait accord entre nous, citoyen, il est d'abord indispensable que vous m'accordiez une grâce...

—Une grâce?...

—Un sursis, si vous préférez...

—Un sursis?...

—Je veux embrasser mon fils avant notre mariage...

—Vous voulez! vous voulez! grommela l'aubergiste.

La jeune femme poursuivit:

—En outre, je désire que ce mariage n'ait lieu qu'un mois après celui de la Benjamine et de Philippe...

Joseph tressauta sur sa chaise:

—Un mois!... Vous n'y sentez point d'os, ma mie! C'est sans doute pour gagner du temps!...

«*Vous n'y sentez point d'os!*» locution vosgienne qui signifie: «*Vous ne vous gênez pas!*»

Denise rougit imperceptiblement.

Le madré campagnard avait-il donc deviné sa pensée? Gagner du temps! Etait-ce son but? Espérait-elle qu'en retardant le sacrifice inévitable, quelque événement providentiel, quelque intervention,—soit divine, soit terrestre,—viendrait l'empêcher de l'accomplir?

La dentelière continua de la même façon ferme, réfléchie, mesurée:

—Rassurez-vous, monsieur, le délai que je réclame a moins pour objet de me dérober que de me préparer à ce que vous exigez de moi. D'ailleurs, l'assurance que je vous donne n'est pas votre seule garantie...

Sa voix tremblait, mais son front conservait sa sérénité dans sa tristesse:

—Vous avez des gages certains... Vous êtes le maître de mon honneur et de mon Georges... Ah! s'il ne s'agissait que de moi, j'accepterais—en courbant la tête—la divulgation de ma faute comme un châtiment mérité... Mais vous me l'avez rappelé l'autre jour: cette faute rendue publique serait la honte du nom de mon père, et Philippe n'y survivrait pas...

Elle frissonna et s'arrêta une minute. Puis, surmontant son émotion:

—Ma conduite était toute tracée. Coupable, je devais subir les conséquences de ma chute. M'y voici résolu. Partant, que vous importe de reculer d'un mois le moment de l'expiation? L'existence de mon fils et celle de mon frère sont les liens qui m'enchaînent à vous. Pensez-vous que je veuille les briser pour la misérable question de mon salut et de mon bonheur personnels?

Joseph Arnould était embarrassé. Denise le dominait de toute la hauteur de sa fermeté. Le fils d'Agnès Chassard s'attendait à des pleurs, à des supplications, à une résistance opiniâtre, à des éclats de colère, à des crises nerveuses. Trop vil pour comprendre la jeune femme, il ressentit en face de cette attitude froide et digne un étonnement involontaire et une velléité de respect. Mais impatient de secouer le joug, il ricana avec dépit:

—Tout cela est bel et bon, ma poule. Vous prêchez comme évêque en chaire. Cependant, si je refusais...

—Si vous refusiez?

—Oui. Ça dépend de moi, que diable! Et je me suis rasé le menton ce matin comme d'habitude, ce qui signifie que personne ne peut se vanter de m'avoir jamais fait la barbe...

—Vous ne refuserez pas, si vous m'aimez, et je suis sûre que vous m'aimez...

—C'est vrai.

—Vous m'aimez à votre manière, une manière étrange et terrible, qui ne tient compte ni de l'indifférence, ni du mépris, ni du dégoût...

—Hein?

—Une manière pour qui le succès justifie l'usage des moyens les plus criminels, les plus odieux, les plus infâmes...

—Citoyenne!...

—La manière de la bête fauve, qui, ne pouvant faire sa proie de l'âme de sa victime, fait sa pâture du corps inerte de celle-ci...

L'aubergiste se leva. Il se promena un instant par la chambre en soufflant. Puis, revenant s'asseoir en face de Denise en lui jetant le mauvais sourire du coquin pour lequel il n'est plus de vergogne:

—Eh bien, ma foi, vous l'avez dit: c'est comme cela que je vous aime. Chacun sa mode et ses façons. Mais si c'est en me cornant aux oreilles un tas de choses désagréables que vous espérez m'amadouer...

—Je n'espère pas plus vous fléchir que je n'ai l'intention de vous blesser, repartit la dentelière gravement. Je constate seulement notre situation vis-à-vis l'un de l'autre. Vous me tenez par mon enfant et par Philippe; je vous tiens par votre passion. Elle est la force de ma faiblesse. Voilà pourquoi, en me soumettant aux conditions qu'il vous a plu de m'imposer, j'ai l'intime persuasion que vous accéderez à celle que je vous propose aujourd'hui.

Cette parole tranquille exaspérait Joseph. Mais ce dernier était une de ces natures qui s'irritent *à blanc*,—sourdement,—sans explosions. Ses tempêtes n'avaient ni éclairs ni tonnerres. Son courroux grinçait et rampait.

—Enfin, mignonne, reprit-il, si cette condition ne me convenait point?...

—Alors je vous plaindrais, monsieur; car vous auriez à vous reprocher devant Dieu et devant les hommes, sinon devant votre conscience,— l'extrémité suprême à laquelle vous me réduiriez...

—Et cette extrémité, quelle est-elle, je vous prie?

Denise répondit:

—Mourir!

—Mourir?

—Ma vie n'est-elle pas tout ce que vous m'avez laissé,—et auriez-vous la prétention de m'empêcher d'en disposer?

En ce moment, un léger bruit monta du bas de la fenêtre. C'était comme un froissement de feuilles foulées avec précaution.

Une heure environ avant que le fils aîné d'Agnès Chassard se mît en route pour les Armoises, ses deux cadets avaient quitté le *Coq-en-Pâte*. Sébastien avait le carnier au dos et le fusil sur l'épaule; François était chargé de tout un attirail d'engins de pêche.

Au repas de midi, le premier avait déclaré:

—Le Parisien est un fin bec. On va tâcher de lui décrocher un civet. Il y a dans les fonds de Bulgnéville un satané lièvre à moustaches à qui je ne serais pas fâché de fourrer une douzaine de grains de plomb dans le râble...

—Moi, avait ajouté le second, j'ai envie de taquiner l'ablette et de chagriner le goujon. Qu'on prépare la poêle à frire. Ça économisera la viande de boucherie...

L'un était remonté vers les bois. L'autre était descendu vers la rivière...

Oui, mais tous deux s'étaient rejoints—vingt minutes plus tard—au pied du mur du parc, derrière le pavillon de Marc-Michel Hattier.

—Attention! avait dit François à Sébastien, il s'agit de former à nous deux un particulier complet. Tu seras les yeux, je serai l'oreille...

—Comment cela?

—Tu vas te loger, n'est-ce pas, dans la futaie en face des fenêtres ouvertes? Moi je me nicherai dans le lierre, au-dessous de ces mêmes croisées...

—Bon.

—Tu verras et moi j'entendrai tout ce qui se passera à l'intérieur de la maison...

—Fameux! Je saisis ton idée. C'est l'histoire de l'aveugle et du paralytique que j'ai lue dans les almanachs. L'aveugle porte le paralytique, lequel, en retour, le guide par les chemins...

François s'était gratté l'oreille. Ensuite, il avait demandé:

—Maintenant es-tu toujours dans l'intention de régler le compte au Joseph, s'il manque à la promesse qu'il nous a faite dernièrement de laisser la belle dentelière choisir entre nous librement?...

Sébastien avait frappé de la main sur le canon de son fusil:

—Compère, c'est pour la grosse bête que j'ai coulé deux balles là-dedans...

—Alors, c'est bien: s'il observe nos conventions, je ne bougerai pas dans ma cachette. Mais je ne perdrai pas un mot de ce qu'il dégoisera à la Denise,—et, s'il fait ses affaires au lieu de faire les nôtres, je tirerai mon mouchoir de ma poche et je l'agiterai comme ça. Est-ce entendu?

—C'est entendu.

Les deux complices avaient escaladé les murs du parc. Puis, tandis que Sébastien, dessinant un détour, gagnait la futaie par derrière, gravissait le tronc d'un hêtre et s'installait, comme à l'affût, au milieu des branches dont le feuillage le recouvrait entièrement, François rampait dans l'herbe le long du pavillon et se glissait sous le lierre, à la place même où leur aîné s'était baugé, de nuit, quelque temps auparavant.

Il ne faudrait point se dissimuler ceci: les deux cadets du *Coq-en-Pâte* étaient—en somme—d'atroces bandits.

La vie de leur prochain—encore qu'il fût issu de leur chair et de leur sang—ne pesait pas plus à leur morale primitive et au bout de leur bras robuste qu'au coin de leurs lèvres la courte pipe façonnée dans une racine de buis.

Marianne avait, du reste, recordé les deux jumeaux. La virago avait ses projets.

—Allez de l'avant, avait-elle dit. Pas l'ombre d'un risque à courir. Les braconniers du parc abominent notre aîné. Tout le monde s'imaginera que c'est l'un d'eux qui a fait le coup pour se venger. Pas vus, pas pris... Les balles, d'ailleurs, c'est comme l'argent: ça n'a pas de maître. De fil en aiguille, nous ne sommes plus que trois à partager l'héritage de la vieille. On s'arrange pour qu'elle ne nous le fasse pas attendre. L'auberge, le trésor, le château, le domaine, tout est à nous, et la dentelière vous reste!...

—Bravo, bijou! s'était exclamé l'un des frères, et nous la jouerons, la Denise, aux quilles, aux cartes ou au couteau!

—Je veux bien la jouer, avait grommelé l'autre; mais si je perds, gare au gagnant!

C'était dans ces dispositions que les deux complices étaient venus prendre leur poste dans le parc. Du sien, François écoutait attentivement tout ce qui s'échangeait—à l'intérieur du pavillon—entre son aîné et la fille de l'ancien houzard. Mais, jusqu'alors, il n'y avait pas compris grand'chose, n'étant point au courant de la situation, et c'était en se retournant d'impatience dans sa cachette, qu'il avait froissé les lierres qui l'enveloppaient.

Certes, il fallait que Joseph Arnould fût tout entier aux sentiments qu'avaient éveillés en lui les dernières paroles de Denise, pour qu'il n'entendît point ce bruit. Ces sentiments étaient la surprise, d'abord, puis l'incrédulité, combattue par l'appréhension. Pour le moment, il essayait de plaisanter:

—Mourir! vous badinez, ma mie! Est-ce qu'on se périt à votre âge, lorsque l'on a votre beauté, vos avantages et votre avenir? Sacrebleu! c'est bon dans les livres et les comédies.

La jeune femme étendit la main vers le Christ de cuivre accroché à gauche de la porte, selon la coutume lorraine, au-dessus du bénitier de faïence et de la branche de buis rapportée de l'église le dimanche des Rameaux.

—Je jure, prononça-t-elle avec une lenteur solennelle, que, si vous ne m'accordez le délai que j'implore, avant qu'il fasse jour demain, j'aurai cessé de vous redouter!...

Ce n'était pas une vaine menace...

Denise était si fatiguée de souffrir! Mais c'était aussi une âme chrétienne. Voilà pourquoi elle conjurait son persécuteur de lui octroyer un sursis et de lui laisser embrasser son enfant.

Elle espérait que les baisers de l'innocente créature la rendraient forte contre cette pensée du suicide qui allait l'envahissant et l'absorbant. Et puis, on ne sait pas, dans ce délai d'un mois, un miracle l'arrêterait peut-être sur la pente où l'entraînait la tyrannie de cette pensée...

Elle fixait sur l'aubergiste un regard perçant:

—Je n'ignore point, reprit-elle, que ce que je vous annonce l'intention de faire est un crime. Je n'hésiterai pas, pourtant. Dieu me jugera. Que ce crime retombe sur celui qui m'aura poussée à le commettre!...

—Et votre fils? objecta Joseph vivement. Vous oubliez donc votre fils?...

La sœur du lieutenant leva les yeux au ciel:

—Il me rejoindra dans une vie meilleure. Ce sera un ange là-haut, et mon juge, touché de ses prières, nous réunira à jamais au séjour de miséricorde...

La jeune femme était belle, à cette heure, à la façon de ces types divins qui se perdent et planent au-dessus des nuages et que nous adorons de trop bas.

Ses prunelles étincelaient d'une résolution inattendue. Sa bouche fière commandait. Ses cheveux, rejetés en arrière, dégageaient l'ovale pur de son visage, qui s'élargissait au delà des tempes, et donnaient à son front une majestueuse ampleur.

Joseph Arnould ne l'avait point soupçonnée ainsi. Suppliante à ses genoux, elle lui eût produit une impression moins soudaine, moins imprévue et moins puissante.

Le paysan fit un pas vers Denise et un râle sortit de sa gorge:

—Sangdieu! mignonne, vous ne mourrez point! Vous serez à moi! A moi seul!...

A moi seul!...

François, aux écoutes, comprit cette fois. Son mouchoir sortit de sa poche. Ce qui suivit fut rapide comme l'éclair:

Au moment où la jeune femme, effrayée du brusque mouvement de son interlocuteur, cherchait du regard un aide, un défenseur, ce regard tomba, par hasard, sur la feuillée qui formait rideau dans le parc...

Un homme,—celui sans doute qu'elle avait vaguement aperçu quelques instants auparavant et qui s'était si promptement dissimulé sous la ramure,—un homme venait de reparaître à travers les branches écartées. Cet homme tenait un fusil dont il abattit le canon dans la direction du pavillon. C'était évidemment l'aubergiste qu'il visait. Ce dernier, en effet, se présentait—de dos—dans l'embrasure de la croisée...

A cette vue, Denise ne songea plus aux menaces du misérable: son cœur de femme n'eut souci que du péril couru par une créature humaine...

Et, comme il faisait un pas vers elle, ce fut elle-même qui le saisit—avec une vigueur puisée dans le sentiment de la situation—et qui le poussa de côté, en dehors de l'ouverture par où la mort allait sûrement lui arriver...

Il était temps:

Une détonation éclata dans la verdure de la futaie,—et une balle vint s'aplatir contre la muraille du *poêle* qui faisait face à la fenêtre.

Si Joseph Arnould était resté une seconde de plus dans la ligne de mire du tireur, le projectile lui fracassait le crâne en faisant son trou par la nuque.

Le premier mouvement de l'aubergiste fut de se précipiter vers la croisée pour savoir d'où le coup partait.

Sébastien, une fois son fusil déchargé, s'était renfoncé rapidement sous le couvert, tandis que François—qui n'avait pu se rendre compte des résultats du coup de feu—détalait, pour le rejoindre, à travers le parc.

Tous deux, pourtant, ne s'éclipsèrent pas si vite, que Joseph ne les reconnût:

—Tout beau, messieurs mes frères! murmura-t-il, vous me traitez en chien enragé. Eh bien, on agira en conséquence. Les chiens enragés ont des dents, et il n'est pas beaucoup de gens qui reviennent de leur morsure.

Ensuite, s'adressant à la dentelière:

—Rassurez-vous, citoyenne. Je sais ce que c'est...

Il ramassa la balle et la mit dans sa poche:

—Ça ne sort pas de la famille,—ou plutôt, non, je me trompe: *ça sort de la famille*.

Il était redevenu absolument maître de lui.

L'explosion avait attiré Gervaise au haut de l'escalier. D'un geste, la sœur du lieutenant l'appela auprès d'elle. Le paysan continua en regardant la petite servante:

—Saprédienne! je vous dois une fière chandelle... Ce scélérat de braconnier m'aurait parfaitement envoyé *ad patres* sans votre présence d'esprit... Mais j'entends vous prouver de suite que vous n'avez pas eu affaire à un ingrat et que ma reconnaissance s'élève à la mesure du service...

Sa reconnaissance!...

La jeune femme sentit son cœur s'ouvrir à l'espérance. Cet homme, auquel elle venait de sauver la vie, n'hésiterait point, à son tour, à lui rendre le fils qu'elle pleurait et le repos après lequel ses forces épuisées soupiraient. Déjà, les actions de grâces montaient à ses lèvres émues...

Joseph Arnould prenait congé:

—Ainsi, c'est entendu, ma chère demoiselle, je vais m'occuper de ce pas des démarches qui hâteront le bonheur de nos deux fiancés...

Il se dirigea vers la porte...

—Monsieur, balbutia Denise, vous ne m'avez pas répondu...

—Ah! oui, au sujet de ce délai d'un mois...

Il s'arrêta sur le seuil:

—Eh bien, ne voulant pas être en reste de bons procédés avec vous et désireux de vous témoigner ma gratitude pour la petite machinette de tout à l'heure, je vous accorde... quinze jours. Nous coupons la poire en deux, hein? Par exemple, passé ce laps, il faudra être en règle et tenir vos promesses...

Il brossa son chapeau du coude, l'assura sur sa tête d'un coup sec, et, sortant:

—Ou c'est moi qui tiendrai les miennes. Souvenez-vous en. A l'avantage, et mes compliments au futur.

XIV

OU LE TERRAIN BRULE

Profitons de l'entr'acte qui sépare les dernières scènes, auxquelles vous venez d'assister, du dénouement de notre drame, pour établir brièvement la situation de chacun de nos différents personnages à l'approche de ce dénoûment.

Constatons, tout d'abord, qu'à son retour au *Coq-en-Pâte*, après la tentative de meurtre dont il avait failli devenir la victime, l'aîné des fils d'Agnès Chassard n'avait soufflé mot à personne de ce qui s'était passé au pavillon du garde.

Il n'avait adressé aucun reproche à ses cadets. Il ne leur avait manifesté aucune colère, aucune haine. Il s'était borné à leur déclarer que Denise Hattier avait réclamé de lui un délai de quinze jours pour se décider à faire un choix, et qu'il n'avait point jugé à propos de lui refuser ce délai.

De leur côté, les deux jumeaux avaient imité son silence. François s'était contenté de confier à Marianne:

—Affaire manquée. Partie remise. C'est la faute à cet animal de Sébastien.

Celui-ci, à son tour, avait insinué à la grande fille:

—Revanche à prendre. On recommencera. C'est la faute à cet imbécile de François.

Après quoi, la virago s'était dit:

—Il faudra que je fasse ma besogne moi-même.

. . . .

A Vittel, le digne abbé Brossard avait annoncé au prône, et, à la porte de la mairie, les affiches municipales répétaient sous leur grillage qu'il y avait promesse de mariage entre Désirée-Caroline-Florence Arnould et Pierre-Michel-Philippe Hattier. On en glosait à tous les étages de toutes les maisons.

Mais le lieutenant et la Benjamine s'inquiétaient médiocrement des caquets.

Ils s'aimaient et ils se le répétaient chaque fois qu'ils se rencontraient.

Ces rencontres avaient lieu le plus souvent aux Armoises, où Florence passait la meilleure partie de ses journées. Notre officier, en effet, ne fréquentait qu'avec répugnance l'auberge de sa future famille. La mine revêche d'Agnès Chassard, les allures masculines de Marianne, les façons brutales de François et de Sébastien, la rondeur affectée et la bonhomie cauteleuse de Joseph, tout cela ne lui allait qu'à demi.

Florence, du reste, ne s'employait point à l'attirer chez ses parents.

La fillette avait ce scrupule: elle ne voulait point que Philippe se trouvât en contact fréquent avec cette demeure souillée. Peut-être appréhendait-elle pareillement que l'œil vigilant du soldat ne surprît quelque indice des sinistres mystères dont cette demeure avait été témoin et dont le verger—y attenant—était resté le muet et funèbre complice.

A cela près, la Benjamine était heureuse.

Elle se disait qu'une fois mariée, elle avouerait tout à Philippe...

Philippe aurait pitié,—il pardonnerait et il se tairait...

En échange de ce silence, on contraindrait les gens du *Coq-en-Pâte* à vendre l'auberge. Ils s'en iraient si loin, si loin que la justice humaine ne saurait les atteindre...

Une vie d'honnêteté et de repentir fléchirait la justice divine. Au besoin, le jeune ménage quitterait le pays en emmenant Denise.

En attendant, Florence préparait sa toilette de noce et s'enivrait de la musique des tendres propos de son fiancé. Celui-ci accourait de Mirecourt aux Armoises presque tous les jours, pour échanger quelques paroles avec la fillette...

Nous l'avons dit, le frère de Denise idolâtrait Florence, et cette passion l'absorbait si absolument qu'il en avait presque oublié la tâche qu'il s'était imposée.

Nous écrivons: *presque.*

Car lorsque, pour venir de Mirecourt aux Armoises, il galopait sur cette route que le marquis Gaston avait dû parcourir la veille de sa mort présumée, une voix intérieure lui criait:

—Tu as un devoir à remplir.

Ce devoir, c'était celui de rechercher et de punir les assassins de l'émigré. A cet égard, avait-il fait de son mieux? Etait-ce assez? Etait-ce ainsi et froidement qu'il avait compris, dès l'abord, la grande mission de la vengeance? Il avait cherché, certes. Il avait dépensé du temps et des efforts. Mais à quoi tout cela avait-il abouti?

Quand cette idée le saisissait, le lieutenant éperonnait furieusement son cheval. Mais le remords sautait en croupe derrière lui. Où se dissimulaient les malfaiteurs qui avaient fait disparaître le gentilhomme? L'enfant caché au pavillon pourrait seul l'indiquer plus tard...

Hâtons-nous d'annoncer que la situation de ce dernier s'améliorait d'une façon sensible,—quoique lente. Le pauvre petit était encore bien faible de corps et d'esprit; mais il commençait à se lever, à marcher dans l'appartement,—soutenu par Gervaise ou par Denise.

Une seule chose persistait en lui, de sa maladie et de l'événement étrange qui l'avait déterminée: son mutisme. Il ne parlait que dans ses accès d'égarement, de fièvre ou d'insomnie,—moments qui, d'ailleurs, devenaient plus rares et plus courts avec le temps. Il ne parlait que pour répéter—sans plus de clarté ni de détails—toujours la même histoire,—confuse, obscure, incomplète, bizarre, pleine de trouble, d'ambiguité, de lacunes et de restrictions.

En dehors de ce cas, il ne desserrait point les lèvres. C'était avec des regards d'une douceur infinie et touchante, avec un geste suppliant de ses mains d'une transparente maigreur, qu'il appelait près de lui la sœur de l'officier pour lui désigner ce dont il avait envie et pour la remercier de sa sollicitude.

Cette sollicitude était celle d'une mère. La jeune femme prodiguait ses soins à l'hôte que son frère lui avait confié, non pas seulement parce que—comme notre lieutenant—elle espérait d'importants résultats du retour de ce cher malade à la santé, à la raison, mais parce qu'un sentiment instinctif et irrésistible la poussait vers cet être chétif et souffreteux.

Ce sentiment, elle se l'expliquait à elle-même en se disant que son Georges avait cet âge, ces cheveux blonds, cette pâle figure; qu'ainsi que cet abandonné, il manquait d'une famille pour le protéger et le chérir; qu'enfin tous deux avaient subi cette même et affreuse destinée d'être à la merci de misérables que ne désarmaient point la faiblesse, l'innocence et la pureté...

Pour l'avenir, Denise ne s'en occupait plus. Elle avait son but défini, marqué, inévitable... Cette résolution de se tuer si son persécuteur s'obstinait à faire d'elle sa femme et si rien ne venait se jeter à la traverse de ce projet, lui avait restitué toute sa force et sa tranquillité. Maintenant, elle assistait son amie dans les préparatifs de la cérémonie nuptiale. Elle souriait même aux gais épanchements, aux amoureux badinages et aux châteaux en Espagne des fiancés. Mais sa bouche demeurait douloureuse jusque dans ses sourires.

. . . .

Au *Coq-en-Pâte*, Joë Blagg avait conquis toute la maisonnée. C'était un drôle insinuant, flatteur, jovial, magnifique, bavard, divertissant, multiple et d'un entrain irrésistible. Il chassait avec Sébastien, pêchait avec François, jouait aux cartes avec tous deux et se grisait consciencieusement en leur aimable compagnie.

Au jeu, on le gagnait, et il riait; on le trichait, et il riait encore; on le volait, et il riait toujours. A table, il amusait les convives par toute sorte de tours d'adresse: il avalait les cuillères et les fourchettes, faisait tenir les couteaux en équilibre sur son nez, escamotait les plats, les verres et les bouteilles avec l'habileté de Comus,—le physicien de l'ex-roi,—chantait des refrains croustillants et imitait le cri de différents animaux. Après quoi, il finissait généralement par rouler,—plein de boisson,—sur le parquet.

Les deux cadets en raffolaient. Sébastien disait gravement:

—C'est un lapin qui a de jolis talents de société!

Et François ajoutait avec non moins de conviction:

—Un beau-frère comme il nous en faudrait un, quoi! au lieu de ce *haut-la-queue* de gendarme!

Leur aîné pensait simplement:

—Plus bête que méchant. Un coquin qui ne songe qu'à mener le branle des écus de son maître. J'avais tort de le suspecter.

Agnès Chassard, de son côté, faisait fête à son pensionnaire, car elle voyait en un mirage la sacoche du nabab hollandais expectorer toutes ses espèces pour solder la note qui s'enflait,—et l'ivresse jaune de l'or lui montait au cerveau.

Restait Marianne, la grande fille. Celle-là ne soufflait pas une syllabe. Mais elle nourrissait son idée. Marianne avait, tous les matins, sans que personne s'en doutât, les conférences les plus intimes avec le séduisant domestique. On *tuait le ver* ensemble. L'androgyne ne boudait point sur le *piqueton*. En trinquant, on causait de toute espèce de choses—et de beaucoup d'autres encore.

Mon Dieu! nous ne pouvons mesurer ici qu'une très faible place aux amours de master Joë Blagg—factotum de mynheer Van Kraëck d'Amsterdam—et de cette belle aux cheveux rouges, digne fille de sa mère et digne sœur de ses frères; mais il ne nous est pas permis non plus de les négliger entièrement. Dans ces conférences quotidiennes, il était fort question de Paris,—de Paris, qui, comme chacun sait, est le vrai paradis des dames.

Marianne savait, par intuition, qu'il y avait quelque part sur la terre d'autres hommages à récolter que ceux des muscadins de son village et de la jeunesse des environs; d'autres équipages, pour voiturer une beauté à la mode, que la charrette rustique sur laquelle elle se rendait, les jours de foire ou de marché, à Epinal, à Mirecourt ou à Neufchâteau; d'autres étoffes, pour l'habiller, que la futaine, le *rayage* ou le *droguet*; d'autres bijoux pour la parer, qu'une simple croix *à la Jeannette* ou qu'une modeste chaine *de jaseron*; d'autres liqueurs, pour faire pétiller sa gaieté que le *pichenet* des vignes vosgiennes ou le *brandevin* de la cave maternelle parcimonieusement dispensé.

Ce qu'elle voulait surtout,—surtout,—c'était s'amuser librement en gagnant le plus d'argent possible. Or, ce gain fabuleux, ce luxe, ces plaisirs, cette liberté sans bornes, elle avait compris que c'était à Paris seul qu'elle pourrait les trouver.

Marianne Arnould avait une poigne et un jarret de fer, la volonté et la vigueur d'un homme. Elle arriverait...

Oui, mais il fallait, d'abord, parvenir à Paris. Paris, pour elle, c'était le monde: un monde inconnu, mais qui lui donnerait dans la réalité les mille ivresses de ses songes. Elle en avait soif et besoin.

Quant au sang qui souillait ses mains et sa conscience, c'était pour l'androgyne le dernier des soucis.

Elle comptait laisser son passé à Vittel avec ses jupes de camelot, ses chemises de grosse toile bise, ses cornettes et ses sabots.

D'ailleurs, il n'est taches—de boue ou de sang—qui ne disparaissent lorsqu'on les lave dans un bain d'or.

Pour premier élément de ce bain, comme aussi de sa richesse future, la grande fille avait dessein d'emporter le trésor de dépouilles opimes amassé par Agnès Chassard.

Quelques précautions que la veuve prît de le cacher à tous les yeux, son aînée se flattait de découvrir le gisement de cette mine...

En outre, elle saurait s'arranger pour ne partager avec personne...

Par exemple, elle ne s'était point dissimulé combien il serait dangereux de débarquer sans guide dans la ville immense qu'elle soupçonnait pavée de pièges tendus à son pécune. Paris l'attirait, et elle se défiait de Paris,—de ce vaste fouillis de maisons peuplé d'industriels et d'aigrefins, aux doigts subtils et crochus desquels la livrait, pieds et poings liés, son ignorance des rues et des ruses, des usages et des gens de la localité...

Pour l'aider à enlever le magot maternel et pour la piloter dans le voyage projeté, il lui fallait un compagnon,—un complice...

Joë Blagg s'était présenté à propos...

Alors qu'il était allumé, celui-ci faisait volontiers ses confidences à tout venant. De ces confidences il ressortait avec une évidente clarté que, si le faux Anglais mourait jamais, ce ne serait assurément pas d'une indigestion de délicatesse...

De plus, il paraissait connaître son Paris non seulement comme sa poche, mais encore comme celle d'autrui...

Marianne ne l'avait-elle pas surpris en train de lui escamoter son dé d'argent et ses ciseaux, en lui dérobant un baiser?

Voilà pourquoi, comme César, ce jeune étranger était venu, avait vu et avait vaincu là où tous les coqs de l'endroit avaient perdu leurs peines, leurs soins et leurs avances.

Cependant, aux premières ouvertures touchant un départ en commun, Joë avait répondu sentencieusement à la Marianne:

—Ma biche, pour détourner de sa famille une demoiselle de votre poids et la transplanter maritalement dans le chef-lieu des délices, de la galette et du coco, faut de la *braise* en conséquence, sous peine de *caner la pégrène*.

—De la *braise*?... *Caner la pégrène*?...

—Hé! oui: de la *braise*, des *picaillons*, de la *douille*, du *poignon*, quoi! Des espèces sonnantes en patois. *Caner la pégrène*, crever la misère, *gambiller* devant le buffet, se *créper le chignon* de détresse de n'avoir rien à se mettre sous les quenottes: quand il n'y a point de foin au râtelier, les chevaux se battent. Comment espérez-vous réussir à *Pantruche* (Paris) si vous ne savez pas *dévider le jars* et *chinoiser jaspin* (parler argot), qui est la façon de s'exprimer dans les salons des trois Consuls et de la meilleure société?

—De l'argent, j'en aurai, avait déclaré Marianne.

—Il en faut beaucoup, mon cœur.

—J'en aurai beaucoup.

—Et où le prendrez-vous, sans indiscrétion?

—Ma mère en a. Nous serons deux pour l'emporter.

Joë s'était gratté l'oreille:

—Avec ça qu'elle se gênera pour jeter les hauts cris, la citoyenne votre maman... Et puis, messieurs vos frères, qui ne sont pas commodes... Sans compter la gendarmerie, laquelle pourrait bien s'en mêler...

La virago l'avait regardé en face:

—La vieille se taira. Les autres aussi. Vous n'aurez pas à vous en occuper. Je me charge de toute la besogne.

Le domestique continua à hésiter:

—C'est que je suis un garçon tranquille... On a des principes, *sacreloche*!... Nonobstant, si le jeu en valait la chandelle...

—Il y aura de quoi nous faire vivre de nos rentes.

Joë Blagg avait eu une moue expressive:

—Connu! des rentes comme on en vit, comme on en meurt dans les campagnes! Juste de quoi mettre au pot une poule maigre, le dimanche! Paris est plus gourmand, princesse: il exige que chaque jour de la semaine lui ramène son poulet gras.

La virago avait riposté vivement:

—Quand nous serons à Paris, bonhomme, la table sera mise chez nous depuis matines jusqu'à none. Tu t'en entonneras à ta soif, du plus chenu et du plus cher. La mère a des économies...

—Peuh! des économies de village! Une douzaine d'écus de six livres rognés qui se battent dans un vieux bas de laine!

Exaspérée de ce ton d'incrédulité et de dénigrement, Marianne avait saisi le bras de son interlocuteur:

—Des piles de jaunets hautes comme des enfants de deux ans! Des pièces blanches en tas, en colline, en montagne! Des bijoux à mesurer au boisseau! Assez pour monter une boutique d'orfévrerie!...

—Hein?

—Et nous remuerons tout cela à la poignée, comme on brasse la pâte pour faire le pain! Et nous en boulangerons une fameuse brioche! Et il sortira de ce levain toutes sortes de choses à cuire, à bouillir, à jouir: des carrosses, des chevaux, des palais, des domestiques pour nous servir,—une vie de galas, de falbalas, de *tralalas*,—l'éternité de la fortune, de la liberté et de la bombance!...

Elle était lancée. Son masque rayonnait d'orgueil et d'allégresse. Elle avait le sang au front et l'ivresse par tout le corps...

Elle avait poursuivi, dans son emportement:

—Et puis, il y a encore le portefeuille...

—Quel portefeuille?

—Le portefeuille du ci-devant.

—Quel ci-devant?

Ces deux questions avaient été comme une application de glace sur la fièvre chaude de la grande fille. Sa bouche s'était pincée comme pour retenir les paroles imprudentes qui allaient suivre les confidences—excessives et prématurées—auxquelles elle venait de se livrer. Son regard s'était chargé de défiance; son maintien s'était enveloppé d'une réserve farouche,—et c'était sèchement qu'elle avait répliqué:

—L'ami, vous êtes trop curieux pour quelqu'un qui ne m'a répondu ni oui ni non... Qu'il vous suffise de savoir que le portefeuille dont il s'agit est bourré de billets de la banque d'Angleterre...

Joë Blagg avait joint les mains d'étonnement:

—Des *fafiots* (billets de banque) de la perfide Albion!... Mazette! pour amasser une semblable pelote, votre respectable maman a dû assassiner un certain nombre de voyageurs...

Le coup était porté si droit et d'une façon si inattendue, que, malgré tout l'empire qu'elle gardait sur elle-même, Marianne Arnould n'avait pu s'empêcher de tressaillir. Il est vrai que son interlocuteur s'était empressé d'ajouter avec candeur:

—Excusez la plaisanterie. Histoire de batifoler avec les finesses de la langue. Ce sont propos qui se tiennent dans toutes les cours de l'Europe, depuis qu'il y a des aubergistes.

—Enfin, avait repris l'androgyne sur un mode quasi-menaçant, faudrait voir à se décider...

Le valet de mynheer Van Kraëck avait cambré avec élégance sa taille dégingandée:

—C'est tout décidé, ma sultane. Nous partirons quand vous voudrez...

—Pour Paris?...

—Pour Paris, où je serai fier d'être votre caniche conducteur,—en emportant le Pérou de la vieille, s'entend.

—Bien sûr?...

Master Joë avait mis sa dextre sur son cœur:

—Foi de chevalier français et de protecteur né du sexe. On est troubadour et galant. Ma devise: *Tout pour les dames!*... Et puis, un jeune homme n'est pas fait pour courir perpétuellement; une liaison basée sur une estime réciproque est nécessaire à la satisfaction de l'âme...—Ah ça! où perche-t-il, le Pérou de la vieille?

—C'est ce qu'on vous apprendra lorsqu'il en sera temps, avait reparti la grande fille avec cette prudence ombrageuse qui ne dicte jamais aux paysans, si on les interroge sur un point important, une réponse claire, nette et catégorique.

Le «chevalier français» avait pris une pose noble et digne:

—A vos ordres, fleur de santé... Ce que j'en dis n'est point par rapport à l'influence de la somme: ce vil métal a peu de prix pour un caractère pur et désintéressé... Mais ça coûte les yeux de la tête, là-bas, sur le boulevard du Temple, pour combler une particulière des félicités de l'existence: oranges, spectacles, chaussons aux pommes, lapin sauté et autres chatteries en usage dans le beau monde...

Il avait enlacé la taille de sa «particulière» en ajoutant:

—Quand le déménageons-nous, hein, le Pérou, mon chou?

—Je vous préviendrai la veille.

Une douce étreinte avait scellé ce traité d'alliance offensive,—étreinte au cours de laquelle tout ce que contenaient les poches de l'androgyne était passé—naturellement—dans celles du galant troubadour.

Etant donnés la laideur incontestable de celui-ci et le portrait que nous avons naguère esquissé de la fille aînée d'Agnès Chassard,—ses traits virils, mais réguliers, et ses proportions massives, mais correctes,—il est permis de supposer qu'une fois implantée dans cette capitale qu'elle n'osait aborder sans lui, cette dernière s'empresserait d'offrir une boulette à son caniche conducteur.

Marianne, en effet, voulait bien d'un associé... momentané. Elle ne voulait point d'un maître.

Que le complice qu'elle avait choisi lui fît seulement aborder le Pactole parisien, et elle ne tarderait pas à jeter ce pilote par-dessus le bord pour naviguer en course à travers les écueils, les bas-fonds, les courants qu'elle soupçonnait sans les connaître.

Ce trésor volé à sa mère serait le lest de la grande fille.

Elle s'en servirait pour attaquer, pour combattre et pour vaincre.

XV

LA VEILLE DES NOCES

On était arrivé à la veille des noces de Philippe et de la Benjamine.

La cérémonie devait avoir lieu le lendemain à onze heures du matin à la mairie, et, à midi, à l'église.

Les témoins du futur étaient M. de Bernécourt, venu tout exprès d'Epinal, et le citoyen Thouvenel; ceux de la future, le docteur Huguenin et le notaire Grandidier.

A l'issue de la bénédiction nuptiale, un plantureux déjeuner réunirait à la table du juge de paix les époux, leurs témoins, le frère aîné de la mariée, le citoyen Perrin, maire de Vittel, et le citoyen Pommier, directeur du jury d'accusation de Mirecourt.

Les parents, les amis et les voisins seraient traités au *Coq-en-Pâte*. Denise Hattier avait prétexté de sa santé chancelante pour se dispenser de prendre part à ces fêtes. Elle se contenterait d'assister à la signature du contrat et de venir prier à la messe. En quittant le logis de leur amphitryon, le lieutenant et sa femme seraient conduits par les jeunes filles du pays, chantant les *kiriolés* (cantiques en patois) d'usage, et par les jeunes gens, tirant les coups de feu traditionnels au hameau des Armoises, où ils passeraient la lune de miel au moulin, dans une chambre mise à leur disposition par le meunier Aubry. Joseph leur avait bien offert de les installer à l'auberge ou de leur ouvrir un des appartements du château; mais Florence avait vivement décliné la première proposition, et notre officier la seconde. Ce refus servant ses projets, le paysan n'avait point insisté.

Au pavillon du garde, alertes au travail, la Benjamine et la Gervaise ajustaient les derniers rubans à la robe de l'épousée, et Denise,—qui avait des doigts de fée,—façonnait la coiffure de sa petite amie. Fines dentelles et fleurs d'oranger. Un chef-d'œuvre!

Au *Coq-en-Pâte*, trois ou quatre filles de *journée* nettoyaient énergiquement la cuisine et la *Salle*. Les unes lavaient le carreau, les autres récuraient les tables qui allaient se couvrir—le lendemain—de tout un monde de victuailles.

Cette perspective de «voir manger son bien» par une meute d'appétits féroces rendait encore plus rechignée et plus glaciale la physionomie d'Agnès Chassard. La veuve allait et venait, jetant de longs regards éplorés sur les quartiers de viande, les volailles, le gibier préparés pour la rôtissoire ou la broche,—sur les andouilles, les jambons, les bandes de lard descendus de la cheminée,—sur les poissons qui attendaient, en frétillant dans des baquets, la poêle à frire ou la daubière,—et poussant des soupirs à décorner des bœufs à l'aspect des montagnes de pâte que Marianne, ses bras robustes nus jusqu'au coude, pétrissait dans la *mè* pour les tartes, les beignets, les galettes et les gâteaux.

L'aîné de la famille était parti, depuis le matin, pour Mirecourt, procéder à différentes emplettes. Les jumeaux pêchaient ou chassaient,—selon leur habitude,—à moins qu'au *Grand-Vainqueur*, chez l'honnête Mansuy, ils ne préludassent par quelques libations anticipées aux mémorables *beuveries* de la journée qui allait naître.

Joë Blagg,—l'aimable garçon,—donnait un coup de main à ses hôtes. Il fourbissait,—à tour de poignet—une des *dinanderies* destinées à l'élaboration des sauces. Tout en besognant, il disait:

—Paris est le séjour enchanté des jeux et des ris dispendieux,—tels que, pour les festins bachiques, *le Cadran bleu*, *le Rocher de Cancale* et *les Trois frères provençaux*; l'estaminet de *l'Epi-Scié*, pour le *gloria* et le billard; *les Bosquets d'Amathonte*, à la barrière de la Chopinette, pour la valse française, *la Trénitz* et *la Monaco*; et *les Galeries de Bois*, au Palais-Egalité,—ci-devant Royal,—pour tout ce qui peut enjoliver la soirée d'un quidam foncièrement calé. Il y a encore les spectacles en vogue chez les gens comme il faut: *le Salon de Curtius*, la parade de Bobêche, Franconi, *le Jardin Turc*, *la Chèvre acrobate* et le Théâtre de la République avec le citoyen Talma...

Marianne l'interrompit à voix basse:

—C'est pour demain...

—Ah!...

—Tenez-vous prêt...

Agnès Chassard, à l'autre bout de la pièce, gourmandait une des servantes. La virago continua:

—Demain dans la nuit...

—Vivat, ma reine! On est tout vôtre. L'ordre et la marche du cortège?

—Faites semblant de boire au dîner et ne touchez pas à l'eau de cerises...

—Après?

—Trouvez-vous gris *censément* avant la fin, remontez dans votre chambre, ne vous couchez pas et attendez-moi: il faut qu'à la pointe du jour nous soyons loin de Vittel...

—Avec le magot?...

—Pardine!...

—Alors, je vais envoyer un mot—par un exprès—à mon ami Pascal Grison...

—Et qu'est-ce que c'est que votre ami Pascal Grison?

—Un *camerluche* de collège qui est premier attaché d'écurie à l'hôtel des *Douze-Apôtres*, à Contrexéville, et qui m'a promis de me procurer un cheval et une roulante si jamais l'envie me prenait de folichonner dans le pays.

La grande fille réfléchit un instant:

—C'est vrai, une voiture nous est indispensable... Êtes-vous sûr de ce Pascal Grison?

—Comme de moi-même, mon infante.

—Eh bien, qu'il soit, une heure environ avant l'aube, à l'extrémité du faubourg de Mirecourt. On le payera grassement pour nous convoyer à Nancy...

—Où nous grimperons dans la malle-poste. Bravo, idole! Vous êtes digne de commander aux armées de la Nation pour la combinaison des plans et la majesté de la prestance!...

En ce moment, Joseph Arnould rentrait de son voyage. Pour aller à lui, Marianne abandonna prestement son associé et sa besogne.

—As-tu fait ma commission? lui demanda-t-elle à l'oreille.

—Ta fiole chez l'apothicaire? La voici. Prends garde: la maman nous guigne.

—Qu'est-ce donc? grogna Agnès Chassard. Des cachotteries! Sans doute des dépenses inutiles; quand on se gêne de ses parents, ce n'est certes pas pour réciter les *Sept psaumes de la pénitence*.

L'aîné de la famille se hâta de répondre:

—Des boucles de soulier que la Marianne m'avait chargé de lui acheter à la ville. Saprédienne! laissez-la se pomponner, cette jeunesse. On ne marie pas sa sœur toutes les semaines de l'année.

Il s'approcha de la vieille femme, et, entre chien et loup:

—On a votre emplette, la mère...

—Ma poudre?...

—La voilà!... Attention!... Votre fille est là qui nous reluque...

Puis, remettant un paquet à l'hôtesse:

—Que diable! le jour de la noce de sa Benjamine idolâtrée, c'est bien le moins que l'on arbore une fontange propre à son bonnet!...

Le paquet disparut dans une des poches du tablier de la veuve. La virago avait glissé la fiole dans les plis de son corsage. Joë Blagg n'avait rien perdu de ce manège:

—Et l'on prétend, murmura-t-il, que ces bergers ont des mœurs blanches ainsi qu'un fromage à la crème!... Oui, un fromage dans lequel il entre plus d'arsenic que de crème et plus de laudanum que de lait!...

. . . .

Ce soir-là, un voyageur,—descendu depuis quelques jours aux *Douze-Apôtres*, à Contrexéville, et qui sur le registre de l'hôtel s'était inscrit lui-même sous cette rubrique humoristique: *Le citoyen Grison, de Paris, philosophe et observateur,*—recevait le billet suivant des mains d'un paysan de Vittel trié parmi ceux qui ne savaient point lire:

«Cher et honoré *dab* (maître) et patron,

«*Qui touche mouille*: nous touchons et nous mouillons...

«Ma piste était la bonne. Les gens du *Coq-en-Pâte* ont, pour le sûrement, *travaillé dans le rouge*. Avant quarante-huit heures, nous les aurons pincés au gîte, avec les preuves de leurs victimes et un bataclan suffisant pour que *Charlot leur fauche le Colas* (le bourreau leur coupe le cou) sur la *placarde* (place publique) du chef-lieu!...

«Hein, papa, est-ce aussi artistement fignolé que la fameuse *Affaire du Collier*?... Si le citoyen Fouché n'est pas content de sa nouvelle administration, il sera crânement difficile!

«A propos, vous a-t-on expédié de là-bas les quatre *suppléments* que vous avez dû demander?...

«Si oui, emmenez-les. Ils nous seront utiles. Débarquez, demain matin, tous les cinq, déguisés, au *Grand-Vainqueur* chez Mansuy,—à qui j'ai, en partant, emprunté sa *toquante* (montre) en souvenir de son fricot... Sitôt la brune, rôdez aux environs de l'auberge et tâchez de vous y faufiler à la sourdine. Cela ne vous sera point malaisé. On y dansera toute la nuit...

«Le mot de ralliement sera:

»A la Monaco
»L'on chasse et l'on déchasse,
»A la Monaco
»L'on chasse comme il faut...

»La romance en vogue, quoi! Tirée de la circonstance! C'est en chantant que nous avons commencé d'opérer sur le champ de foire de Vittel: c'est en chantant que nous finirons dans les caves du *Coq-en-Pâte*.

»N'oubliez pas de vous armer. Il y aura peut-être du grabuge.

»Avec lequel j'ai l'avantage d'être votre élève dévoué.

»DÉCADI FRUCTIDOR.

«*Post-Scriptum.*—Ne cherchez pas votre *fonfière* (tabatière) derechef et en continuant. C'est moi qui l'ai. Je vous l'ai *refaite* itérativement dans la voiture en vous quittant.»

XVI

LE JOUR DES NOCES

L'église,—dont le clocher lançait à tous les vents du ciel ses plus éclatants carillons, et dont la nef, resplendissante de cierges et fleurie comme un reposoir, s'emplissait du bourdon des chantres, des accents solennels de l'orgue et des vapeurs parfumées de l'encens,—l'église, disons-nous, débordait de curieux.

Ceux qui n'avaient pu y entrer encombraient le porche et les rues avoisinantes. On s'était battu pour voir entrer la noce. On se battait à nouveau pour la voir sortir. Vittel était là, en entier,—et les Armoises pareillement.

Vous auriez même remarqué dans la foule plusieurs individus étrangers au pays: quatre commis-voyageurs, entre autres,—et un marchand de laines alsacien.

Les quatre commis-voyageurs,—lurons de mine joyeuse et de solide encolure,—s'étaient rencontrés, le matin, à la porte du *Coq-en-Pâte*, débouchant à cheval de routes différentes,—le manteau en bandoulière et la valise en croupe, comme il convenait à une époque où la vapeur n'était pas encore l'hippogriffe des Astolphes qui représentent le gros et le détail.

Mais au *Coq-en-Pâte*, bernique! la porte restait close pour ceux qui n'étaient point invités. L'aîné des Arnould l'avait dit la veille:

—On ne se marie pas tous les jours!

Nos compagnons s'étaient donc rabattus sur le *Grand-Vainqueur*, où le marchand de Strasbourg les avait précédés, et où, tandis que l'on préparait leur déjeuner, l'un d'eux avait demandé à l'honnête Mansuy:

—Ah ça! est-ce que c'est la fête de l'endroit?...

—La fête de l'endroit, citoyen?

—Parbleu! ces cloches en branle, ces gens en l'air, ces habits des dimanches?

—Faites excuse, citoyen, c'est à cause de la noce.

—La noce? Il y a une noce? Messieurs, en attendant que nous prenions notre pâture, je propose d'aller nous assurer si la mariée est jolie...

L'Alsacien avait appuyé:

—*Ia wohl*, et che fais afec fus, si fus fulez pien le bermettre...

Tous les cinq s'étaient mêlés à la plantureuse cohue qui obstruait les abords de l'église.

Joë Blagg se trouvait au premier rang des badauds. Une voix fredonna derrière lui:

> A la Monaco
> L'on chasse et l'on déchasse...

Il se tourna et aperçut à ses côtés un Allemand ventri-potent—avec un *mortier* de fourrures à *queue de rat* enfoncé jusqu'aux sourcils, une lévite de courte taille, des bottes de postillon, une pipe de porcelaine, et des yeux de basilic abrités sous des lunettes bleues,—qui lui souriait en murmurant:

—*Ia wohl...*

En même temps chacun des commis-voyageurs épars dans la masse acheva le couplet *mezza voce*:

> A la Monaco
> L'on chasse comme il faut...

—*Sapristache!* pensa Joë, la comédie peut commencer: les artistes sont à leur poste.

La cérémonie était terminée. L'abbé Brossard, qui avait officié, venait de bénir les deux époux. Pour accompagner la sortie du cortège, l'orgue attaquait de toutes ses batteries la *Marche des Tartares*, de *Lodoiska*, l'opéra en vogue.

Le brigadier Jolibois—en grande tenue—parut sur le seuil de l'église, et, de ce ton de commandement qui n'appartient qu'à la gendarmerie:

—En arrière, ouvrez vos rangs!... Pour deux liards de place, s'il vous plaît, paysans de la campagne et bourgeois civils!... Laissons passer le lieutenant et *la lieutenante*,—conjugalement parlant!...

Un couple agréable à voir, cette *lieutenante* et ce lieutenant!

Celui-ci, radieux, épanoui, superbe, sous l'uniforme que nous avons décrit!

Celle-là, belle comme un ange dans sa toilette blanche, avec le bouquet de fleurs d'oranger à la ceinture, la couronne traditionnelle sur ses cheveux blonds nattés, et le brouillard de guipure de son voile ouvragé par la sœur de Philippe! Belle de l'amour et de la joie qui agitaient son petit cœur! Belle de la joie et de l'amour dont elle sentait palpiter le cœur vaillant de son mari!

A leur aspect, un brouhaha s'éleva de l'assistance—dans lequel l'admiration et l'envie se combinaient à doses égales,—et Joë Blagg ne put s'empêcher de glisser à l'oreille de son voisin:

—Une paire de tourtereaux à qui nous allons faire—cette nuit—un fichu cadeau de noce!...

—*Ia wohl*, répondit l'Alsacien, tout n'est pas rose dans la partie...

Puis, comme quelqu'un l'écoutait:

—Le brix tes laines, il est monté te quatre sielbergrossen, cette année...

A la suite des conjoints, les regards se partageaient entre Denise Hattier,—pensive, dans ses atours simples et de couleur sombre, au bras du juge de paix Thouvenel,—et Marianne Arnould, à laquelle son frère aîné Joseph servait de cavalier.

Un glorieux brin de fille, cette Marianne! Sa robe à corsage plat dessinait les robustes contours de sa taille, et sous ses coiffes enrubannées, des graines de houx,—rouges comme du corail,—perlaient l'opulence de sa chevelure tressée! Je vous le jure, en vérité, ce Joë Blagg était un fortuné mortel!

La virago demandait à Joseph:

—C'est entendu?...

—C'est entendu: tout ce que la vieille a amassé de numéraire est à toi, rien qu'à toi... A moi l'auberge, les terres, le château, le domaine...

Le rusé compère pensait:

—Et le reste. Le feu efface toute trace de violence,—et, après l'incendie, l'or se retrouve en lingots.

Joë Décadi poussa légèrement le gros Allemand du coude, et, lui désignant du coin de l'œil l'aîné des Arnould:

—En voici un qu'il faut *filer* dare dare et sans désemparer. C'est le chef de la bande. J'ai le *trac* qu'il grée un brûlot pour faire sauter tous les autres. Prenez un des *camaros* avec vous et ne le quittez pas d'une semelle.

—*Ia wohl.*

Les deux jumeaux et leur mère marchaient immédiatement après Joseph et l'androgyne. Agnès Chassard n'avait point abdiqué sa physionomie rude et indéchiffrable. A la ville, on eût médiocrement compris qu'elle ne se déridât pas quelque peu. Au village, où tous les frais d'une solennité conjugale sont supportés par les parents de la fille, on s'explique que ceux-ci soient médiocrement gais lorsque ces frais s'élèvent au chiffre que comporte un mariage de la nature de celui du lieutenant et de la Benjamine.

Quant à François et à Sébastien, tirés à quatre épingles, ils se tenaient comme des gars qui n'ont encore siroté que d'une façon raisonnable.

Le populaire se montrait, parmi les invités, le chef du parquet du département, M. de Bernécourt qui s'entretenait avec le citoyen Pommier, directeur du jury d'accusation de Mirecourt, et avec le citoyen Perrin, maire de la localité.

—On m'a signalé, leur disait-il, la présence dans le pays de plusieurs agents particuliers de Fouché. De quelle mission celui-ci les a-t-il chargés? C'est ce dont je vais me renseigner à Paris. En attendant, je vous recommande, chacun en ce qui vous concerne, de ne point entraver l'action de ces agents et de leur prêter aide et assistance au besoin. Fouché est un homme à ménager. Bien qu'il ait abandonné officiellement le ministère,—où il reviendra sans conteste,—c'est lui qui continue à diriger, de fait, de son hôtel de la rue du Bac ou de son château de Pont-Carré, la police générale de l'Etat...

C'est la mode, à Paris, que les personnes priées à une messe de mariage accompagnent à la sacristie, pour les complimenter, les époux, leurs familles et leurs témoins. En province, dans les campagnes, c'est sous le porche même de l'église qu'a lieu cette scène des accolades et des congratulations, tandis que les jeunes filles de la noce distribuent des faveurs aux gars qu'elles convient à danser le soir, et que ceux-ci font parler la poudre dans de vieux fusils de chasse rouillés, qui éclatent le plus souvent entre les doigts qui les tirent.

Dieu sait combien notre Philippe eut à subir de poignées de main à broyer les os! Dieu sait combien la Benjamine essuya de ces embrassades qui claquent sur les deux joues comme une paire de soufflets! La pauvre enfant perdait plante—littéralement—au milieu de ces félicitations bruyantes, de ces étreintes sans précaution et de ces plaisanteries au gros poivre! A peine s'aperçut-elle que sa mère et sa sœur la serraient dans leurs bras, avant de la quitter, et que l'aîné de ses frères lui passait au cou une chaîne au bout de laquelle brillait une montre de prix!...

Pendant ce temps, le lieutenant était accaparé par François et par Sébastien, qui l'accablaient de démonstrations fraternelles. Pendant ce temps encore, le juge de paix gastronome essayait de convertir Denise à ses principes:

—Pourquoi refuser d'être des nôtres? La citoyenne Thouvenel, mon épouse, a une spécialité de friandises légères, accessibles aux estomacs les plus pointilleux en matière de digestion...

M. de Bernécourt s'avança:

—Si mademoiselle persiste à retourner aux Armoises, ma voiture l'y reconduira.

Ensuite, baissant le ton:

—Je vous rendrai visite demain, ma chère enfant; j'ai hâte de vous remercier des soins affectueux dont vous avez entouré notre malade et de m'assurer par moi-même du bon résultat de ces soins.

Joseph Arnould s'approchait en ce moment. Les paysans ont l'oreille fine. A tout hasard, le fils aîné d'Agnès Chassard avait toujours la sienne tendue:

—Oh! oh! pensa-t-il, un malade! Il y a un malade au pavillon du garde! C'est bon à savoir—et à voir.

Puis, tout haut et avec rondeur:

—Vous nous manquerez, citoyenne... Mais, enfin, du moment que vous n'êtes pas bien portante... La santé avant tout, saprédienne!

Il ajouta en soulignant:

—Espérons que vous serez rétablie *dans quinze jours.*

Une façon de rappeler le délai consenti. Denise ne répondit point...

Le juge de paix prit la parole.

—Au nom du ciel, mes camarades!... Notre déjeuner s'impatiente... Or, un repas bien ordonné mérite autant d'égards que feu Louis XIV; il ne faut pas qu'on dise *qu'il a failli attendre...*

Il y eut un cri d'assentiment général:

—A table!

Et, tandis que les amis, les parents des Arnould remontaient vers le *Coq-en-Pâte* à la suite de la veuve, de Marianne et des jumeaux; tandis que la sœur de Philippe regagnait les Armoises dans la calèche du directeur du jury d'accusation,—les invités du digne Thouvenel, le lieutenant et Florence en tête, redescendaient vers le logis de leur amphitryon situé sur la place, près du pont, en face du cabaret de Mansuy.

On se souvient que le fils aîné d'Agnès Chassard faisait partie de ces invités. En cheminant, il confiait ses doléances au notaire Grandidier et au docteur Huguenin:

—Ce qui me tracasse dans un jour comme aujourd'hui, c'est de ne pas voir parmi nous quelqu'un de la famille de nos anciens seigneurs,—le jeune M. Gaston, par exemple... Mon beau-frère le gendarme avait pourtant juré qu'il le retrouverait, mort ou vif... Oui, mais, quand on est amoureux, on devient censément comme un assignat de cent livres, qui ne vaut plus que vingt-cinq sous...

XVII

L'ENFANT PARLE

Transportons-nous au pavillon du garde.

Il était onze heures du soir. Denise avait assisté—de sa fenêtre—au défilé du cortège qui conduisait les mariés à la chambre nuptiale, chez Aubry, le meunier du hameau: les gendarmes de la brigade, avec des cocardes de rubans au chapeau et des bouquets dans le canon de leurs carabines; Florence, au bras de son frère Joseph qui jouait au chef de famille; les fillettes lutinant Philippe pour l'empêcher de rejoindre sa jeune femme, et les gars, tout le long de la route, tapant de grandissimes coups de poing dans le dos de ces mêmes fillettes,—ce qui est la mode, en Lorraine, pour témoigner de sa tendresse. Le tout avec accompagnement de rires, de pétarades et de chansons.

Le lieutenant et la Benjamine s'étaient arrêtés—en passant—pour embrasser encore une fois celle à qui ils devaient leur paradis en ce monde.

Vingt minutes après, environ, filles et garçons étaient repassés devant le pavillon, s'en revenent, par groupes et par couples, bras dessus bras dessous, folâtrant, *rondiant* (chantant des rondes) et coupant à travers champs, afin d'arriver plus vite au *Coq-en-Pâte*, où les ménétriers accordaient leurs crincrins.

La Gervaise s'était jointe à la bande joyeuse. Les pieds lui grillaient de danser. Et sa maîtresse lui avait permis d'aller sauter au bal une fricassée ou deux.

La nuit était sombre et chaude. Une atmosphère saturée d'électricité pesait lourdement sur la terre. La lune apparaissait à peine entre d'épais nuages bizarrement déchiquetés.

L'enfant que vous savez dormait dans sa couchette: sa journée,—pendant laquelle la petite servante ne l'avait pas quitté avant le retour de Denise,—avait été exceptionnellement calme.

La sœur du lieutenant avait hâte de demander, elle aussi, au sommeil quelques instants de repos et d'oubli. Elle s'était jetée,—à demi déshabillée,—sur son lit. Ses paupières s'étaient fermées. Elle commençait à s'assoupir.

Soudain, un bruit léger monta du rez-de-chaussée. On eût dit que quelqu'un gravissait l'escalier avec des précautions infinies. Denise se souleva sur le coude et interrogea:

—Est-ce donc vous déjà, Gervaise?

Personne ne répondit.

Le bruit cessa un instant. Puis il reprit au bout de deux ou trois minutes. Persuadée que c'était la petite servante qui regagnait sa mansarde, en marchant doucement, et désireuse de s'informer pourquoi elle rentrait de si bonne heure, la fille du garde-chasse descendit de son lit.

Elle prit la lampe et se dirigea vers la porte.

Mais au moment où elle allait l'atteindre, cette porte s'ouvrit brusquement, et Denise recula comme si le battant l'eût heurtée au visage.

. . . .

Pendant tout le temps qu'avait duré—et il s'était prolongé assez avant dans la soirée—le festin pantagruélique offert à ses invités par le citoyen Thouvenel, le fils aîné d'Agnès Chassard n'avait cessé de se poser cette question:

—Quel est le malade que l'on soigne en secret au pavillon?...

Car il y avait un malade. M. de Bernécourt en avait entretenu la sœur du lieutenant. Il y avait un secret,—un secret religieusement gardé. Florence, qui avait dû le voir, n'avait soufflé mot de cet hôte. Philippe non plus: Philippe, dont la loyale franchise ne savait rien dissimuler! A la table du juge de paix, personne ne paraissait soupçonner la présence aux Armoises de ce personnage, évidemment étranger au pays. C'était sans doute pour le retrouver plus promptement que Denise avait refusé de s'asseoir à cette table...

Le paysan n'avait-il pas entendu le chef du parquet complimenter la jeune femme de la tendre sollicitude qu'elle prodiguait à cet inconnu? Un rival peut-être? A cette idée, une colère sourde fermentait sous le crâne de Joseph,—et son cœur tressaillait, mordu par les serpents de la jalousie...

Dans tous les cas, cet homme qu'on lui cachait ne pouvait être pour lui qu'un danger. Dans tous les cas encore, il lui importait de connaître cet homme, ce rival, ce danger. Voilà pourquoi l'aîné des Arnould avait reconduit les mariés aux Armoises. Son intention bien arrêtée était de s'introduire, au retour, dans la demeure de Denise et d'y dévisager celui qui l'inquiétait.

Il avait donc laissé les gars et les fillettes s'en revenir sans lui à Vittel, et du château,—dont il avait toujours les clés dans sa poche,—pénétrant dans le parc, il avait traversé ce dernier à pas précipités et était venu rôder autour du pavillon. Une lumière brillait au premier étage. C'était là—probablement— que se celait l'hôte énigmatique.

Au rez-de-chaussée, la Gervaise avait clos les portes en partant. Mais elle avait négligé de fermer les fenêtres. Joseph était alerte et vigoureux. Il songea qu'il n'aurait affaire qu'à un malade et à une femme. Une rapide escalade le mit au milieu du *poêle*. Ensuite, il s'engagea dans l'escalier qui conduisait à la chambre de la dentelière.

. . . .

Denise restait en face de lui, stupéfaite et comme hébétée.

—Bien des pardons, dit-il, c'est moi. Il n'y a pas d'heures pour les braves. La *petiote* ayant poussé les verrous, avant de s'aller trémousser, j'ai été obligé de passer par la croisée. On a encore du jarret et de la poigne, malgré l'âge. Personne ne m'a aperçu. D'ailleurs, au point où nous en sommes, on peut rendre à sa fiancée une visite en tout bien tout honneur. Et nous sommes *promis*, pas vrai?

—Que voulez-vous? demanda la sœur du lieutenant.

L'aubergiste ne répondit pas tout d'abord. Il regardait la jeune femme...

Pour se coucher, celle-ci avait ôté sa robe. Sa chemise entr'ouverte découvrait la riche harmonie de ses bras et de ses épaules, dont la fermeté et la blancheur avaient l'éclat d'un marbre mouillé. Et, sous la toile fine qui ne les voilait qu'à demi, sous le mince jupon qui les moulait, transparaissaient toutes les rondeurs de son corsage et toutes les souplesses de sa taille...

La lampe qu'elle tenait à la main éclairait en plein ces trésors...

En les dévorant des yeux, Joseph Arnould oubliait absolument ce qu'il était venu chercher...

Notre aubergiste était sobre à sa manière: il n'absorbait jamais une dose de liquide supérieure à celle qu'il savait pouvoir jauger sans péril pour sa raison...

Oui, mais cette mesure de capacité n'était établie chez lui que sur des vins dont l'usage lui était familier et dont le pagny et le thiaucourt,—deux compatriotes légers et clairets,—formaient, pour ainsi dire, la plus capiteuse expression...

Or, la cave du juge de paix abondait en liqueurs inconnues et traîtresses. Les convives du citoyen Thouvenel n'avaient chômé ni de bordeaux,—le fameux bordeaux du duc de Choiseul,—ni de champagne, dont l'action est si prompte sur le système nerveux de ceux qui n'en ont pas l'habitude,—non plus que de ces grands crus des bords du Rhin et du Danube qui sont une flamme d'or en bouteille. Le paysan ne s'était point défié...

Et, maintenant, il était ivre.

Ivre *en dedans*, s'entend. Sa tête seule se brouillait. L'aplomb et la force du corps lui restaient...

Dès le début, cette ivresse s'était manifestée par la fièvre de curiosité qui l'avait amené au pavillon du garde. La vue de Denise à moitié nue la changeait désormais en une sorte de satyriasis soudain...

Vous vous souvenez que cette folie de la chair était déjà montée au cerveau de l'aubergiste, lors de l'un de ses précédents entretiens avec la sœur du lieutenant, et que le coup du fusil d'un de ses frères l'avait seul empêché de recourir à la violence pour arriver à la satisfaction de ses désirs...

Aujourd'hui, il n'avait plus à redouter l'intervention de François ou de Sébastien...

Aussi laissait-il tomber le masque...

Cependant, la dentelière avait répété machinalement sa question:

—Que voulez-vous?...

—Ce que je veux? repartit Joseph, brutalement, eh! pardieu! la minette, je veux que vous me fassiez l'avance de ce que vous me devrez dans quinze jours!...

Denise ne comprit pas ce langage cynique. Mais elle comprit ce visage effrayant, dont les muscles se tendaient, dont les prunelles s'incendiaient, dont la bouche se contractait sous le prurit de la passion bestiale. Elle fit un mouvement pour s'élancer vers la fenêtre...

Les jarrets du paysan fléchirent. D'un bond de tigre, il atteignit la malheureuse, dont il saisit les poignets.

—Pas de ça, Lisette! ricana-t-il. On ne sort pas les uns sans les autres!

La sœur de Philippe se raidit. Un effort désespéré l'arracha des mains du misérable. Elle se réfugia contre le lit, dans les rideaux duquel elle enveloppa sa nudité.

—Comment appeler du secours? pensa-t-elle tout haut.

L'aîné des Arnould haussa les épaules:

—Du secours? Va-t'en voir s'ils viennent! Ils sont là-bas, chez la maman, ceux de Vittel et des Armoises, à danser la faridondaine, à chanter la faridondon,—et votre frère est au moulin, en train de cajoler sa petite femme. Imitons-les, *landerirette*! On n'en meurt pas, *landerira*! Si l'on en trépassait, du diable s'il y aurait une seule fille à marier sur les terres de la République!...

Il marcha vers le lit:

—Voyons, exécutons-nous gentiment. Quinze jours plus tôt, quinze jours plus tard, voilà-t-il pas une belle affaire? Vous n'avez pas fait tant de façons avec votre marquis de malheur!...

—Gaston! Philippe! à l'aide! à moi! cria Denise qui perdait l'esprit.

Le paysan éclata de rire:

—Quand je vous dis que le gendarme est occupé!... Ne le dérangeons pas de ses devoirs conjugaux!... Pour le ci-devant, s'il vous entend de l'endroit où on l'a serré, je consens à devenir pape!...

Ensuite, retroussant ses manches:

—Une fois, deux fois, est-ce la paix?... Non, c'est la guerre?... Alors, bataille!...

Il se rua sur sa proie...

Une lutte terrible s'engagea...

Bientôt la dentelière—renversée sur le lit—demeura sans mouvement...

L'aubergiste avait du sang aux joues et de l'écume aux lèvres.

Un rauquement gronda dans sa gorge:

—Tu m'as égratigné, méchante! Mais c'est égal: je suis le maître!...

Il se pencha avidement...

Sa bouche allait toucher la bouche de sa victime inanimée...

Mais son exclamation de barbare triomphe s'éteignit dans un cri de surprise et d'effroi...

Il se redressa brusquement, lâcha la sœur du lieutenant et fit plusieurs pas en arrière...

Une figure blanche s'était levée dans la nuit de l'espèce d'alcôve formée par la large ruelle...

Joseph se frottait les yeux:

—Coquin de sort! est-ce que je rêve?

Puis après un instant, se laissant tomber sur une chaise:

—Hé! non, murmura-t-il, je n'ai pas la berlue. C'est l'enfant du colporteur!...

C'était cet enfant, en effet: réveillé par le bruit de la lutte, il s'était mis à genoux sur sa couchette, placée, ainsi que nous l'avons indiqué, derrière le grand lit de Denise. Ses regards égarés s'arrêtèrent sur le fils aîné d'Agnès Chassard, dont les traits s'éclairaient vivement de la lumière de la lampe. Un moment, il l'examina,—immobile et comme médusé...

Ensuite, sa physionomie se bouleversa d'horreur intense...

Apercevant la jeune femme étendue près de lui, il se jeta sur elle, l'entoura de ses bras et essaya de la soulever. En même temps, d'une voix stridente, qui semblait blesser ses lèvres au passage:

—Viens!... Sauvons-nous!... Emporte-moi!...

La sœur de Philippe se redressa à son tour,—galvanisée par cette voix. L'innocent poursuivait:

—Fuyons!... Je ne crierai pas!... Descendons par la fenêtre!...

Sa petite main tremblante s'étendit vers Joseph:

—C'est lui!... C'est un des trois!... Ils vont tuer Anthime!...

—Anthime!...

Denise s'était levée,—chancelante,—l'enfant attaché à son cou:

—Anthime!... Tu as dit Anthime!...

—Oui, Anthime, mon ami, avec qui je suis venu de Valincourt...

—De Valincourt!...

L'enfant avait caché sa tête dans le sein de la jeune femme...

Tous ses membres grêles palpitaient...

Mais il parlait...

La peur lui avait lié la langue: la peur la lui déliait:

—C'était la nuit... Le ciel était en colère... Anthime me portait pour entrer à l'auberge...

La dentelière interrogea,—haletante:

—Anthime?... Anthime Jovard?... Un colporteur, n'est-ce pas?...

– Je ne sais... Il me menait voir maman dans les Vosges...

—Ta mère, comment se nomme-t-elle?...

—Je ne me souviens plus... J'étais mouillé... Je me suis endormi dans la cuisine...

—Et toi, ton nom? ton nom, mon cher petit?...

—Oh! moi, je me souviens: je m'appelle Georges...

—Georges!...

La jeune femme éleva la frêle créature à la hauteur de ses yeux. Les pleurs l'aveuglaient. Elle était là, tout échevelée, toute dévêtue, et semblable à une folle, répétant:

—Georges!... C'est mon Georges!... La Providence me l'a rendu!...

D'un brusque revers de main elle s'essuya les paupières:

—Je veux le voir... Je le reconnais... Voilà les cheveux si doux, si blonds, que j'embrassais dans le berceau, et le front si vaillant de son père... Seigneur, Seigneur, vous êtes bon!...

Elle remerciait Dieu, elle riait, elle pleurait, elle faisait envie et pitié...

—Je t'aime! je t'aime! je t'aime! Va, ne crains rien! Je suis ta mère! On ne te fera pas de mal!...

Elle couvrait de larmes, elle étouffait de baisers l'innocent, qui, d'instinct, lui rendait ses caresses.

Dans son ivresse, elle oubliait Joseph Arnould.

Le paysan était, d'abord, resté comme foudroyé par l'apparition de l'enfant, par le rapide échange de questions et de réponses entre Denise et celui-ci, et par les exclamations, les sanglots et la joie de la sœur de Philippe. Puis, son œil de fauve en détresse avait sournoisement parcouru la chambre...

Nous avons dit que sur l'un des panneaux de cette chambre était accrochée une paire de grands pistolets d'arçon, ayant appartenu au feu trompette de Chamboran, Marc-Michel Hattier. Ces pistolets n'étaient pas chargés. Mais leur lourd pommeau de cuivre pouvait remplir parfaitement l'office de masse ou de maillet.

L'aubergiste se glissa vers le panneau. Ce mouvement attira l'attention de la jeune femme. Elle se retourna, tenant l'enfant serré contre sa poitrine, et, montrant la porte au bandit avec un geste d'impérieuse autorité:

—J'ai retrouvé mon fils. Sortez! Je vous pardonne.

—Vous me pardonnez, c'est possible, grinça Joseph entre ses dents. Mais je ne lui pardonne pas, moi, à ce méchant avorton!...

Il décrocha le pistolet et le saisit par le canon:

—Gare là-dessous! gronda-t-il, livide, hideux de rage... L'arme pesante tournoyait à son poing. Il se ramassa sur lui-même, afin de mieux prendre son élan...

Mais, au moment où il s'enlevait, un grappin de fer s'abattit sur son poignet. Deux bras vigoureux le *ceinturèrent*. Et il roula sur le parquet, où le maintint un genou posé sur l'estomac...

—Lâche ton joujou, brigand! commanda une voix tonnante.

Le misérable essaya de résister. L'étau qui enfermait son poignet se resserra. Tout le corps de Joseph fut secoué par une convulsion. Un rugissement de douleur s'échappa de sa gorge, et ses doigts abandonnèrent l'arme...

Une seconde voix reprit:

—Corbiche! compliments, Rossignol. Vous avez une paire de tenailles...

—Les tenailles du métier, citoyen: mais vous-même, vous n'êtes pas manchot...

—Oui, on est encore vert, Dieu merci!

Puis, avec un soupir:

—C'est égal, ce n'est pas ainsi que j'ai arrêté le ci-devant cardinal et prince de Rohan dans l'*Affaire du Collier*, sous l'ancienne administration...

Puis encore, s'adressant à l'aubergiste:

—Fi, monsieur, fi! continua la voix. De pareils procédés à l'égard d'une dame!... Rossignol!

—Citoyen?

—Mettez les poucettes et les entraves à monsieur,—et, si monsieur a la maladresse de bouger pendant la petite opération, j'aurai le regret de lui brûler la cervelle.

Le froid d'un pistolet toucha la tempe du paysan. Celui-ci était vaincu. Il se laissa accommoder sans résistance. L'opération ne fut pas longue, du reste. Une fois terminée:

—Maintenant, poursuivit celui des deux interlocuteurs qui parlait en maître, un bout de présentation à la citoyenne ne serait pas tant déplacé: Pascal Grison, agent supérieur de la police de Paris, et l'un de ses subordonnés, le citoyen Rossignol.

Sous leur déguisement de marchand alsacien et de commis-voyageur, les deux *détectives*,—conformément à la recommandation de leur camarade Décadi,—avaient *filé* Joseph Arnould jusqu'au moulin, où il avait accompagné les mariés. A sa sortie de ce moulin, ils l'avaient suivi de nouveau; mais notre homme ayant disparu à l'intérieur du château, le couple de limiers avait perdu sa piste et s'en revenait vers Vittel assez désappointé, lorsqu'en passant devant le pavillon du garde:

—Avez-vous entendu? avait demandé le subalterne à son chef.

—Un cri de femme, n'est-ce pas?

—Il y a du chabanais là-dedans: on se chamaille au premier étage.

—Il faut voir ce que c'est, avait déclaré Grison. On dirait que les fenêtres du rez-de-chaussée ont été laissées ouvertes tout exprès. Allons, houp, mon garçon! Prouvons que la gymnastique n'a pas été inventée à l'usage exclusif de messieurs les voleurs.

. . . .

Denise avait rapidement habillé l'enfant et s'était enveloppée d'une mante.

—Mon frère, supplia-t-elle, au nom du ciel, citoyens, conduisez-moi près de mon frère!...

—Tout de suite, citoyenne, répondit Pascal,—et si voulez me faire l'honneur d'accepter mon bras...

Et, se tournant vers l'agent à qui il désigna Joseph:

—Rossignol, offrez le vôtre à monsieur, ajouta le policier, et s'il refuse de marcher, s'il fait mine de regimber en route, logez-lui une balle dans la tête: ce sera de la besogne épargnée au bourreau.

XVIII

LA MONTRE PARLE

A l'heure précise où se jouait, dans la demeure de Denise Hattier, le drame que nous venons de mettre sous les yeux du lecteur, la scène suivante se passait au hameau des Armoises, dans cette chambre du moulin que le meunier Aubry avait cédée à notre ami Philippe et à la Benjamine pour y abriter leur bonheur.

Florence s'était assise sur les genoux de Philippe. Son doux visage se cachait sur l'épaule du lieutenant. Les boucles de sa chevelure tombaient comme un voile opulent jusque sur son sein, que les battements de son cœur agitaient. A un mouvement qu'elle fit, quelque chose étincela parmi ces boucles dorées. Le frère de Denise demanda:

—Qu'est-ce que cela?

—C'est le cadeau de mon frère aîné, répondit la fillette avec insouciance: une chaîne au bout de laquelle il y a un médaillon, une montre,—je ne sais quoi,—voulez-vous voir?

—Ma foi, repartit l'officier en riant, je ne serais pas fâché de m'édifier un brin sur la magnificence du citoyen Joseph, que je considérais entre nous comme le chef d'état-major de l'armée des rats et des pingres.

La Benjamine ôta sa chaîne de son cou et tendit le bijou à Philippe. Celui-ci le regarda d'abord avec une curiosité tranquille. Puis, tout à coup, il pâlit; sa figure exprima une surprise indicible; il se leva brusquement,—écartant Florence du geste...

Il y avait une lampe allumée sur une table. Le lieutenant courut à cette table. Il mit la montre en pleine lumière, la tourna et la retourna, l'examina d'un œil hagard et finit par s'écrier:

—Non, sacrodioux! je ne me trompe pas!... C'est celle qu'il a tirée de son gousset à Charmes!... Celle qu'il a consultée à l'heure du départ...

Il se martela le front de ses deux poings fermés:

—Et c'est entre les mains de ma femme!...

Il n'acheva pas...

Ses jambes flageolèrent comme s'il avait reçu un coup de massue sur le crâne, et il se laissa tomber lourdement sur une chaise en arrachant sa cravate comme un homme qui se sent suffoquer...

Florence s'élança vers lui:

—Philippe, mon, cher Philippe, qu'avez-vous?

—De l'eau! râla l'officier. De l'eau, au nom du ciel! J'étouffe!...

La Benjamine se précipita vers la porte... Mais lui, se redressant avec effort:

—Non, n'appelez pas!... Restez!... Venez ici!...

Elle s'approcha,—pantelante. Il lui montra du doigt la montre sur la table:

—Ce bijou, de qui le tenez-vous? Répondez, et ne cherchez pas à me tromper...

—Je n'ai jamais menti, balbutia la jeune fille. Ce bijou, je le tiens de mon frère...

—Ah! gronda le lieutenant, ah! c'est de votre frère que vous tenez cette montre.... Cette montre qui a appartenu au marquis des Armoises?...

—O ciel!

—Au marquis des Armoises qu'on a assassiné...

—Mon Dieu!...

—Cette montre, qui a été volée sur un cadavre...

Les genoux de Florence fléchirent,—et, d'une voix suppliante, étranglée, à peine distincte:

—Grâce! pitié! pardon! gémit-elle. Ce n'est pas moi qui ai volé! Ce n'est pas moi qui ai tué!...

Hattier était debout. Son œil était devenu perçant comme l'acier d'une épée. Sa parole était sèche et dure:

—Ce n'est pas vous?... Qui donc, alors?...

La Benjamine resta muette... L'officier reprit avec une ténacité sombre:

—Ce n'est pas vous, soit. J'y consens. Mais vous avez hérité des dépouilles de la victime, vous connaissez les voleurs et les assassins,—et vous allez me les nommer, si vous ne voulez pas que je croie que vous faites partie de leur bande...

—Seigneur! murmurait la malheureuse agenouillée, Seigneur, l'instant de l'expiation est-il donc arrivé!... Mais non, tout cela est faux. C'est un rêve. Il y a de ces cauchemars. On souffre, on pleure, on se débat, on veut crier, puis on s'éveille...

Le réveil, ce fut cette sommation, répétée par le frère de Denise:

—Parlez. Il faut que la vérité éclate. Il faut que la justice ait son cours...

—Parler! sanglota Florence. Mais je ne peux pas! Je ne peux pas!...

Elle se traînait aux pieds du lieutenant. Elle cherchait à lui prendre les mains. Elle redisait avec un accent déchirant:

—Philippe!... Mon maître!... Mon mari!...

Hattier frappa le parquet du talon:

—Je ne suis plus votre mari. Je suis le soldat de la loi. Un crime a été commis. Vous m'en livrerez les auteurs, ou, sur l'honneur, je vous traiterai comme leur complice!

La Benjamine se releva, raide, rejetant en arrière ses magnifiques cheveux, et, regardant l'officier comme si elle eût attendu de lui son arrêt de vie ou de mort:

—Réservez-moi le sort qu'il vous plaira, prononça-t-elle: mais, pas plus que les larmes de votre sœur, vos menaces ne m'arracheront un secret qui n'est pas le mien.

Ceci était dit de telle façon que Philippe comprit tout d'un jet:

—Ah! pauvre fille! pleura-t-il.

Et il n'eut pas la force de refuser à cette grande infortune l'appui de sa poitrine et de ses bras ouverts. Les deux époux demeurèrent un moment embrassés. Puis, le brave garçon reprit avec douleur:

—Pauvre fille, tu fais ce que tu crois être ton devoir!...

Il se dégagea de l'étreinte et ajouta:

—Laisse-moi donc accomplir le mien!...

Il se dirigea vers la fenêtre, et appela au dehors:

—Holà! vous autres, montez tous!

. . . .

Dans la cour du moulin, les gendarmes trinquaient avec le meunier Aubry, autour d'un tierçon de vin de la Moselle mis en perce pour la circonstance, et le brigadier Jolibois pérorait en manière d'épithalame:

—Je profite de l'occasion solennelle, conjugale et cérémonieuse pour porter conjointement la santé du lieutenant, qui est—militairement parlant—la fine crème des supérieurs; *item*, celle de la *lieutenante*, au nom des camarades ci-inclus, dont je suis l'interprète unanime.

On applaudit à ce style élevé.

Riche-en-Bec savourait les compliments de l'auditoire avec la fausse modestie de l'orateur habitué aux succès, quand l'appel du frère de Denise retentit, comme le boute-selle, au milieu des buveurs. Ceux-ci coururent en tumulte à la chambre nuptiale, où ils trouvèrent le marié en train de boucler son ceinturon. Affaissée contre le lit la mariée semblait prier.

—Brigadier, demanda Philippe, vos hommes sont-ils en état de marcher?

—Mon lieutenant, commença Jolibois, mes hommes sont toujours prêts,—corporellement parlant,—ayant mélangé la modération au plaisir, selon le précepte du sage...

L'officier l'interrompit en désignant les bouquets qui fleurissaient les carabines des gendarmes:

—Enlevez-moi cela. Chargez les armes. Nous partons en expédition.

—Cette nuit? questionna *Riche-en-Bec* ahuri.

—A l'instant.

L'étonnement touchait à son comble.

Sans y prendre garde, Philippe dégaina.

Ses traits étaient livides...

Mais sa voix, son pas restaient fermes. Il alla à la Benjamine, tenant son sabre de la main droite, et, posant la gauche sur l'épaule de la jeune femme:

—Citoyenne Hattier, prononça-t-il suivant la formule usitée alors, au nom de la loi, je t'arrête.

XIX

AUTOUR DU TRÉSOR

Au *Coq-en-Pâte*, ce n'était pas un repas proprement dit, à invitations faites d'avance et à services réguliers. La vieille coutume lorraine était alors de célébrer les épousailles par une sorte de bal, entouré de tables toujours servies, où chacun, entre les danses, s'asseyait à sa volonté. Sur ces tables abondaient les victuailles de toutes sortes. Le vin coulait à discrétion. Deux ménétriers menaient le branle, debout sur des cuves retournées sens dessus dessous: l'un s'époumonait dans une clarinette, l'autre grinçait du violon. On se trémoussait dans la cour, dans le jardin et jusque dans le verger,—sur l'herbe qui recouvrait les morts!...

Ah! dame! si on l'avait su!...

Mais l'on ne savait pas encore!...

On avait accroché des lanternes aux arbres et disposé un cordon de lampions sur des planchettes supportées par des pieux. Tout allait pour le mieux à la clarté de ces illuminations primitives. Trois des commis-voyageurs que nous avons remarqués, le matin même, au *Grand-Vainqueur*, se distinguaient par la hardiesse de leurs *flicflacs* et de leurs *jetés-battus*. François et Sébastien Arnould n'en pouvaient plus d'avoir courtisé les poulettes à la force du poignet. Leur sœur Marianne avait déjà mis sur les dents six des gars les plus renommés pour la vigueur de leur jarret.

Parmi les commensaux de l'hôtellerie, seul, avec l'aîné des Arnould, master Joë Blagg manquait à la fête...

Mais quoi! l'habitude de *s'ivrogner* avant la fin de la journée! On l'avait évacué sur sa chambre où il ronflait à l'instar du serpent de la paroisse.

Vers les onze heures, les deux jumeaux entrèrent dans la cuisine pour se réconforter. Agnès Chassard plaça devant eux un de ces gâteaux secs appelés *casse-meusés* (casse-museaux) et une bouteille d'eau de cerises. Puis, elle déclara qu'elle allait se coucher.

Quand elle se fut retirée:

—Çà, fit François allègrement, avalons un morceau et pintons un gobelet. Voici venir bientôt le moment décisif. Il s'agit de ne pas bouder sur la fatigue.

Il remplit leurs verres jusqu'aux bords:

—A ta santé! Le kirsch de Fougerolles est une bonne chose. Il nous réchauffera les idées.

Sébastien lui arrêta le bras:

—Minute! Pas de bêtise! Causons avant de boire!

Et, comme l'autre le considérait avec surprise:

—La mère, poursuivit-il, n'a fait aucune grimace pour nous apporter la bouteille...

—Après?

—Cette bouteille était préparée là-bas sur le buffet. Elle nous attendait. On n'a pas eu besoin de descendre la quérir à la cave...

—Eh bien?

—Eh bien, c'est louche... En sus, Joseph qui ne revient pas, et Marianne qui a l'air de nous éviter, lorsque nous étions convenus que l'on en finirait ensemble cette nuit... Gageons qu'ils s'entendent tous les trois pour nous jouer un pied de cochon...

—Tu penserais?...

—Je pense que Marianne et Joseph sont d'accord pour confisquer à leur profit les économies de la vieille, comme Joseph est résolu à nous souffler la dentelière,—la dentelière, dont il n'a pas pipé un mot depuis l'histoire du pavillon et ce satané coup de fusil qui a été si près de nous en débarrasser. Notre aîné nous a reconnus. C'est un gaillard qui n'oublie rien. Il nous rendra le noyau de ma prune...

François frappa du poing sur la table:

—Jour de Dieu! si j'en étais sûr!...

Sébastien lui imposa silence du geste et entonna ce couplet d'une chanson patriotique:

Nous portons dans notre hotte

La besace d'un citoyen;

C'est un petit sans-culotte

Qui sera républicain...

Tout en chantant, il se levait doucement et rasait les murs de la cuisine jusqu'à la porte par laquelle était disparue Agnès Chassard...

Parvenu à cette porte, il l'ouvrait toute grande, brusquement...

Le battant tiré ne laissa voir que le vide. Sébastien le referma avec un mouvement de satisfaction. Puis, il revint vers la table, prit la bouteille et les deux verres, et alla en répandre le contenu dans les cendres de la cheminée...

Puis encore, il dit en se rasseyant:

—Joseph a été aperçu hier chez l'apothicaire à Mirecourt.

Il héla avec précaution:

—Turc! holà! ici, Turc!...

Le fidèle molosse de la veuve, qui rôdait çà et là dans la cuisine,— s'approcha en grondant.

Le paysan coupa la moitié du gâteau et la lui présenta en le flattant de la voix et en le caressant de la main:

—Tiens, ma bête, il faut que tout le monde vive...

Ensuite, s'adressant à son frère, qui le regardait faire, étonné:

—On ne peut arriver au caveau où est le magot de la vieille qu'en traversant l'endroit où nous sommes. Gardons la position *quand même*. Les circonstances nous conseilleront. Ils sont trois contre nous, c'est vrai: la mère, la Marianne et Joseph. Mais nous avons cette chance qu'on nous croira défunts...

—Défunts?

—Hé! oui, compère: *remouche* plutôt si je n'ai pas eu raison de me défier de la pâtisserie de famille...

Il allongea l'index vers le chien. Celui-ci, qui avait dévoré avec avidité le morceau de gâteau qu'on lui avait offert, oscillait sur ses quatre pattes étrangement écartées, et ses poils se hérissaient comme ceux d'un chat en colère. Il essayait d'aboyer. Ses mâchoires s'entrechoquaient et son cou s'agitait affreusement. Aucun son n'en sortait. Il étranglait positivement.

Tout animal qui se sent mourir veut fuir. Le molosse fit un grand effort pour bondir en avant. Mais il ne put que tourner sur lui-même avec une rapidité qui donnait le vertige. Sa gueule s'entourait maintenant d'une mousse rougeâtre. Quand il s'arrêta, il tomba raide-mort.

. . . .

Le coucou de la *Salle des Voyageurs* marquait le quart avant minuit, lorsque la porte de cette salle, qui précédait, on se le rappelle, le *poêle* où couchait Agnès Chassard, roula sans bruit sur ses gonds soigneusement huilés et démasqua la haute et anguleuse silhouette de la veuve.

Celle-ci demeura un instant sur le seuil sans avancer et tendit l'oreille avec inquiétude. Elle était enveloppée d'une mante, sous laquelle elle dissimulait une lanterne sourde allumée. L'obscurité et le silence le plus complets régnaient dans la cuisine. La veuve éleva sa lanterne et en dirigea l'âme sur le point où elle avait laissé ses deux fils cadets une heure environ auparavant.

François, le buste et la tête sur la table, les jambes ramassées sous sa chaise, semblait dormir d'un sommeil de plomb. Sébastien gisait, étendu sur le ventre, à quelque distance de son frère. La lampe renversée était auprès de lui. L'une de ses mains serrait un verre vide: l'autre se crispait autour du goulot de la bouteille de kirsch brisée.

L'hôtesse branla le front:

—Ils sont plus vieux que moi à présent, grogna-t-elle. Joseph ne m'avait pas trompée. La poudre a produit son effet.

Puis, sans accorder plus d'attention aux jumeaux, elle prit la route qu'avait suivie la Benjamine, la nuit de l'arrivée au *Coq-en-Pâte* d'Anthime Jovard avec l'enfant et du marquis des Armoises: le corridor qui aboutissait à la cour, l'espèce de poterne secrète qui le coupait par le milieu, et qu'elle ouvrit à l'aide d'un trousseau de grosses clés pendu à sa ceinture, et le couloir qui conduisait à la salle souterraine où nous avons fait assister le lecteur à l'orgie qui préluda au meurtre du colporteur et de Gaston.

Des échos de la fête lui parvenaient par bouffées: rires et cris lointains, refrains et crincrins assourdis. En les écoutant, la vieille femme grommelait:

—Sautez, hurlez, mordez à mon pauvre bien! Si tout le hourvari de cette noce maudite ne recouvrait pas mes projets, comme je vous aurais balayé avec mes ongles et mes dents tous ces meurt-de-faim du village?

Ses clés jouèrent de rechef.

Elle traversa la vaste salle dans laquelle nous avons déjà introduit le lecteur.

A l'extrémité de cette cave, avons-nous dit jadis, il y avait comme une ébauche d'escalier. La veuve en gravit les dix ou douze marches en personne habituée de longue date à ce chemin. En montant, elle marmottait:

—C'est dans une heure que Joseph mettra le feu à la baraque. Je n'ai rien fermé derrière moi pour qu'il pût me rejoindre ici. Les voûtes sont solides. Elles défient l'incendie. Demain matin, si la flamme a fait son œuvre en conscience, j'aurai commencé à hériter de mes enfants...

Sous ses cheveux gris, qui pendaient flasques, sa figure maigre avait un sourire sinistre. Elle continua à penser tout haut:

—Hé! hé! il m'a demandé cher, Joseph, pour m'aider à me délivrer de ces mange-tout de Sébastien et de François!... La moitié de ce que j'ai mis trente ans de ma vie à amasser! Oui, mais la moitié de ce qu'il verra, s'entend: on a le temps de s'arranger.

Au bout des marches, une troisième porte, une porte de fer, s'encastrait dans une solide maçonnerie. Une porte parfaitement plane, sans verrou, boulon, ni serrure. Ainsi cuirassée, elle datait de l'époque où les derniers soldats de l'indépendance lorraine opposaient une résistance désespérée aux troupes victorieuses de Louis XIV, commandées par le maréchal de Créquy. A la suite de la prise de Lamotte, leur suprême boulevard, rasé après un siège héroïquement soutenu, ces hardis partisans avaient établi là une sorte de place d'armes et de dépôt de munitions. Plus tard, les prédécesseurs de Jean-Baptiste Arnould s'étaient servis de ces substructions pour soustraire à la vigilance de la gabelle un entrepôt de sel et de tabac de contrebande.

Agnès Chassard pressa du pied une dalle—à elle connue—qui faisait mouvoir un ressort. Aussitôt, la porte se dédoubla, ou plutôt une armure de tôle qui recouvrait la véritable porte, en chêne massif, s'abîma lentement dans une rainure pratiquée entre les marches. La véritable porte avait une large serrure, dont les quatre pênes s'enfonçaient profondément dans leurs gâches.

L'hôtelière eut de nouveau recours à son trousseau de clefs. Pendant qu'elle choisissait dans le nombre celles qu'elle allait employer:

—C'est égal, poursuivit-elle, la Marianne est encore debout... Une terrible gale, celle-là, et qui me rongera jusqu'à mon dernier sou, si elle ne me met à la torture, un jour ou l'autre, pour me faire suer mon secret... Mais bah! je lâcherai Joseph sur la Marianne, et je les enterrerai tous les deux.

La serrure grinça sous son poignet nerveux. La porte céda sous une pesée de son épaule, robuste en dépit de l'âge. La veuve pénétra dans une espèce de galerie, ventilée par des soupiraux en forme de meurtrières, et dont les profondeurs s'évanouissaient dans un fond de ténèbres humides. C'était l'ancien arsenal des *Partisans*.

Au premier plan de cette galerie s'alignait une rangée de ces hauts pots de grès dans lesquels les ménagères de la campagne tassent le beurre fondu qu'elles conservent pour l'usage de la maison ou qu'elles envoient vendre à la ville.

La lanterne sourde jetait de vagues lueurs qui miroitaient à l'orifice de ces pots, sur un trop-plein de petits disques de métal, rutilants dans l'ombre comme des yeux de lion...

C'était, en effet, dans ces récipients rustiques qu'Agnès Chassard amoncelait ce qu'elle appelait *ses économies*...

C'était par pots qu'elle comptait,—comme les Hindous par laks de roupies. C'était devant ces idoles de grès qu'elle venait s'agenouiller toutes les nuits, tremblant au moindre bruit qui s'élevait derrière elle, au sable qui craquait sous ses pas, au vent qui s'engouffrait dans les soupiraux, à la chauve-souris qui cognait son aile contre la muraille. C'était pour ajouter à son trésor sacré un louis, un écu, un liard, qu'elle allait vêtue comme la plus misérable des servantes; qu'elle eût laissé volontiers son buffet vide, son âtre froid; qu'elle se nourrissait de miettes, qu'elle n'était prodigue que de verrous, qu'elle tuait et pillait ses hôtes, et qu'elle s'arrangeait pour «enterrer» ses enfants! Est-ce qu'on a besoin de famille avec une passion comme la sienne? Est-ce qu'on a besoin d'amour? Est-ce qu'on a de besoin de Dieu? L'avarice est à la fois sans bornes et sans désirs: elle s'accroît et elle se suffit d'elle-même.

Pour le moment, la veuve songeait aux choses présentes.

—Je vais, murmurait-elle, porter là-bas dans l'autre caveau, un ou deux de mes pots de pièces de six francs. Puis, je cadenasserai la porte sur le reste,— et lorsque Joseph arrivera, je lui dirai: *Voici ta part*...

Elle eut un rire silencieux.

—Une part qui me reviendra plus tard. Je suis forte et sobre. Je vivrai cent ans...

Son sourcil se fronça sous une idée subite:

—Si Joseph allait ne pas vouloir se contenter?...

Elle réfléchit une minute; puis, avec une grimace de satisfaction:

—Bon, la tôle de la porte défierait le canon. Moi seule j'en connais le ressort. D'ailleurs, je donnerai à espérer à Joseph qu'il aura tout après ma mort...

Elle prit un des pots dans ses bras comme un marmot chéri et se mit en devoir de regagner la première salle...

Mais comme elle dépassait le seuil de la galerie, quelque chose comme le rugissement d'une tigresse à qui l'on arrache ses petits sortit de sa bouche rentrée: sa fille aînée, Marianne, était debout sur l'une des marches de l'escalier.

Lorsque Agnès Chassard s'imaginait être d'accord avec son fils aîné pour se défaire de François et de Sébastien, c'était au contraire Joseph et la grande fille qui s'étaient entendus pour se débarrasser des jumeaux d'abord, et de la vieille femme ensuite.

Seulement, chacun des deux associés avait modifié—à son profit—le plan de son complice.

L'androgyne comptait fuir, en compagnie du prétendu Joë Blagg, sans attendre les résultats de l'incendie nécessaire pour faire disparaître—avec celui de la matrone—les cadavres des deux cadets empoisonnés. Elle se chargeait de venir à bout de l'hôtesse. Tout l'argent monnayé caché par cette dernière devait être son lot de butin. De son côté, Joseph se réservait *in petto* d'empêcher sa sœur de partir avant qu'elle n'eût rendu gorge.

Nous avons vu comment son aventure au pavillon du garde l'avait placé dans l'impossibilité absolue de donner suite à ses projets. Au *Coq-en-Pâte*, on ignorait encore cette aventure.

Approchant minuit, Marianne avait quitté le bal pour venir heurter à la chambre du soi-disant domestique de mynheer Van Kraëck:

—Etes-vous prêt? avait-elle demandé à voix basse.

La chambre s'était ouverte sur-le-champ:

—Toujours prêt à l'invocation de la beauté, avait répondu Joë Blagg. Débagoulez, mon cœur. Qu'est-ce qu'il y a à brocanter pour votre adorable service?

—Votre homme est-il à son poste,—l'ami de Contrexéville, dont vous m'avez parlé,—avec une voiture?

—Mon ami Pascal Grison?... Un peu qu'il doit y être, à son poste!... Réglé comme un papier de musique!...

La grande fille avait allongé la tête.

—Voici la vieille qui sort du *poêle* pour se rendre à l'endroit où elle croit que Joseph va venir la retrouver... Ne bougez pas: quand j'aurai fini ma besogne, je vous appellerai pour m'aider à transporter le magot.

Elle était redescendue rapidement au rez-de-chaussée et s'était faufilée sur les pas de sa mère. En marchant, elle ne faisait pas plus de bruit qu'une mouche. Jamais Indien n'avait rampé plus silencieusement sur le sentier de la guerre.

A peine avait-elle disparu, que son interlocuteur était rentré dans la chambre, avait couru à la fenêtre, s'était penché au dehors et avait fredonné *mezza voce*:

A la Monaco
L'on chasse et l'on déchasse...

Quelques minutes plus tard, Joë Blagg et les trois commis-voyageurs suivaient la piste des deux femmes.

Dans la cuisine, il n'y avait plus que le corps du chien Turc, raide comme un bâton et déjà froid, sous un bahut.

. . . .

A l'aspect de Marianne, les bras d'Agnès Chassard se desserrèrent d'épouvante et lâchèrent le pot de grès, qui se brisa avec fracas sur le granit de l'escalier.

Une cascade d'écus ruissela de degré en degré, avec un bruit argentin.

L'androgyne se baissa vivement et ses mains s'abattirent sur l'argent éparpillé.

La veuve la regardait, immobile. Il n'y a point de mot pour peindre la détresse qui l'écrasait. La vigueur, dont elle avait fourni la preuve quelques instants auparavant, s'était affaissée d'un seul coup. Le sang-froid, qui était sa maîtresse force, semblait l'avoir abandonnée. Il ne restait en elle qu'un misérable débris humain, incapable de toute résistance.

Lorsque Marianne se redressa, elle avait au poing un couteau dont la lame jetait des étincelles.

Un frisson courut de la plante des pieds de la vieille femme jusqu'à son crâne, où ses cheveux blancs, agités, soulevèrent le capuchon de sa mante.

—Je t'offre le partage, balbutia-t-elle.

—Pas de partage! répondit l'androgyne.

Les mains de l'hôtesse se tordirent en rendant le bruit sec des osselets qu'on remue. Sa voix piteuse sanglota:

—Turc!... Joseph!... Personne ne vient! Personne ne m'entend! Personne ne me défendra!... C'est la fin!... Je vais mourir!... Je n'ai pas peur de mourir... Mais mon bien! mon bien! mon bien!...

Deux larmes rayèrent le parchemin plissé de sa face...

—Tiens, je te donne tout, supplia-t-elle, pourvu que tu me laisses te le garder...

—Je prends tout et je le garde moi-même, riposta Marianne.

Elle fit un pas, le couteau levé.

—Tout! fit une voix goguenarde; eh bien! qu'est-ce qui va nous rester?...

La mère et la fille poussèrent une exclamation de terreur:

—François!...

—Sébastien!...

Les jumeaux s'avancèrent, souriants et ironiques:

—Bonsoir, petite sœur, dit le premier. Excellente l'eau de cerises droguée. Demande aux cendres du foyer: elles l'ont absorbée jusqu'à la dernière goutte.

—Serviteur, la maman, ajouta le second. Inutile de s'égosiller. Le caniche a *goinfré* la moitié du gâteau. *Defunctus est*. Respect et paix à sa mémoire.

La vue des survenants, des survivants, remua Agnès Chassard comme une décharge d'électricité. Elle parut grandir sur ses jarrets raffermis. Ses joues maigres s'enflèrent. L'énergie lui revenait avec l'espérance. Il allait y avoir bataille pour la conquête du trésor. Si les deux gars et la grande fille s'entretuaient, par bonheur!

Et, de fait, la furie de l'or flambait dans tous les yeux. On pressentait un duel *à quatre*, sans retard, sans trêve ni merci...

L'hôtesse, qui avait repris courage, fouilla sous les plis de sa mante et la batterie d'un pistolet craqua entre ses doigts noueux. Marianne n'avait que son couteau. Elle se rangea résolument du côté du pistolet contre François et Sébastien, qui brandissaient, celui-ci une hache, celui-là un merlin...

Comme les deux groupes se préparaient à se ruer l'un sur l'autre, la lanterne sourde s'éteignit brusquement...

La nuit se fit,—soudaine, épaisse, impénétrable...

Puis un coup de feu retentit...

On entendit un cri de femme, suivi de la chute d'un corps...

Puis, encore, un organe gouailleur éclata dans le silence et dans l'obscurité:

—Hé! là-bas, douces gens de l'aimable famille, est-ce qu'on se déchire sans y voir clair? Patientez-un brin, *palsambluche*! On va vous tenir la chandelle!...

Le caveau s'emplit de lumière, de bruit et de foule...

Et une demi-douzaine de torches,—qui firent irruption du dehors, portée par des paysans,—éclairèrent l'ami Joë Blagg, ou, si vous préférez, Décadi Fructidor et ses trois acolytes, les prétendus commis-voyageurs, couchant chacun en joue—car eux aussi avaient des pistolets,—un membre de la famille Arnould empoigné au collet...

Derrière eux étaient entrés le lieutenant Philippe, le sabre nu, le brigadier Jolibois—physiquement parlant—et les gendarmes, la carabine en arrêt, au milieu desquels Joseph Arnould était mené en laisse par les deux agents Rossignol et Pascal Grison.

Enfin, sur le seuil de la cave apparaissaient M. de Bernécourt, les citoyens Thouvenel et Pommier, et le docteur Huguenin soutenant Denise Hattier, qui avait son enfant dans ses bras...

Entre le groupe des aubergistes et celui des gendarmes un cadavre gisait...

C'était celui de Florence Arnould, dans ses atours de mariée tachés de sang.

Comme la force armée et les magistrats envahissaient le *Coq-en-Pâte*, la fillette leur avait échappé. Elle ne doutait point que sa mère, sa sœur aînée et ses deux frères ne fussent dans le souterrain. Elle voulait leur crier de fuir. Et, se glissant entre Décadi et ses hommes, qui atteignaient la porte du caveau, elle s'était précipitée à l'aveuglette.

En ce moment, Agnès Chassard tirait—du haut de l'escalier—dans la direction où elle supposait être François et Sébastien...

Mais les jumeaux s'étaient jetés à plat ventre pour éviter le coup. La balle avait frappé la Benjamine au cœur!...

La stupeur générale se concentra, d'abord, sur ce corps sanglant qu'Agnès Chassard et le reste des Arnould considéraient avec un étonnement dépourvu de toute espèce d'émotion.

Puis, tous les regards s'en furent—du même mouvement—chercher le visage de Philippe.

Quelle explosion de sentiments allait déterminer chez le brave garçon cette catastrophe inattendue, dont on devinait l'auteur,—le pistolet fumait encore dans la main de la vieille femme,—mais dont on ne pouvait, pour l'instant, s'expliquer la cause et les circonstances préliminaires?

Le lieutenant se montra sublime d'impassibilité et de résignation. Il marcha—droit et ferme—à Florence expirée, et, comme le docteur Huguenin faisait mine de s'approcher:

—C'est inutile, dit-il. J'ai vu plus d'un de mes camarades tomber ainsi à l'ennemi,—et la balle qui tua l'héroïque Desaix était entrée à la même place.

Il s'agenouilla près de la pauvre morte, lui souleva la tête et l'embrassa au front. Puis, se redressant, il murmura:

—Il vaut mieux qu'il en soit ainsi. Le nom que m'a légué mon père n'ira point devant les tribunaux.

Denise l'étreignit en sanglotant. Il lui désigna le cadavre:

—Prie sur cette malheureuse et demande au Seigneur de la recevoir dans le sein de sa miséricorde. Moi, je vais aider la justice à la venger...

Ensuite, se retournant vers M. de Bernécourt:

—Vos ordres, citoyen directeur?

—Mon cher Hattier, fit le magistrat, tout déferré de cette force d'âme, il me semble que le brigadier Jolibois pourrait vous suppléer dans le triste devoir qui vous reste à remplir.

—Et pourquoi cela, je vous prie?...

—L'immense douleur que vous devez éprouver, et à laquelle nous compatissons tous... Les soins à prendre des restes de cette infortunée... Les liens de famille qui vous attachent aux coupables...

Philippe montra la Benjamine:

—Le lien est brisé, citoyen. Ma sœur s'occupera de ma femme. Les assassins et les voleurs ne seront jamais de ma famille.

Et, s'adressant à Décadi Fructidor et à ses compagnons:

—Remettez vos prisonniers entre les mains de mes hommes. C'est à la gendarmerie qu'appartient la garde de ces misérables. J'avais juré de les conduire à l'échafaud: rien ne m'empêchera de tenir mon serment.

XX

ÉPILOGUE

Le lendemain de l'arrestation des propriétaires de l'*Hôtellerie sanglante,*—tel est le nom dont fut dès lors baptisé le *Coq-en-Pâte,*—des fouilles pratiquées dans le verger y attenant, sous la direction des citoyens Thouvenel et Pommier, amenèrent la découverte d'une quantité d'ossements suffisante pour reconstituer près de *soixante* cadavres. Songez que la famille Arnould avait exercé pendant plus de vingt ans son abominable industrie.

Ajoutons, avec les pièces du procès, que l'identité de la majeure partie de leurs victimes n'ayant pu être légalement établie, les aubergistes de Vittel eurent à répondre, devant la cour d'assises des Vosges, du fait d'assassinat *«commis sur nombre de personnes demeurées inconnues malgré toutes les recherches opérées à cet égard.»*

L'instruction de l'affaire se prolongea près d'un an. Elle fut confiée au citoyen Pommier, dont il existe encore, je crois, des descendants à Mirecourt, et de la juridiction duquel dépendait le canton, théâtre de ces atrocités. Les débats durèrent trois jours. La déclaration du jury fut affirmative, *à l'unanimité des voix,* sur toutes les questions posées. En conséquence, Agnès Chassard, veuve Arnould, ses fils Joseph, François et Sébastien, et sa fille Marianne furent condamnés à la peine de mort. En outre, la Cour, «voulant élever le spectacle de l'expiation à la hauteur des forfaits qui avaient motivé celle-ci,» décida que les condamnés seraient menés au supplice *vêtus de longues robes rouges* et que lecture de leur arrêt leur serait faite au pied de l'échafaud.

La quintuple exécution eut lieu à Epinal une année, presque, jour pour jour, après la découverte et l'arrestation des coupables.

Extraits à midi de la prison départementale, *pendant que la cloche de l'église sonnait le glas des agonisants,* les «gens de Vittel» furent conduits dans deux charrettes sur la petite place de Grève où la guillotine se dressait. Joseph, François et Sébastien avaient pris place dans la première; Marianne et la veuve dans l'autre. Les trois hommes «paraissaient plus morts que vifs»: les deux femmes, fermes et vaillantes, se disputaient à voix basse, malgré les exhortations de leurs confesseurs. Tous cinq, du reste, en dépit de l'évidence des preuves qui les accablaient et des témoignages écrasants recueillis au cours de l'instruction, n'avaient cessé de se renfermer dans un système de dénégation dont le moment suprême ne put les déterminer à se départir.

Le grand-père de celui qui écrit ces lignes faisait partie du peloton de cavalerie qui escortait les condamnés. Nous tenons de sa bouche les détails suivants:

«Les exécuteurs de Nancy, de Metz et de Colmar assistaient leur confrère d'Epinal dans sa funèbre besogne Joseph, François et Sébastien subirent leur peine les premiers. La vie semblait les avoir abandonnés depuis la sortie de la geôle. Suivant l'expression de l'un des bourreaux qui les dépêchèrent, *on ne guillotina que leurs cadavres.* Marianne vint ensuite. En montant les degrés de l'échafaud, la grande fille se tourna vers sa mère qui descendait de la charrette:

»—C'est pourtant vous, lui cria-t-elle, qui nous avez conduits ici!

»Agnès Chassard ne répondit point. Mais en gravissant à son tour les marches de la fatale machine, elle murmura assez haut, en embrassant du regard la foule qui s'entassait aux fenêtres et qui se pressait jusque sur les toits des maisons:

»—Si, au commencement de mon commerce, j'avais eu autant de petits écus que voilà de curieux et de désœuvrés, je n'aurais pas eu besoin de faire le mal pour vivre.

Sa tête tomba la dernière.»

. . . .

L'enfant de Denise Hattier n'ayant survécu que quelques mois aux terribles émotions qu'il avait éprouvées, la jeune femme était entrée au couvent des Dames de la Visitation de Nancy.

Le lieutenant Philippe, de son côté, avait quitté le corps de la gendarmerie et avait obtenu de passer avec son grade dans un régiment de cuirassiers. Il se fit tuer à Wagram.

. . . .

Pendant le trajet de la prison à l'échafaud, un plaisant—il s'en trouve partout et dans toutes les circonstances,—avait dit, en faisant allusion à la robe écarlate qui drapait les condamnés:

—Ne dirait-on pas des *Cardinaux?*

Ce sobriquet resta aux assassins de Vittel. Aujourd'hui, quand un marmot de nos campagnes se fâche ou geint outre mesure, sa mère n'a qu'à prononcer ce mot:

—Voici les *Cardinaux* qui viennent pour t'emporter!...

Et le marmot se tait aussitôt,—tremblant de voir surgir un spectre à manteau rouge...

Et longtemps encore, dans les provinces de l'Est, cet épouvantail de terroir frappera davantage l'imagination de nos enfants que le souvenir évoqué des Suédois de la guerre de Trente Ans, des Cosaques de 1814 et des uhlans de 1870.

FIN